编委会

主编：闫海燕

编委：刘桂红　陈　宇　霍丽娜　张乃清　裴　玉

课堂文化变革
——构建崇研尚实型课堂

主编 闫海燕

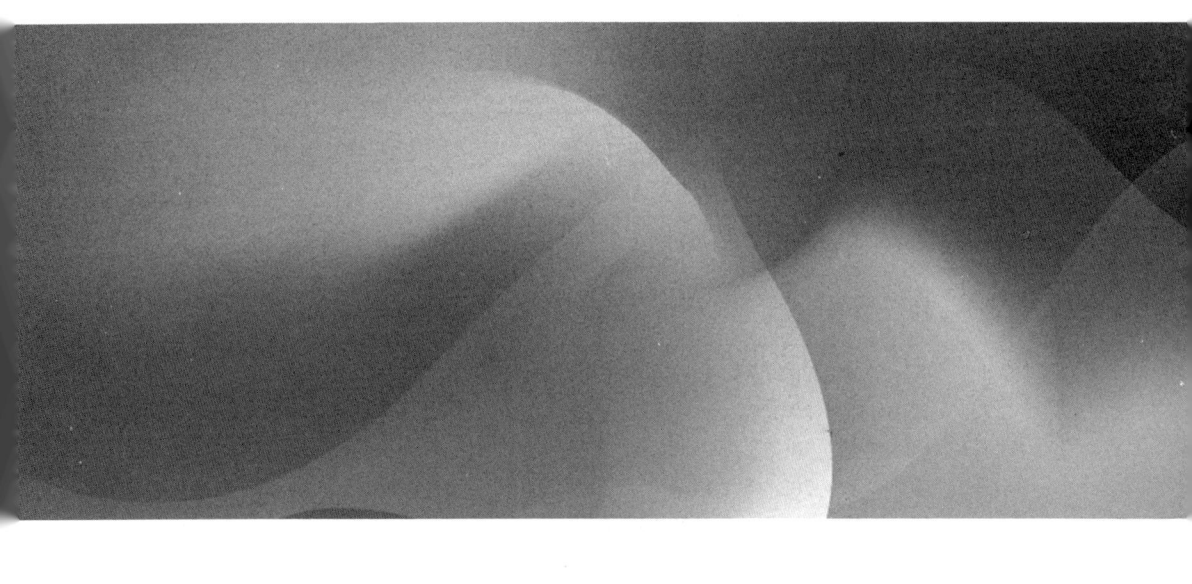

陕西新华出版
陕西人民教育出版社
·西安·

图书在版编目（ＣＩＰ）数据

课堂文化变革：构建崇研尚实型课堂/闫海燕主编
. -- 西安：陕西人民教育出版社，2024.7
ISBN 978-7-5450-9431-2

Ⅰ.①课… Ⅱ.①闫… Ⅲ.①课堂教学－教学改革
Ⅳ.① G424.21

中国国家版本馆 CIP 数据核字 (2023) 第 115733 号

课堂文化变革——构建崇研尚实型课堂
KETANG WENHUA BIANGE
GOUJIAN CHONGYANSHANGSHIXING KETANG

主编　闫海燕

出版发行：	陕西人民教育出版社
地　　址：	西安市丈八五路 58 号
邮　　编：	710077
经　　销：	各地新华书店
印　　刷：	河北朗祥印刷有限公司
开　　本：	787 毫米 ×1092 毫米　1/16
印　　张：	20.5
字　　数：	300 千字
版　　次：	2024 年 7 月第 1 版
印　　次：	2024 年 7 月第 1 次印刷
书　　号：	ISBN 978-7-5450-9431-2
定　　价：	78.00 元

目录

前言／1

关于崇研尚实型课堂的研究与探索／1

构建崇研尚实型课堂，提升学校办学品质　闫海燕　裴　玉／3
英语课堂创设真实的情境案例分析——以北京版英语三年级
上册第五单元第16课《天气与合适的衣服》为例　孟建华／17
语文的秘密，身体知道　陈　希／22
课堂真实情境的创设　王　京／25
小情境　大收获　霍丽娜／28
如何提高书法课堂导入的趣味性　雷　春／31
制订寒假旅行计划　李　燕／34
改　变　刘　静／38
培养学生自主学习能力初探　高鸿艳／40

学有用的数学——《合理安排时间》案例分析　宋春娜 / 44

让学习在情境中发生　王秋晨 / 48

从《圆明园的毁灭》谈加强中小衔接　徐联杰 / 52

追寻充满生命力和语文味的课堂　张乃清 / 55

如何在语文课堂中落实"读写结合"　张　冉 / 59

一起走近 2022 冬奥会　张珊珊 / 62

情境教学拓展课堂实效的宽度——小学古诗教学的初步探索　张　旭 / 66

在情境中学数学　赵　洋 / 69

真的是 1000 粒吗？　直宝霞 / 72

崇研尚实型课堂下学生动手意识的培养　常　佳 / 75

浅谈"小学语文问题是资源"意识　宫浩楠 / 78

浅谈在语文课堂中培养学生口语交际的能力　雷　鸣 / 81

通过"玩中学"激发小学生英语学习的兴趣　李国新 / 85

在教学中培养学生交流意识　李　惠 / 89

培养学生的合作交流意识　李　欣 / 92

在语文阅读教学中培养学生自主意识的研究与探索　刘连骏 / 95

小学英语阅读教学的问题及探究　田　畅 / 101

激发学生主体意识　培养学生评改能力　王书敏 / 107

知识掌握在自己"手"中　魏　娟 / 115

以学生为本，让数学课充满情趣　赵艳霞 / 120

"二线五环"模式在教学中的实践探究　刘　骁 / 125

英语课堂案例：彩虹的形成　游晓桐 / 129

"崇研尚实型英语课堂"的思考　张亚娜 / 132

用"一场雪"帮孩子打开思路　张　颖 / 136

巧用贴纸规范学生站立式起跑动作　张　凯 / 139

小学美术学生图像识读能力的培养　李冬莉 / 142

情境感知下的个性化学习　徐彬彬 / 145

目标落"实"的策略研究　刘　瑶 / 148

以不变应万变，突出本质——《植树问题》听课体会　柳玉轶 / 151

浅谈如何落实小学语文教学目标　王　静 / 153

营造趣味数学课堂　金　宇 / 156

充分利用校园资源，激发学生考察兴趣　张　楠 / 160

会问则会学　朱晓辉 / 163

让学生在课堂上自主飞扬　张乃清 / 167

崇研尚实型课堂设计解读 / 173

《设计安装照明电路》教学设计　李新淼 / 175

《精卫填海》教学设计　苗　娜 / 180

I want to be a teacher 教学设计　张　也 / 190

《诚信签约主题活动课》教学设计　孟德月 / 200

《画蘑菇》教学设计　李　璟 / 210

《司马光》教学设计　田海潮 / 215

《30米快速跑与游戏》教学设计　郭翠翠 / 225

《用字母表示数》教学设计　郭　童 / 230

《慈母情深》教学设计　张乃清 / 240

《知法守法　依法维权》教学设计　李　瑶 / 252

《十几减九》教学设计　马艳华 / 256

《数学百花园——合理安排时间》教学设计　宋春娜 / 270

《认识时分》教学设计　宋赫男 / 278

《神秘的死海》教学设计　万婷婷 / 288

《雪地里的小画家》教学设计　王春意 / 296

《梅花魂》教学设计　张慧子 / 303

前 言

  一所学校是通过课程来实施人才培养的理念和要求的，而课程的落实，又是以课堂的优化为保障的。我校通过实施崇研尚实型课程，落实培养有崇研尚实特质的学生这一育人目标，是通过优化课堂实现的。我校通过构建崇研尚实型课堂，使课堂样态焕然一新。

  我校的学校文化体系可概括为"研实文化"，具体表述是：学校以"研实文化"为引领，秉持"崇研尚实，点亮生命"的办学理念，本着"让学校成为师生生命绽放的时空"的办学目标，通过加强崇研尚实型管理、培养崇研尚实型教师、落实以崇研尚实为特征的生命绽放课程等举措，实现"做更好的自己"的育人目标，形成具有"崇研尚实"特质的生命教育特色。崇研尚实是学校文化的核心理念，课堂文化是学校文化的集中体现，学校文化只有落实在课堂上，才标志着学校文化的落地生根。

  我们认为，教师的课堂教学必须清楚要发展学生的哪些素质，以及自己学校尤其强调发展学生的哪些素质。课堂改革要与学校文化中培养有崇研尚实特质的学生的目标结合起来。要培养崇研尚实特质的学生，须把目标和过程统一起来，在课堂教学的过程中突出学生的研究，在研究中学习研究方法，在研究中培养研究习惯，在研究中获得新知，让学生在研究中激发思维，在研究中培养品质。思考能力、社交能力、沟通能力、自我管理能力、研究能力，是世界公认的未来学生必备的五大能力，由此可以看出"崇研尚实"是学生必备的品质。

  本书是一本论文集，全书根据本校文化，着重围绕现有课堂存在的问题提出崇研尚实型课堂的一系列概念和要求。针对存在着课堂不吸引人、不符合学生的思维特点，"满堂灌"不能发挥学生的主体作用，以及不注意学习课标、不了解教材的编排意图等三个问题，我们提出了"课堂三要素"。针对课堂教学中教师不能以学生为主体，不重视培养学生的能力或者不知道培养学生哪些方面能力的问题，我们提出了以学生为主体的"主体意识"，把学生问题作为资源的"资源意识"，培养学生的"问号意识"，培养学生的"辩论意识"，培养学生的"交流意识"，以及培养学生的"动手意识"。针对教师课堂教学没有基本课堂结构，教学具有随意性的问题，我们提出了"二线五环"课堂教学模式。最后，针对教师讲课过程中摆花架子不追求实效的课堂教学伪改革的问题，我们提出了"六个实"，包括教师层面的兴趣激发实、过程调控实、目标达成实，学生层面的问题实、讨论实、获得实。

把理论化为教师的教学行为，这是一个很困难的过程。很多教师对陌生领域都是有所畏惧的，都会努力在舒适区中完成他自己的教学任务，本能地抗拒改变。打破这个舒适区的过程，是教学管理的价值之所在。在推行实施了课堂文化变革后，学生们为了能在课堂上畅谈自己的想法、表达自己的观点，潜移默化中养成了自主发现问题、探究问题、寻找事实与证据证明自己观点的能力。我们的教师在课堂中表现出的开放包容的心态，让我们的学生敢于、乐于去表达自己的观点，乃至能够与其他同学进行辩论，甚至可以与教师切磋讨论。在这种课堂环境下，我们的学生在学习上有了特殊的热情，也有了特殊的收获。

此外，学校先后获得了北京市基础教育科研先进学校、北京市基础教育课程建设先进单位、北京市基础教育学生综合素质评价工作先进单位、"十二五"《综合实践活动与学校发展》研究项目子课题实验校、北京市教育评价与督导"十二五"立项课题管理优秀组织奖、通州区"十二五"时期中小学教师校本培训示范学校、通州区"春华杯"课堂教学评优活动先进单位、首都原创课程辅助资源征集工作先进单位等多项殊荣。学校注重实践总结，编印了《90%+10%的裂变》教学案例集，出版了《研实文化手册》《生命绽放的时空》《系统性教研模式崇研尚实型课堂研究实践总结》等图书。教师撰写的论文 1000 余篇获得国家级、市区级奖项，多次开设各级各类公开课，参与区级课堂教学大赛并获得"秋实杯""春华杯"大奖。

我校学生参加市区级各级各类活动并多次获奖，特别是在参加市区级科技竞赛、机器人大赛、跳皮筋比赛、戏曲比赛、啦啦操比赛、艺术节、诗词大会等活动中，多名学生获得一、二、三等奖，我校还荣获通州区教育系统"五星级学生社团"的荣誉称号。学校在家长中美誉度明显增强，学生数量五年增加了一倍，成为被上级领导、兄弟单位、当地百姓高度赞誉的学校。

关于崇研尚实型课堂的研究与探索

构建崇研尚实型课堂，提升学校办学品质

闫海燕　裴　玉

一所学校是通过课程来实施人才培养的理念和要求的，而课程的落实，又是以课堂的优化为保障的。我校通过实施崇研尚实型课程，实现培养有崇研尚实特质的学生这一育人目标，是通过优化课堂实现的。通过构建崇研尚实型课堂，我校课堂样态焕然一新。

一、为什么要构建崇研尚实型课堂？

（一）构建崇研尚实型课堂是落实学校文化的要求

我校的学校文化体系可概括为"研实文化"，具体表述是：学校以"研实文化"为引领，秉持"崇研尚实，点亮生命"的办学理念，本着"让学校成为师生生命绽放的时空"的办学目标，通过加强崇研尚实型管理、培养崇研尚实型教师、落实以崇研尚实为特征的生命绽放课程，实现"做更好的自己"的育人目标，形成具有"崇研尚实"特质的生命教育特色。崇研尚实是我校学校文化体系的核心理念，课堂文化是学校文化的集中体现，学校文化只有落实在课堂上，才标志着学校文化的落地生根。

我们认为，教师的课堂教学必须清楚要发展学生的哪些素质，以及我们学校尤其强调发展学生的哪些素质。课堂改革要与学校文化中培养有崇研尚实特质的学生这一育人目标结合起来。要培养具有崇研尚实特质的学生，须把目标和过程统一起来，在课堂教学的过程中突出学生的研究，在研究中学习研究方法，在研究中培养研究习惯，在研究中获得

新知，在研究中激发思维，在研究中培养品质。思考能力、社交能力、沟通能力、自我管理能力、研究能力，是世界公认的未来学生所要必备的五大能力，由此看出"崇研尚实"是学生必备的品质。

（二）构建崇研尚实型课堂是提高课堂实效性的要求

我们分析了学校课堂存在的主要问题。在教材理解方面，很多教师不熟悉各学科《课堂教学标准》，对学科本质没有准确把握；不知道一节课的教学目标、重难点。在讲课方面：目标落实不够，没有重点；随意性很强、走过场；重结论轻过程，让学生只知其然，不能知所以然；课堂密度不够，效率低下。学生主体性发挥方面，没有掌握调动学生积极性的方法。甚至有教师不会组织教学，以致出现乱堂现象。对课堂的态度方面，有些教师对教学缺乏敬畏感，没有基本的规则意识；一知半解的流于皮毛的模仿，形成了教学的伪改革。课堂教学既没有传统课堂的对双基重视的影子，也没有现代课堂改革的对真正提高学生素质的意识。

必须建立起一种能够让学生的学习真正得以实现的课堂，因此，我校把"研究性学习"作为培养学生研究意识的主要方法，大力倡导"以研促学、以研促思、以研促行"，让学生在研究性学习中培养研究兴趣，逐步形成研究习惯。

二、建立怎样的崇研尚实型课堂？

我们根据学校文化，着重针对现有课堂存在的问题提出崇研尚实型课堂的一系列概念和要求。

（一）"三要素"

针对存在着课堂不吸引人、不符合学生的思维特点，满堂灌不能发挥学生的主体作用和不注意学习课标、不了解教材的编排意图等三个问题，我们提出了"课堂三要素"，包括"真实的情境、自主探究、学科本质"。

"真实的情境"要求教师打破课堂、教材和学科的界限，引进更多的贴近学生生活的资源，尽量还原实际的生活问题情境。要求"学习一定是在真实的情境，至少是在对真实情境的模拟中发生的。"

"自主探究"即学生要以自主、合作的态度完成学习任务，学习过程一定要突出儿童的实践，让儿童从中获得直接经验。

"学科本质"即课堂教学要体现"对学生的能力和素养培育是课程的最核心目标和本质要求"的意识。

三要素的提出，为教师备课和讲课设计出了依据。

（二）"六意识"

针对课堂教学中教师不能以学生为主体，只是让学生回答教案中的预设问题，不重视培养学生的能力或者不知道培养学生哪些方面能力的问题，我们提出了以学生为主体的"主体意识"；把学生的问题作为资源的"资源意识"；培养学生的"问号意识"；培养学生的"辩论意识"；培养学生的"交流意识"；培养学生的"动手意识"。

六意识的提出，为教师讲课指明了方向。

（三）"二线五环"

针对教师课堂教学没有基本课堂结构，教学随意性大的问题我们提出了"二线五环"课堂教学模式：一条是学生主线，包括"主动质疑→自主探究→合作互解→巩固训练→课外延伸"五个环节；一条是教师主线，包括"策略指导→引导探究→点拨纠正→强化总结→拓展提高"五个环节。两条主线的五个环节一一对应，教师以二线五环教学模式为突破口，开展教学研究，体现学生主动参与，自主探索，形成学生自学能力，关注学生实际获得。

二线五环为教师备课讲课，提供了基本的规范。

（四）"六个实"

针对教师讲课过程中摆花架子不追求实效的课堂教学伪改革的问题，我们提出了"六个实"，包括教师层面的兴趣激发实、过程调控实、目标达成实，学生层面的问题实、讨论实、获得实。

"六个实"为教师备课讲课的各环节提供了努力的标准，也为课堂教学管理提供了评价标准。

综合起来就是教师备课和讲课要体现三要素、六意识，通过二线五环模式的灵活应用，达到六个实的要求，进而实现崇研尚实型课堂。为此，我们构建了崇研尚实型课堂模型，给教师以直观启示。

崇研尚实课堂模型

三、把理论化为教师的课堂实践

把理论化为教师的课堂实践，这是一个很困难的过程。任何教师对陌生领域都是惧怕的，都会努力在舒适区中完成他自己的教学任务，会本能地抗拒改变。打破这个舒适区的过程，是教学管理的价值之所在。

（一）思想改变在行动之前

提升师德素养是提高课堂质量的首要任务。习主席强调，全国广大教师要做"有理想信念、有道德情操、有扎实知识、有仁爱之心"的好老师，为发展具有中国特色、世界水平的现代教育，培养社会主义事业建设者和接班人做出更大贡献。"四有教师"的提出体现了师德为先的要求。

师德是教师职业特点的集中体现，高尚的师德同时是教师自身可持续发展的动力和源泉。热爱教育、热爱学生应成为一名合格教师的先决条件，因此，教师队伍建设必须坚持师德为先的原则。

一是立足首都城市副中心的高度，把师德建设作为一项重要的工程来抓。我们组织教师学习国家教委颁布的《中小学教师职业道德规范》《公民道德实施纲要》等，使我校教师进一步明确认识到国家对于教师职业道德规范的具体要求，认识到作为首都副中心教师应该用更高标准要求自己，树立正确的教育观、学生观。同时，结合城市副中心对人才道德的要求，细化并制定适合本区的职业道德规范细则。

二是把师德建设同师资队伍的考核、晋升结合起来。结合师德规范，从师德层面明确细化对教师的考核内容，严格教师年度考核制度，规范教师行为，真正落实师德一票否决制。

三是多形式、多途径大力宣传我区教师的师德典型，弘扬身边师德高尚的先进教师事迹，定期表彰师德先进个人，以充分发挥我校教师人格力量的辐射作用，弘扬正能量。

（二）质变产生于量变的累积

1. 专家引领

我校作为研修中心实验学校，具有得天独厚的优势，与研修中心建立了紧密的联系。我校聘请研修中心领导与学校班子一起研究，拟定了"实验学校与研修中心合作，提升学校教学质量工程"方案，开展"教研员入校工程"和"教研员与教师牵手工程"。"教研员入校工程"是教研员直接到我校讲课。这一措施使教研员深入了一线，丰富了教研员的实操经验，指导教学更有底气，也为我校教师提供了学习的机会。"教研员与教师牵手工程"是教研员与我校教师结成师徒对子，进行一对一的指导，突出培训的系统性、系列性、针对性。研修员不仅定期来校指导帮扶教师的课堂教学，而且帮扶教师与研修员建立了密切的联系，在业务上可以随时向研修员请教和学习，对教师的专业技术能力、业务素质的提高起到了积极的促进作用。

利用项目提高教师水平。通过城乡一体化项目，学校与东城区景泰小学成为手拉手学校。两校积极开展教研互动，我校邀请景泰小学各学科骨干教师通过线上线下的形式开展专题讲座、各类听评课活动、师徒结对等，指导学科教师提升业务水平。"书香校园""作文教学改革"项目：这两个项目通过开展专家讲座、手把手指导教师授课，推进了阅读教学和习作教学的开展，探索有效的教学模式和方法，提高教师阅读教学和习作指导能力。思维训练项目：我校与北师大思维训练项目组签署了协议，北师大教授、专家团队定期来校开展专题讲座、同课异构、评课反思等活动，这一项目推动了我校研究型团队的建设。"好教师"云平台项目：通过"好教师"云平台的建构，给教师提供了更加方便快捷且易于操作的交流平台，打破了时间与空间的限制，尤其在疫情期间，教师、教研组通过这一平台开展了丰富多彩的学科教研活动。项目的引进，促进了我校教师教育教学理论水平和实践能力的提升。

坚持"高位联通"的发展策略，搭建骨干教师成长平台。我校几年来，通过参与"全国生命教育联盟校"和"北京市优秀校教育联盟"等组织，和北京市乃至全国优秀校保持着经常性的沟通，这使我校站在了一个更高的平台上。我们还积极和世界上一些发达国家和地区的学校建立友好校关系，现有英国、新加坡、中国台湾等的学校，与我校经常沟通信息。

我校充分利用校内教师的优质资源，开展了师徒结对活动。针对入职3年以内的教师，学校积极给他们找师傅，结对子。每名青年教师都由一位同学科的优秀教师对其进行帮扶。师徒之间密切合作，定期开展互听课活动，每周师傅在听过徒弟的课后，总是耐心地给徒弟说课，徒弟每周也要听2节师傅的课，课后进行认真的研讨。

2. 聚焦"三微"

"天下难事，必作于易；天下大事，必作于细"。改变传统课堂样态是学校中的难事、大事，也要从"容易处"、"细处"入手，聚焦于微研究、微改进、微论坛，聚沙成塔、积少成多，由量变到质变。

（1）聚焦微研究

我们把崇研尚实型课堂的所有概念的内涵规定为老师们研究的内容，并要求老师们细化课题，让研究课题必须落地，切实落实到自己的课堂内容研究中。

教师的课题无论大小，都要按照"真研究"的步骤扎实进行。研究的每一步都要经过学校的严格审核。我们力争使研究成为教师的工作状态和工作方式。

一是选题论证，促教师研究定向。我校教师的课题分为学校课题和自主选题。学校课题一方面是根据学校的重点工作设计的课题，如"构建崇研尚实型课堂的行动研究"，以此引领学校的发展，另一方面是根据教师中普遍存在的问题确立一些研究重点，如"合作学习的方法研究"，旨在让教师在研究中探寻改进方法。自主选题是教师根据自己的需要确定课题。我校教师确定课题计划以后，教科研处要带领研究骨干对每一个教师的选题做认真的推敲，按照选择课题的价值，尤其是对课题对该教师的业务发展的价值进行论证。对于成熟的教师，我们鼓励他们进一步发展特长，成为某一方面的专家。

二是撰写文献综述，促教师学习聚焦。我校要求教师的课题都要有文献综述，目的在于让教师围绕一个专题去有目的学习。学校为教师开放中国知网端口，购置了多种专业书刊。我校的所有教师都会在网上进行文献检索学习，全校教师上一学期最少学习5篇，最高的学习了12篇。撰写文献综述促使教师了解了自己研究领域教育的最新动态和改革成果，把教师培训的"要我学"变成了自己研究的"我要学"。

三是研究过程，促教师知行合一。为了让教师做真研究，我们要求课题要有坚实的研究过程的支撑性材料，要通过研究纪实、观察对比分析、数据说明，记录自己研究的过程。因此，我校的课题成果征集，不是仅交上一篇论文，而是在论文之外，都要附有几千字甚至几万字的支撑材料。对支撑材料的评议也是我校论文评选的重要内容。

四是写论文，促教师提炼升华。写论文是一个艰苦的过程，因为要对自己研究的过程，进行认真的反思提炼，才能最后提炼升华得出研究结论。这又是一个最为重要的环节。没有这个环节，教师的实践研究只会停留在一个浅层次。我们的具体要求是：一记。把自己的工作轨迹记下来，一段时间后，就能悟出一些东西。把自己处理的事记下来，这是鲜活的案例。把自己的灵感记下来，这些灵感就是创造的火花。一段时间后，对笔记整理分类。二写完。一篇文章无论长短，无论好坏，都必须写完。三改。逼自己不厌其烦、三番五次地修改，直到把自己的意思表达清楚。对于论文写作确实有困难的教师，学校会组织有经验的教师通过阅读他们的研究过程材料，帮助他们提炼观点，指导撰写。但最终是要求这些教师独立完成。

目前，我校有区级及以上立项课题19项，而且每位教师都至少有一项校级课题。在多重制度的保障下，教师们涌现出越来越多的研究成果，课堂驾驭能力也越来越出色。

（2）聚焦微改进

微研究解决的是观念和方法问题，只停留在理论层面，构建崇研尚实型课堂，改变应该反映在课堂上。推动微改进，我们从教师内心已然考虑成熟的改进入手、从看得见摸得着的改进入手，要求教师要把微研究的内容"写在教案上，落实在课堂上"。

学校领导每学期开学初要集中召开教研组长会议，围绕改进课堂这一中心任务，进一步加强对教学的管理，不仅要从宏观上强化认识，明确任务职责，更要从操作层面提出举措细化管理。各学科主管领导集中本学科组教师，召开学科组会议，不仅要对学校总体要求进行再次强化，而且要针对本学科特点提出更加明确的要求，以及更细化更具体的任务。组长会和学科会均围绕质量提升这一目标，分层推进，力争使管理工作更到位，更突出实效。

开展基于微研究和微改进的多种形式听评课活动。普听课：每周五在学校教师群下发下一周的听课安排表，授课教师提前在群里告知讲课内容，让听课者有准备去听课，使评课更有针对性。推门课：学校主管教学的领导随机进课堂，了解教师的常态教学情况，课后检查教师的教案和学生作业。追踪课：对听课中发现的问题及时指导，通过追踪听课了解教师改进情况。集中课：分学科按年段（或按年级）集中安排，集中说课、评课。组织"崇研尚实杯"课堂教学竞赛活动，分为青年组、中老年组，每年一届。竞赛与教师课题研究相结合，以赛促培、以赛促学、以赛促训。以此推动"教师因研究而优秀"的崇研尚实理念的形成。

领导班子经常深入教学一线听课，不管是哪种形式的听课活动，课后都会邀请听课教师和授课教师共同评课，对教师的课堂教学提出切实可行的改进意见。教师们研究意识强，研究氛围浓，在共同研究的过程中实现思维碰撞，智慧互补，正朝着学校提出的做研究型教师的方向迈进。

（3）聚焦微论坛

学校每学期要开展大小不同的微论坛几十次，在微论坛上，教师们推广自己发现的成功做法，展示科研的所悟，分享改进的所得，互相促进，互相影响，更主要的是微论坛上对教师普遍困惑的问题进行了集体研究。

例如，我们发现了很多教师在课堂提问的环节出现了问题，可能是教师为了保证教学进度，只选择表达能力强的同学回答问题，这造成一节课只有那么几个同学回答问题，提问的广度不够。此外，面对学生的回答，老师只是选择需要的答案，而与老师预设不一致的答案，老师不加任何分析，不听学生这样想的原因，不去检讨学生这样想有没有道理，错在何处。其实教学就是从不会到会的一个过程，那些表达能力不强、问题回答不全面或不正确的，才应该是我们教学的主要关注对象。学生没等老师讲就已经会了，就没必要进行教学。因此我们就围绕着这个问题，开展问题是资源的微论坛，通过微论坛端正教师的认识，讨论解决的办法。

3. 突出教研

我们充分重视教研活动，明确宣讲了教研组应发挥的作用。研究作用：研究课标、教材、教法、学法，研究学生，特别是对学习困难学生进行研究。指导作用：指导本组教师特别是组内青年教师备好课上好课。服务作用：为学校教学发展出谋划策、献计献策。管理作用：担负起管理本组教师的责任。

找准教研组建设的抓手：集体备课、直面课堂。明确教研组每次活动的研究内容，突出针对性、可行性、实效性。保证活动的时间，教研时间不能随意侵占。规范教研组集体备课的程序：个人初备（活动前）→集体研讨→完善教案→效果反馈（即组内研究课）→课后反思→组内追踪课。

每学期至少开展8次教研活动，做到有计划、有主题、有记录、有总结。另外，我们注重以学科微论坛的方式开展教研，微论坛是针对教学中聚焦的微问题随时进行研究，每学期每个教研组至少做一次微论坛展示活动，这增强了教研的深度和实效性，增强了教师的实际获得。每学期我们以单元教学为主题开展系列教研活动，包括单元教学内容分析、课时分配、课时教学设计、课例展示、课后研讨，通过这种方式的教研活动，教师对教学目标更加明确、清晰，对教材内容的整体把握更加合理、准确，同时提升了教师们对教材整合、创造性使用的能力。

4. 强化备课

备好课是老师走上讲台的前提条件，老师备课不仅要备教材，更要备学生。要将五花八门的课堂活动落到实处。能放手的地方要彻底放手，让学生自己来探究，根据本班的学生学习情况设计适合本班情况的课，只有这样才能更好地为学生的学习服务。在备课过程中要加强研究，每节课要围绕"设计什么，怎样设计，为什么这样设计"逐层进行。

备课要重实用，突出指导性。教师备课不仅要备教材，还要备学生，不仅要备知识的提升，还要备技能的培养，力求紧密结合学生学习情况，有效备课，使备课具有较强的针对性，而且要求教师课前对教案进行复备，课后及时进行反思和小结。

为了提高常态课的教学质量，加强常态课的教学研究，我们在教师备课方面采取的是线上线下相结合的方式，借助信息化手段，通过网上平台，实施"五备三案"。就是以同年级同学科教师为一组，每次确定一名主备教师上传教案（一备）（一案），其他教师提出修改意见（二备），主备教师在充分参考反馈意见后上传共案（三备）（二案），线下集中时间研讨共案（四备），最后主备教师再次备课上传教案（五备）（三案）。

这样的集体备课过程细化,既能够集思广益,又能够发挥自己的聪明才智,保证了备课质量。

开学初学校对教学计划进行集中检查,针对在检查过程中发现的问题,及时指导教师进行修改,为教学的有效实施提供了保障。学期中集中对教案进行检查,各学科主管领导负责,认真查阅了所管学科教师的教案,查阅后,针对发现的问题,有的采取集中的形式,有的采取个别交流,以不同形式进行了反馈。

5. 夯实基本功

各学科分别以测试的方式开展了学科教学基本功达标测试活动,各学科集中答卷、阅卷并反馈情况,不仅检验了教师们自身的基本功水平,而且,通过这样的形式,发现问题、找到不足、明确方向,有助于进一步提高教师们的学科教学效率。

我校常年开展硬笔书法竞赛活动,优秀作品在学校橱窗展出。全体教师积极参加了由中仓街道举办的书法竞赛活动。活动的开展,进一步增强了教师的基本功意识,强化了教师的硬笔书法基本功。

优秀的课堂教学板书设计,能够很好地呈现教学重点、难点,能够清晰地诠释本节课的知识脉络和结构,各学科狠抓板书设计,教师们在本学科组的微信群里及时与大家分享自己的教学板书,这不仅强化了教师的粉笔字基本功,而且加强了学科教学互动交流,分享了教研经验。

四、焕然一新的崇研尚实型课堂

(一)教师教的样态发生根本变化

课堂导入变得异彩纷呈:当教师有意识地为学生学习设置情境时,教师的聪明才智得以体现。一个老师在教"三角形的三边关系"一课时,给学生分发了一些长短不一的小棒,让学生围成三角形。学生发现了不是任意长短的三根小棒都能围成一个三角形。教师抓住这一观察,让学生通过对三根小棒长短的比较展开教学,学生被吸引,并进行了深入研究,最后得出结论:"最长的小棒不能超过其他两根小棒的长度之和""最短的小棒不能比其他两根小棒的长度之差短""围成三角形的最长的边必须小于周长的一半"等等结论。一个好的导入，奠定了一节课的基础。其他导入方式有故事导入、游戏导入、到室外上课进入真实情景等等。创设情境、提供素材，催生了学生的思维的火花。

课堂拓展延伸不能只适应学生的现有水平，还应走在学生发展潜能的前面。例如，在教"除数是小数的除法"时，引导学生展开深入探索，积极拓展，从而激发学生的探究思维。学生通过将不同的算式进行分类，分成除得尽和除不尽的。通过对几组算式的观察、比较，引导学生进行数学猜想，如除得尽与除不尽可能和除数有关。在不断猜想、举例、验证的过程中，学生通过思考，探索出两个数相除是否除得尽的"秘诀"。显然，这样的"秘诀"已经超越了教材中的知识习得要求，成为学生对数学进行深度探索的一种体现。

（二）学生学的样态发生根本变化

学生的学习方式发生了变化，学生们为了能在课堂上畅谈自己的想法，表达自己的观点，潜移默化中养成了自主发现问题、探究问题、寻找事实与证据证明自己观点的能力。我们的教师在课堂中表现出的开放包容的态度，让我们的学生敢于、乐于去表达自己的观点，乃至与其他同学进行辩论，甚至可以与教师相互探讨。在这种课堂环境下，我们的学生在学习上有了极高的热情，也有了特殊的收获。

学生们的学习热情转化为学习动力，积极的学习习惯同样给学生们带来好的学习成绩。崇研尚实型课堂极大地提高了学生的学习能力，在通州区教育科学学院发起的"北京市通州区小学教学质量调研"项目中，我校参与了语文、英语、数学三门学业水平测试，其中男生占到总人数48%，女生占总人数的52%。语文学业水平测试从积累与运用、阅读与理解、表达与交流三个方面考查学生的能力，我校学生在积累与运用、阅读与理解两项能力上的合格率均为100%，超过通州区整体合格率98%。在表达与交流该项能力上，我校参与学生通过率为92%，大幅度超过全区通过率。在数学学业水平测试方面，我校学生数与代数测试通过率达到97%，位于良好与优秀水平的学生达到81%。图形与几何测试通过率达94%，统计与概率测试通过率达86%，综合与实践测试通过率达92%，且各项数学分项测试通过率均高于全区整体合格率。英语学业水平测试，我校学生英语的读、写测试通过率高达99%，其中英语读的能力上，远超全区86%的通过率。

小组合作交流的学习方式，促进了学生自主学习，同时，通过小组内的展示交流，班内的汇报交流，给学生提供了展示的平台。为了让孩子们更好地进行自主探究式学习，我们的教师在教学中注重引导、帮助学生查找资料，提升学生自主探究的能力。学生们也在教师的引导下逐渐能够熟练利用互联网、使用工具去查找自己想要了解的知识内容。在《北京市通州区小学教学质量调研报告》中我们发现我校有52%的学生日常学习会使用手机上网查找学习资料，有72%的学生反馈语文教师有推荐过网上学习资源，69%的学生反馈数学教师推荐过网上相关学习资料，超过83%的学生反馈英语教师推荐过网上学习资料。学生们已经学会利用网络查找学习资源，能够实现自我探究。学生的自学能力有明显提高，每个学生都能够尽情地获取知识，享受学习的乐趣，而且课堂容量明显增大，本单元教学、整本书教学也都在探究范围之中。

（三）学校形象发生根本变化

学校先后获得了北京市基础教育科研先进学校、北京市基础教育课程建设先进单位、北京市基础教育学生综合素质评价工作先进单位、"十二五"《综合实践活动与学校发展》研究项目子课题实验校、北京市教育评价与督导"十二五"立项课题管理优秀组织奖、通州区"十二五"时期中小学教师校本培训示范学校、通州区"春华杯"课堂教学评优活动先进单位，多次获得首都原创课程辅助资源征集工作先进单位等。

学校注重实践总结，编印了《90%+10%的裂变》教学案例集，出版了《研实文化手册》《生命绽放的时空》《系统性教研模式崇研尚实型课堂研究实践总结》等。教师撰写的论文1000余篇获得国家级、市区级奖项，多次举办各级各类公开课，参与区级课堂教学大赛并获得"秋实杯""春华杯"等大奖。

  我校学生多次参加市区级各级各类活动并获奖，特别是参加市区级科技竞赛、机器人大赛、跳皮筋比赛、戏曲比赛、啦啦操比赛、艺术节、诗词大会等活动，多名学生获得一、二、三等奖，我校还荣获通州区教育系统五星级学生社团荣誉称号。

  学校在家长中的美誉度明显增强，学生数量五年增加了1倍，成为被上级领导、兄弟单位、当地百姓高度赞誉的学校。

英语课堂创设真实的情境案例分析

——以北京版英语三年级上册第五单元第16课《天气与合适的衣服》为例

孟建华

本堂英语课的教学内容为北京版小学英语三年级上册第五单元第16课《天气与合适的衣服》（*Weather and Appropriate Clothes*），主要谈论不同天气和季节选择合适的衣服。该课中两幅图呈现了一个中国女孩 Guoguo 在刮风下雨天，心情愉悦地和妈妈以及她的朋友 Sara 谈论天气并选择合适的衣服的场景。

本堂英语课的教学目标

1. 学生能用"It's rainy"等句式描述天气情况；

2. 学生能根据天气情况选择适合的着装，并用"I can put on my..."等句式表达自己想要穿的服装；

3. 学生能正确指认、朗读"rainy, cloudy, windy, snowy"等表示天气的词汇，及"raincoat, jacket, sweater, gloves"等服装类词汇；

4. 学生能用"I love..."等句式表达自己喜爱的季节，抒发热爱大自然的情感。

1. 热身环节（Warming up）

教学目的：让学生复习前一课所学问问天气的问句，同时通过歌曲动画中的画面引导学生关注本堂课所学的有关天气的形容词。

教学环节：教师与学生进行日常问候之后，播放歌曲 *What's The Weather Like Today?* 并让男女生互相对唱。然后，师生就当天的天气和季节展开自由交谈，教师询问学生当天的天气是怎样的（"What's the weather like today?"）当时是什么季节（"Which season is it now?"），以及学生们穿着什么衣服（"What do you wear today?"）。

教学环节分析：本环节通过播放与学生生活真实情境息息相关的天气歌曲，让学生注意到有关天气的形容词，而男女生对唱歌曲的形式能让学生快速融入课堂，调动学生英语学习的气氛。同时，以尊重学生已有生活经验为出发点，通过谈话的方式帮助学生复习有关天气、季节和衣物的旧知识，在激发学生学习兴趣的同时为本课新知识的学习做好铺垫。

2. 输入环节（Presentation）

第一组对话教学。

教学目的：学习课文中的第一组对话。

教学环节：教师先呈现一段由黑夜变白天的小视频，最后时间定格在早上7点，让学生观察此刻的时间和天气状况。接着，教师在幻灯片上呈现中国女孩 Guoguo 早上起来与妈妈谈论天气和衣着的图片，让学生猜测 Guoguo 和妈妈谈论的大致内容，有了前面视频的铺垫，学生很容易猜测出答案"They are talking about weather and clothes."猜测结束后，教师播放动画，与学生共同探讨和学习 Guoguo 和妈妈的对话内容。

Guoguo：What's the weather like today?

Mum：It's rainy.

Guoguo：I can put on my new raincoat.

Mum：Here you are.

为了帮助学生更好地理解"It's rainy.""put on""raincoat"等的意思，教师在幻灯片上出示正在下雨的动图，让学生观察感知。接着，教师出示雨衣，并拿一件班中学生的外套，比较 coat 和 raincoat 的区别，学生很容易就明白了两者的区别。然后，教师请两名学生分别穿上 coat

和raincoat，教师发出指令："Put on your coat."在教师的引导下，学生参与游戏，并积极配合老师完成指令，此时，学生也轻松地理解了put on的意思。

教学环节分析：在第一组对话教学中，教师采用先整体输入文本，引导学生理解对话内容，再细致学习的办法，体现了整体输入、关注理解的原则。教师通过运用黑夜变白天的动画，对课文对话的背景进行梳理，让学生更加直观地的注意到时间变化的情境，学生很容易的联想到自己的生活经验。接着，通过师生交流引出主人公Guoguo早上要出门上学，同时也让学生可以意识到出门之前应该先知道天气状况，也应该穿上合适的衣服。对于重点词句的理解，如"It's rainy."教师采用动图形式让学生对句子含义有直观的感受，在处理put on和raincoat时，教师运用实物和让学生真实情境体验的方式，帮助学生理解词义。

第二组对话教学。

教学目的：学习课文中的第二组对话。

教学环节：教师在幻灯片上呈现主人公Guoguo在上学路上和她的朋友Sara谈论季节和天气的图片，并指着Guoguo身上的雨衣问学生，"What is Guoguo wearing?"基于第一组对话的学习，学生很容易输出语言，"She is wearing her new raincoat."然后，教师指着Sara手里的雨伞问学生"What is Sara taking?"学生原来已经学过雨伞这个英文词汇，所以也能很容易地输出语言，"She is taking an umbrella."同时，教师还引导学生观察图片中的自然环境、Guoguo和Sara的表情等，让学生猜测当前的季节然后提问，"Which season is it?"有了教师的引导和知识的不断铺垫，学生自然得出"It is autumn.The winter is coming."的判断。最后，教师通过播放录音，请学生模仿Guoguo和Sara的语气说出："I love winter." "So do I."

教学环节分析：在第二组对话教学中，教师不断引导学生观察图片情境中的天气、物品、人物等，让学生推测语言，并且通过视频中人物说话的语气来感受人物的情感。同时，教师鼓励学生结合实际，真实表达自己对季节的想法。

3. 练习环节（Practice）

教学目的：对所学语言进行练习巩固和内化。

教学环节：教师先带领学生观看完整对话视频，然后让学生跟读对话，并在小组中与同伴进行角色扮演。大部分学生完成对话任务后，教师示意学生停止，接下来请学生到讲台前面进行课文对话角色扮演的展示。教师请三组学生展示之后，告诉学生寒假即将来临，教师制订了一份旅行计划，教师通过视频的形式向学生展示旅行地点，并介绍其天气状况和温度。但是老师不知道要穿什么衣服，请学生帮老师选择合适的衣服。同时，教师以视频形式展示自己即将旅行的其余四个国家，并告诉学生天气状况和温度，请学生依次给出合适的穿衣搭配。最后，学生通过四个国家的不同天气"rainy""cloudy""windy""snowy"，给教师提供了合适的穿着建议"raincoat""jacket""sweater""gloves"。

教学环节分析：在本环节中，教师再次以视频的形式向学生展示对话，让学生真实感受谈话者的状态、语气以及情绪，这对学生在真实情境中运用所学语言进行交流十分重要；学生以小组形式进行操练，增加了趣味性，也给他们创造了更多交流训练的机会，并且通过角色扮演活动，学生更容易体会人物的情感，对情境的理解更加深刻。同时，教师创设真实主题情境，设计活动，让学生在帮助老师选择不同天气穿的合适的衣物的活动中，建立选择衣物的意识，思考在什么天气穿什么衣物，并且能够给别人提出搭配建议。

4. 输出环节（Production）

教学目的：在真实情境中运用语言，学以致用。

教学环节：教师给学生下发任务单，在任务单中给出部分城市的天气状况及温度，请学生设计个人寒假旅游计划并选择合适的衣物。然后，教师要求学生两人一组以对话形式交流各自的出行计划。最后，教师请部分学生进行展示。

教学环节分析：语言学习的根本在于真实应用。在本环节中，教师创设真实主题情境，让学生在真实情境中运用语言。而创编对话环节不仅有助于提高学生的综合语言运用能力，还复习了关于此话题交流所需的旧知识，更注重培养了学生在小组中合作交流的意识。学生在真实的语境中完成了综合语言的运用，而且使学生通过对话交流表达自己的穿衣选择，分享假期出行计划，学会倾听他人。

5. 总结环节（Summary）

教学目的：总结本堂课所学内容，布置家庭作业。

教学环节：教师带领学生参照板书总结本课重、难点知识，并且布置作业：

①两人一组练习课文对话；

②观看天气预报，用英文表达北京一周的天气状况并选择合适的衣物。

教学环节分析：在本环节中，通过对本堂课所学内容进行巩固，鼓励学生根据天气选择合适衣物，激发学生在课后继续拓展思维的动力。作业形式采用基础性作业与拓展性作业相结合，这样既能够夯实基础知识，又能关注到学生在课后真实的生活情境中的语言运用能力以及思维品质的培养。

崇研尚实型课堂三要素——真实的情境，在本堂课中有较好的体现，教师通过歌曲、动态图片、视频、实物、游戏等多种形式，通过调动学生的听觉、视觉、触觉等多种感观形式，在本堂课的各个环节给学生创设了多种生活中表达天气，以及表达不同天气需要选择不同服装的情境，每个情境都与学生的日常生活密切相关，对于学生语言的学习起到了较好的作用，极大地提高了学生对语言学习的热情和兴趣。

语文的秘密，身体知道

陈 希

低年级是孩子学习的启蒙阶段，在语文教学中要注重激发孩子们学习语文的兴趣。低年级学生的思维特点是以形象思维为主，抽象思维能力较弱。因此，如何将抽象的、无形的知识转化为形象的、有形的事物，让孩子能更轻松地将知识吸收，这是对低年级语文教师能力的一大考验。在实际教学中，我非常乐于尝试将书本上的文字知识转化为学生看得见、摸得着或者闻得到的有形事物，让学生透过各种感官去感知语文世界的奥秘。这样既增添了课堂的活力，也使学生深切感受到语文的魅力。

在讲授北京版小学语文一年级下册识字课《水果丰收》时，我就尝试运用不同手段调动学生的多种感官去消化课本中的知识。课文教学目标要求学生能够用"颜色、外形、口感"三个维度来分别形容自己喜欢的水果。这个看似简单的目标想要达成，对于一年级学生来说还真需要动一动脑筋。在授课前，笔者通过前测了解到：一年级学生思维方式比较单一，脑海中词汇量也比较少。在形容一个事物时，容易出现惯性思维，所用形容词也比较单调。例如，要求学生用词语来形容苹果时，百分之九十的孩子只会说大大的苹果、红红的苹果，少数学生会说圆圆的苹果、甜甜的苹果。因此，设计教学时需要在如何拓宽孩子思路上多下功夫。在讲授如何运用颜色形容水果时，我准备了几个不同品种的苹果，让学生看到，苹果不只有红红的，还可以是绿绿的、黄黄的，甚至还有紫色的。在此基础上，拓展学生认知，让孩子知道除了苹果，桃子、葡萄、西瓜等水果也都有着丰富的颜色。这样通过视觉刺激，让学生感知水果王国的丰富多彩。在无形中，学生的思路被拓宽，学生的思维更加有了深度。在讲授如何运用形状来形容水果时，我准备了一个黑色布袋子，里面放上不同种类的水果，让学生闭着眼睛摸一摸，用词语形容自己摸到的水果。在实际操作中，有同学会说"我摸到了弯弯的香蕉""我摸到了锥形的草莓""我摸到了又圆又硬的山竹"……通过触觉刺激，让学生切身感知水果的形状与手感，学生输出的形容词也更加丰富而形象。在学会了如何运用颜色和形状形容水果后，对于"口感"这个词，有学生提出了疑问："老师，什么是口感呀？"我笑着表扬了这位有质疑精神的小朋友，随即从讲台下方拿出事先准备好的装满各种水果丁的盘子，并对学生说："什么是口感？我们尝尝就知道了。"顺势，我让学生品尝水果后，形容水果吃在嘴里的感觉。在品尝过后，有学生说："我吃的是脆脆的大枣。"有学生说："我吃的是酸甜的橘子。"……我随即总结道："孩子们，刚刚你们用舌头和牙齿体会出来的感受'脆脆的''酸甜的'，这就叫作口感。"这里，笔者通过味觉刺激来让学生理解什么是口感，并将这种感受转化为一种更持久的记忆留存在学生的脑海中。

整堂课，我充分调动学生的视觉、触觉及味觉去理解课文蕴含的知识，同时也让学生体会到了语文课中的趣味。

在讲授统编版小学语文一年级上册识字课《日月明》时，我同样运用了这种"身体感知"的方式去解决问题。为了让学生更好地区分"尖"与"尘"这对形近字，在指导学生学习"小大尖"一句时，我让孩子们拿出铅笔，观察铅笔两头有何不同。有学生说："我发现铅笔是一头小一头大。"我随即表扬道："你准确地抓住了这个事物的特点，现在大家试着用铅笔的小头扎一下自己的手指。"当学生照做后，我观察大家的反应，发现孩子们都因刺痛表现得龇牙咧嘴。我因此笑着对孩子们说："像铅笔这样一头大一头小，摸上去扎手的事物形状就是'尖'，生活中遇到这样的事物一定要小心远离。"这次小小的疼痛，让孩子们真切地理解了尖的字形及意义。在指导学生学习"小土尘"一句时，我通过用扫把扫土的实验，让学生们观察留在地上的是什么，飘在空中的是什么。借此使学生理解细小而轻的土就为尘。两个简单的教学活动，让学生切身参与其中，在愉快体验中，轻松地理解了"小大尖、小土尘"一句的意义，对这两个形近字也有了更清晰的分辨。

在讲授北京版小学语文二年级上册课文《它们怎样睡觉》时，我设计让学生耳朵贴在桌子上用手敲击桌面听声音的情境，让学生领悟狗狗睡觉时为什么要将耳朵贴向地面的道理。在讲授统编版小学语文二年级上册识字课《树之歌》时，我将沏好的桂花茶和槐花茶带到课堂上，让学生学会通过闻味道辨别不同品种的树木。在讲授统编版小学语文二年级上册课文《日月潭》时，为了让学生更好地理解"要是下起蒙蒙细雨，日月潭好像披上轻纱，周围的景物一片朦胧，就像童话中的仙境"这句话中作者所描绘的景象，课堂上我用白色的纱巾罩住展示日月潭美景的大屏，让学生体会何为"朦胧"何为仙境……

类似这样的教学活动，在我的课堂上比比皆是。在低年级小朋友的认知里，许多词语和知识都是很抽象很难懂的。例如，之前提到的"口感""朦胧"等词语的教授，生拉硬拽、不做加工的灌输式教学，肯定会让孩子学得一头雾水。在课堂上老师要化身为"机器猫"，使出各种法宝，充分调动学生的各种感官，让每个孩子都成为课堂的主角，让其身体力行地探寻语文的奥秘。学生在这样的课堂上，收获的不仅仅是知识，还有新鲜感和愉悦感。

课堂真实情境的创设

王 京

在小学语文教学中,创设真实的课堂情境,不仅可以增强学生的学习主动性和积极性,而且可以提升学生的语言应用能力。基于此,小学语文教师需要高度重视创设真实的课堂情境,运用有效的手段,提升其存在的有效性和价值,为小学生语文运用能力的提高打下坚实的基础,达到新的高度。为此,本文主要分析了如何创设课堂真实情境,以便提高学生的语文运用能力。

一、课堂创设真实情境的形式

1. 创造直觉的情境

创设醒目、新颖、独特的情境,可以使学生产生兴趣,进而能更好地关注课堂教学活动并参与其中。通过现在流行的短视频以及教师的思想观念的转变,调动学生学习的主观能动性,激发学生的探索欲和求知欲,让学生可以卸下包袱,主动走进课堂。

2. 创设课堂情境

事实上,学生学习的主要场所是课堂。因为学生的学习能力有差异,要想激发学生的内在动力,让他们主动学习相应的语言知识,就必须从创设对学生主动参与课堂的有利情境出发。同时,语文教师要相应地给予学生相当多的耐心和尊重,以欣赏的态度对待学生,积极大力度地鼓励学生,为学生创造良好的课堂情境,积极培养学生的思维创新能力,支持学生大胆提问,积极参与课堂活动,使学生能对成功有所感悟,把语文教学变成成功的经验。

3. 创设合作情境

新课程背景下，教师需要赋予学生课堂主体地位，加强学生语文能力的养成。在语文教学中，教师创设教学情境应该根据学生的个性特点和教学要求，并给予适当的引导，使学生学会在合作中交流和表达。

4. 创设现实情境

这种情境的创设需要保证内容与现代艺术、文字、文化等因素相契合，与社会文化生活的一些表现形式相契合。语文教师需要选择能够引起全国舆论关注的事实和事例才能实现这个目标。在这种情况下，由于心理效应产生的影响，小学生才能对所学知识的内涵产生更深刻、更清晰的认知，继而对这些内容产生更大的兴趣创设现实情境能使学生主动学习语文知识，与其他学生进行交流和讨论。

5. 创设生活情境

小学的学习情况更接近学生的真实生活。它最大的特点是使知识具体化，使知识对学生具有极大的价值，并与周围环境保持一定的联系，使学生真正感受到自己所说的有根据。只有放松他们的思想，他们才能更流畅地表达。

二、创设课堂真实情境的有效方法

在小学语文教学中创设真实的课堂情境，不仅可以提高学生的语言应用能力，而且可以增强学生的学习积极性和主动性。基于此，小学语文教师需要高度重视课堂真实情境的创设。以下是创设课堂真实情境的有效途径。

1. 贴近学生生活，激发学生学习积极性

无论哪种教学活动都需要相应的教材。传统的教学模式主要是以教材和课文讲授为主。在素质教育的背景下，主要是优化学生素质的发展，使学生在语文知识的学习中感受到语文的实用价值，进而激发学生学习的积极性和主动性。这样，小学语文教师就需要认真探索教学内容，分析其呈现方式，使教材内容与生活实际紧密联系，进而增强学生的学习积极性，从而为学生成为课堂活动的主体提供有效的途径。

2. 小组合作突出学生个性

在创设教学情境时，应赋予学生表达、感受和理解的权利，使学生在讨论和发现中发现自我，彰显个性，感受表达的乐趣。教师要充分发挥主导作用，按照人际交往的原则安排每节课，使学生在轻松愉快的课堂上学习语文知识，增强课堂向心力。小学语文教师需要从具体情况出发，针对学生个体差异，进行相应的教学，创造性地践行语文活动。

3. 积极引导反思，实现学习的应用

所谓反思，就是通过内心活动来理解和制约自己的行为，从而有效地调整自己的行为。小学语文教师需要根据学生的心理状况，运用责任或目标激励的方法来克服学生的畏难心理。小学语文教师需要创造良好的交际情境，打破时空限制，让学生有身临其境的感觉，鼓励学生充分发挥想象力和逻辑思维能力，创造性地运用语言进行交际。小学语文教师可以引导学生在课后对身边的事物勤于观察，将观察的感受表达记述下来，让他们主动关注并积极深入探索生活。

4. 鼓励学生主动提问和回答问题

主动提问是学生自主学习的一种表现形式。在实践教学中，教师要为学生创造条件，鼓励学生、引导学生提问。小组讨论是提高学生语言运用能力的主要途径，有助于教师为学生创造良好的学习环境。

小情境　大收获

霍丽娜

期末考试前的复习紧张而又乏味，孩子们对已经学过的知识并没有完全掌握，但却显得很浮躁，尤其对没什么难度的字词练习，他们更提不起兴趣，表现得不屑一顾。怎么才能改变这一现状呢？我不停地思索着……

今天的这节语文课，我本打算进行字词的强化训练，考一张看拼音写词语的小卷。但当我看到孩子们昏昏欲睡的学习状态后，我突发奇想，如果来一场师生竞赛，是不是能调动他们的积极性，给单调的复习课增添一些"佐料"呢？想到这，我的主意来了，就对孩子们说："今天这节语文课，咱们要进行词语练习，我和大家比赛写词语，谁写得又快又对又工整，谁就有权利判老师的卷子。"话音刚落，孩子们各个来了精神。发卷、计时、练写，教室里异常安静，只听到奋笔疾书的"唰唰"声，孩子们完成的速度也超乎想象。

该收卷了，我对孩子们说："第一个全对的人来当小老师，有资格判我的卷子，谁来？"话音未落，很多孩子都举起了手，示意自己愿意接受挑战。我环视了一周，把目光落在了班里听写经常得满分的张瀚森身上。我想与其随便找人判阅，不如有目标地查看，看看听写正确率高的学生能不能全对，这样其他孩子也比较信服。"张瀚森，把你的卷子给我。"一听我点名，孩子自信满满地把卷子交到我手上。我上眼一看，嘿，真不愧是学霸！卷面干净、整洁，字迹书写清晰、规范，真了不起！我暗挑大指。"满分！张瀚森，你可以把老师的试卷拿走了。"孩子的笑脸像乐开的花，他迅速拿走了小卷。不一会儿，他也给我打了一个大大的"100分"。我一边把两张100分的试卷贴到了黑板上，一边对其他同学说："欢迎大家下课来复查。如果谁查出了错误……"我冲张瀚森挑了挑眉，"我俩都愿意双倍认罚，你们一个错字写三遍，我俩写六遍。"他也赞同地冲我点了点头。孩子们一听这话，立刻把手举得更高了，那意思仿佛在说"来呀，谁怕谁！"

如果说和老师比赛写词语是调动所有学生参与的积极性，那么让学生成为"小老师"就是对满分同学最大的褒奖。同时，他们还要成为所有同学监察的对象，这更增加了挑战的难度。这一做法非但没有吓倒大家，反倒成为有效的刺激手段，学生们书写、检查得更认真了。

"好，很多同学都已经写完了，游戏继续，谁来接受张瀚森的挑战？"话音一落，更多的小手举了起来，一个个眼神中充满了自信和坚定。之所以这样做，一来可以让孩子们观摩全优作业，相互学习，取长补短；二来可以提高他们检查、纠错的能力，使他们认识到简单的书写也会犯一些不必要的错误；同时还能减轻我的负担，可谓一举多得。

之后的规则是这样的：张瀚森是第一个得满分的，也是第一位小老师，下一名同学把自己的试卷交给"小张老师"，那么这位同学再等待着下一位交卷同学的挑战，如此循环。短短二十分钟，就已经有三十多位同学上交了小卷，接受了挑战。孩子们阅卷、改错、换卷、复查，忙得不亦乐乎。一节课结束时，只有两名同学因为没有检查出别人的错误，而跟着出错同学接受共同练习三遍的"惩罚"。他们写得好开心呀！

通过以上活动，我做了以下思考总结。分析思考：

1. 创设真实情境，促进学生快速融入

一节简单而枯燥的复习课之所以上得有声有色，乐趣多多，主要原因在于教师在学生情绪的低谷时期创设了真实的竞赛情境，这一恰当而有效的教学手段的应用，极大地刺激了学生的好胜心，使学生在自己能力范围内接受他人的挑战，让呆板的课堂氛围变得更轻松、更活泼，让学生接受真实情境的感染和熏陶。学生们积极参与配合的过程，也是对知识内化巩固的过程，从而使学生能更好地与学科知识对接，提高语文学习效率，推动了语文教学活动的高效进行。

2. 创新教学情境，满足学生认知需求

由于学生的年龄小，活泼好动，自制能力较弱，在学习中可能会产生厌倦心理，因此教师注意到了要在教学中创设有新意、有亮点、适切的教学情境，利用这一行之有效的教学情境，迅速刺激学生的感官，带领他们进入到热烈的学习活动氛围中来，使他们的学习动机更加持久，促进了学生与情境进行互动，与教师进行互动，满足了学生学习和认知的心理需求。

3. *巧用角色互换，发挥学生主观能动性*

和学生进行比赛是教师经常用到的教学策略，比赛的主体一定是学生自己，教师则充当了一个组织者、调配者的角色。当学生入情入境地参与到活动中来时，他们自然而然地成为了课堂的主人，而当学生的身份变成一个个"小老师"时，他们势必会用心地检查，进行角色体验，激发学生的主观能动性，激发他们主动参与并积极行动的热情。

总之，在小学语文教学中创设情境的方式有很多，只要我们用心思考，及时总结，主动适宜地创设一些灵活有趣、恰当有效的小情境，语文课堂就会"活"起来，学生也会在这样的简单情境中收获满满。

如何提高书法课堂导入的趣味性

雷 春

课堂导入是教师在课堂教学起始环节采用各种教学手段和教学方式，把学生引入学习知识的课堂环节，使学生以饱满的学习情绪、昂扬的学习状态，迅速进入新课学习的活动方式。这是课堂教学的第一步，也是课堂教学的重要环节，是紧扣学生心弦、激发学生学习兴趣最关键的一步。俗话说"良好的开端是成功的一半"，教师只有做好导入这一教学环节，才能更顺利、更有效地把学生引入新知识的学习过程中来。

书法与其他课程相比，课堂会显得比较枯燥和无趣。乏味的讲解、机械的练习，会使孩子们逐渐失去书法学习的兴趣。所以在教学中创设新颖的导入，有助于激发学生的学习热情，促使学生带着主动自觉的心理走进学习内容，去实践、去探索。所以，巧妙的导入有利于吸引学生的注意力，调动学生的积极性，激发学生的求知欲和学习兴趣，也有利于教师教学活动的顺利开展。导入既然是教学过程中一个很重要的环节，它的精彩与否会直接影响到学生对新知识的学习，所以导入需要教师根据教学内容精心设计，只有使导入更加丰富精彩才能达到良好的教学效果。我在长期的书法课堂实践中，总结出以下几种导入方式：

一、文字源流法

书法的教学内容是很难让学生产生兴趣的，可能还没开始学习，学生就有点坐不住了，尤其小学阶段的学生活泼好动，自我控制力还没发展成熟，更难引起其兴趣。那么，怎样才能引起学生兴趣，并使之理解文字呢？

文字源流法就是一个好的导入方法。例如：我在讲授《草字头的写法》一课时，首先引导学生猜想草字头跟草有关，从而引出草字头的概念。于是，我就出示了草字从甲骨文到现代字形上的演变过程（如图1-1）。学生初步感受到了汉字变化的神奇性和趣味性，充分调动了学生学习书法的好奇心和兴趣。另一方面，我希望在潜移默化中引导学生体会中国传统文化的博大精深，这些都值得大家去欣赏和热爱。

屮 → 丫 → 艸 → 艹 → 草

甲骨文　　金文　　小篆　　隶书　　楷书

图 1-1

这样学生就充分理解了字的含义，为其学习汉字的书写做好了铺垫。通过了解文字源流，学生会更形象地理解汉字的形体演变过程，进而理解该字的意思，在此基础上对书法会更感兴趣。因此，介绍文字源流也是提高学生学习书法积极性的有效方法。

二、播放音乐引起趣味法

一首好的乐曲让人心旷神怡，可以在导入环节插入适合书法学习的乐曲，从而引起学生的兴趣。书法作品是高雅的艺术，学生听了乐曲内心得到了放松，便会觉得书法课没有那么枯燥了。例如：我在《草字头的写法》一课的导入环节讲解草字的演变过程时编辑了视频，并且在视频中插入了《高山流水》的乐曲，在整个草字演变过程的学习中学生处于享受的状态。在对导入内容的提问中学生都能正确说出草字从甲骨文到现在字形上的变化。学生从听觉视觉上已经完全进入了学习状态，并且在后来我又切换了舒缓的古典音乐做辅助，那更是锦上添花了。书法学习本身就是一件修身养性的事情，需要学生安下心来，渐渐陶醉于习字的过程中。中华传统乐器古筝就是营造书法氛围较为合适的乐器，古筝名曲有《渔舟唱晚》《汉宫秋月》《高山流水》等。学生们伴着柔和的旋律将课间浮躁的心绪驱散，渐入安宁静心的状态。这样，学生对于写字便不再觉得是一种负担，而是发自内心地喜欢，对书法充满了浓厚的兴趣。

三、"成语"导入法

书法课不仅仅是写几个字，而是要带领学生深挖这个字的音形意，激发学生的学习热情，使学生进入一个真正的学习状态。成功的导入，起到了抛砖引玉的作用，为下面的授课做好铺垫。例如：在"地"字教学过程中，我为了引出"地"字，借鉴央视董卿主持的《中国诗词大会》节目里的飞花令，让学生课前查阅有关"地"字的成语，课上围绕"地"字说成语，看谁说得多。首先，我说出"地利人和"。"顶天立地""脚踏实地""地老天荒""地大物博"……由于同学们课前准备充分，含有"地"字的成语像连珠炮一样，一个个被说了出来。课堂气氛立刻就活跃起来了，学生的积极性被调动起来了。接着，我总结道："中国书法是中华民族的文化瑰宝，是人类文明的宝贵财富，我们要传承中华民族优秀文化。"这样有趣味的导入让学生很快进入学习书法的状态，激发了学生的学习兴趣。

在书法的教学导入环节我还尝试过欣赏激进法、简介名家法、故事激趣法、书法名言法、小小书法家作品展示法等导入方法。我每天上课尝试运用不同的导入方法让学生有新鲜感，喜欢上书法课，对书法学习产生兴趣。导入有法，但无定法。无论用何种形式和方法导入新课都是为了启发学生的思维，激发学生学习的兴趣，实现课堂教学的有效性。书法课堂导入的方法还有很多，无论哪一种导入方法，我们都要根据教学内容、学生情况和教师个人风格择善而用。只要教师深入研究，就能设计出精妙的课堂导入方案，使得书法课堂变得更精彩，更为学生所喜爱。

制订寒假旅行计划

李 燕

探究性学习是指学生在教师的帮助和指导下，自觉发现问题，自主探究解决问题的过程。学生自主合作完成学习任务，学习过程中突出了学生的"实践"。在五年级的一节英语课上，我设计了这样一节自主探究课。

本节课是五年级上册第七单元的内容，题目为 Lesson 23 Travel Plan。教学目标是利用句型"We are going there by…, are you going there by bus?" "Yes / No, we are going by car." "It's fast." "We will…"和一些主要景点词汇如 the Bird's Nest, TianJin Eye, Mount Tai, the West Lake, the Potala Palace，以及搭乘交通工具词汇 by car, by subway, by plane, by train 等，初步学会制订旅行计划的英文表达用语。

旅游是小学生喜爱的活动，那么"制订旅行出游计划"学生自然饶有兴趣。用英语制订合理的"旅行计划"，既要考虑"旅行计划"的基本要素，又要运用英语进行合理表述。学生要在教师的指导和帮助下，通过合作解决问题。

课程伊始，我即开门见山地点明主题——本节课要学会用英文制订"寒假旅行计划"。然后我展示了自己和家人的几张旅行照片，和学生们进行交流。这样既复习了一些功能语言，激活了学生对旧知识的记忆，同时也迅速进入了主题情境。那么"制订旅行计划"要考虑哪些要素呢？随即就进入了学生质疑环节。学生两人一组进行讨论，总结出了要考虑以下几点——确定旅游的地点、旅游的同行人、乘坐的交通工具、旅游的项目等。学生的讨论还是很成功的，他们能够想出问题的解决办法，敢于质疑，这是成功的第一步。

第二步进入了自主探究环节。首先，学生要通过对话的学习，感受主人公LingLing的旅行，从而勾勒出"旅行计划"的纲要。试听对话前我启发学生："你会对LingLing的旅行提出哪些问题？"学生四人一组利用两分钟的时间讨论并梳理出了以下四个问题：

> 1. Where is Lingling going?
> 2. Who are going with Lingling?
> 3. How are they going?
> 4. What will they do there?

带着这四个问题，学生理解课文、感受语言，并通过合作进行自主探究，完成对问题的理解。师生在黑板上共同梳理出LingLing成都之旅的思维导图，同时也形象地呈现出"制订旅行计划"的四个主要方面——where，who，how，what（地点、人物、交通工具、项目）。然后教师适时点拨，提炼出"制订旅行计划"的策略，为后续的"巩固运用"环节做好了充分的准备。

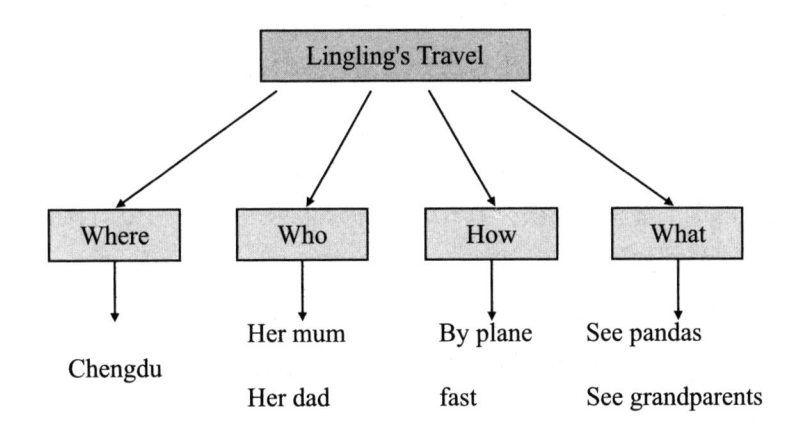

```
                    Lingling's Travel
        ┌──────────┬──────────┬──────────┐
      Where       Who        How       What
        │          │          │          │
     Chengdu    Her mum    By plane   See pandas
                Her dad     fast      See grandparents
```

接下来为了巩固使用适当交通工具的功能句型"We are going by...，are you going there by bus？""Yes/No, we are going by car.""It's fast"，师生进入了下一个情境。首先，我让学生欣赏了一段有关中国各地名胜古迹的配乐视频，祖国大好河山极大激发了孩子们谈论旅行计划的兴趣。随即学习了一些各地的名胜古迹词汇，在教师的点拨下探讨了搭乘何种适宜的交通工具的表达用语。

其后学生四人一组合作探究，教师创设了如下情境：如果你们以组为单位开展旅游活动，每组确定一个旅游景点，选择一个合适的交通工具并说明原因。

接着出示合作学习任务清单：

任务1：学生把相应的旅游景点图标贴在中国地图的相应位置上，并简要介绍景点的情况。学生自己学习地点词汇，如the Bird's Nest，TianJin Eye，Mount Tai，the West Lake，the Potala Palace。这里只有the Potala Palace读音有点难，我及时进行了启发点拨。学生有一些地理知识，确定鸟巢、天津眼、泰山、布达拉宫的位置都不难，但有的组对西湖的位置不清楚，我让组间进行了互助。

任务2：四人一组运用句型表达将要去的地方及乘坐的交通工具，以及选择此种交通工具的原因，其中表达选择交通工具的原因是难点，体现了语言的个性化要求。学生要学会用形容词faster，easier，cheaper，convenient进行合理表达。在此处小组进行互助合作学习，学习进度快的学生起到了带头作用，帮助全组同学突破了难点，教师进行了适度点拨。

任务3：每组指派一位组长去各组询问他们将去的地方及所要乘坐的交通工具。

通过以上三个任务，学生在活动中巩固强化了所学语言，小组合作使各个层次的学生都有所收获，为最终的"问题的解决"——制订旅行计划，打下了坚实的基础。

经过两次合作探究，本课到了问题解决的最后阶段——制订寒假旅行计划。彼时寒假即将到来，很多学生都要出去旅游，制订"寒假旅行计划"符合学生的生活实际。

我首先展示了自己的寒假旅行计划，学生通过阅读感受理解了老师的旅行计划，接着学生参考板书的思维导图，着手制订自己的计划，老师巡视全班并适时答疑解难。由于之前的层层铺垫，学生任务完成得很顺利，每个人都在自己的能力基础上完成了旅行计划的制订。之后通过 PPT 呈现了学生们和父母在各地旅行的照片，过往旅行的记忆让大家感受到了全家出行的美好时光，感受到了旅行的意义——开阔眼界、放松身心，以及家人的陪伴，孩子们的情感得到了升华。

本节课结束了，孩子们还沉浸在制订寒假旅行计划的兴奋中，意犹未尽！他们脑海中应该在憧憬着美好假日的画面吧。

改 变

刘 静

手中翻看着即将讲授的展示课课文《将相和》，心中却思绪万千，想想这群升入六年级的孩子，认知水平和知识储备是有了明显增长，可是在课堂上的表达欲望却大不如从前。我深知高年级学生把回答问题当成是一种负担的原因不是他们不会，而是因为害怕，害怕回答得不好或是回答错误会招来同学笑话、老师批评。不过我也发现，对于高年级的孩子来说，课堂气氛轻松愉悦，问题趣味性强、富有挑战性时，孩子们主动举手回答问题的积极性还是很高的。其实，教师完全可以通过改变自己的教学行为解决这个在高年级课堂上普遍存在的问题。

想到这里，一个大胆的想法涌上心头，与其固守讲授式课堂教学模式，不如放开手脚，利用表演课本剧的方式，让学生真正走进文本，走进这段历史，让他们参与备课的全过程。这样，既能让学生以剧中人物身份审视文本，体会主人公品质，又能让学生在表演中相互合作、发表看法、分享感受、深入钻研文本内容，变有限的40分钟小讲堂为无限开放的大学堂，岂不是两全其美。

说干就干，当我把想法告诉学生后，孩子们特别感兴趣，当时就有多人想担任《完璧归赵》《渑池之会》《负荆请罪》三幕剧的导演和编剧。在多位导演和编剧的潜心安排后，小剧组很快成立了。他们在排演过程中，不甘心只看文本中的内容，更加关注背景资料，从历史事件的细枝末节到人物语言的文言感，再到道具的设计以及背景课件的制作，孩子们不放过任何一个细节，力争把《将相和》中的每个人物演活，表现出文章的主题。

对于这节研究课,备课阶段最轻松的就属我了。看着每天下课后孩子们忙碌的身影,以及他们为了一个情节设计相互争论时认真的样子,我是看在眼里,喜在心上,此时的孩子们为了一个共同的目标,积极参与、乐于表达,在这样的大课堂中学习,孩子们真是不开口都很难。

展示课当天,孩子们精神饱满。课前他们相互提醒做好一切准备,课上表演时更是全力以赴,很多情节的设计都是相当有创意,尤其是人物语言,很有历史情境感。三位饰演蔺相如的演员表演得十分用心,将主人公的机智勇敢和豁达的性格特点演绎得相当传神。卞志远所演的廉颇一角更是可圈可点。记得排练时,他曾退却过,只因廉将军要向蔺大人下跪请罪,他总觉得不好意思,会招来同学们的耻笑。在我的耐心引导下,他终于克服了心理障碍,将廉将军的敢怒敢言、知错就改的性格表现得淋漓尽致。课上,我巧用这一排练中的小插曲,引导学生:身为赵国的大将,廉颇难道不懂得"男儿膝下有黄金"的道理吗?那他为什么还要这样兴师动众地负荆请罪呢?孩子们纷纷举手表达看法:廉将军太敬佩蔺相如的为人了,他为自己的狭隘感到十分愧疚;廉将军是想展现他与蔺相如和解的无限诚意;廉将军是想告诉天下人,赵国的蔺相如和廉颇是心往一处想劲往一处使的,谁也别想攻打我们赵国。听着孩子们自信独到的表达,看着他们用心的排练和表演,想到他们已默默地被两位古人所表现出的识大体顾大局的崇高品质所折服,敬重之情溢于言表的样子,真的为孩子们的进步高兴。可见,教师教学观念和方式上的一点点改变,足以影响学生的现在和未来。

培养学生自主学习能力初探

高鸿艳

自主学习是与传统的接受学习相对应的一种现代化学习方式。学生是学习的主人，学生通过独立的分析、探索、实践、质疑、创造等方法来实现学习目标。自主学习倡导学生主动参与、乐于探究、勤于动手、培养学生搜集和处理信息的能力、获取新知识的能力、分析和解决问题的能力以及交流与合作的能力，是一种现代化的学习方式。

钟启泉教授指出：课堂教学应以学生的自主活动为中心展开。教学目标的设定、教材教法的选择、班级的集体交互作用等，所有的构成要素都应当在学生形成自主的学习活动这一目的的指引下，而加以整合，都必须服从于学生自主活动的养成这一目标。

一、目标引领，挖掘自主学习的板块

《义务教育语文课程标准》中关于综合性学习的内涵提到，能提出学习和生活中的问题，有目的地搜集资料，共同讨论，在家庭生活和学校生活中，尝试运用语文知识和相应的能力解决简单的问题。

"语文实践活动"是一条美丽的链子，我们老师要用这条链子把所有的"知识点"串起来，使之成为新教育形式的璀璨的闪光点。这条项链能让学生在活动中有体验、有探究、有发现、有感悟，能力得到提升。

语文实践活动很多，如：口语交际、课本剧、画一画、说一说、赛诗会、故事会、成语接龙、听写大会、图书交易等等。语文实践活动通过联系生活实际和多学科整合，突出学生的自主性，注重学生积极主动的参与精神，较为适合当今学生自主学习发展的需要。

例如：要过年了，我们就可以结合年进行语文综合实践活动，那关于年，你都知道什么呢？可以让学生去找找关于年的故事，读读关于年的古诗，了解过年到底有怎样的民俗。还可以让学生动手制作拉花，写写福字，拍一些照片，写写祝福贺卡，了解一些过年的礼仪等等。学生一定会在语文实践活动中受益匪浅，自主学习相关知识，进行全面发展。

又如：五年级上册第10课——《牛郎织女（一）》，该课学习目标要求学生默读课文，说说牛郎和老牛是怎样相处的，他和织女是怎样认识的。学生通过课前预习、课上学习，一般能够讲出来，但课文有些情节，写得比较简略，如果让学生根据情节说具体内容，再演一演，学生就犯难了。学生将课文改编成课本剧，是学生理解文本的一种学习方式，学生要进行角色设定，要创意、编排、导演、组织，要根据课文中的环境、情节、人物，将课文内容生动形象地表现出来，这种形式学生喜闻乐见，积极参与度高，能够使学生获得较多的能力提升。在自主学习的过程中，学生不断地调整、充实、丰富文本内容，通过台上台下的交流创新，共同提高了语文综合素质。

二、激兴趣，给方法，培养学生探究能力

语文教学应激发学生的学习兴趣，为学生创设良好的学习情境，激发学生的好奇心、求知欲。我利用多媒体激发学生的学习兴趣，促进学生学习的积极性。例如：《到太空去》这篇课文，描写了宇航员乘坐航天飞机来到太空后在机舱内的生活状况。因为宇航员处在失重的状态下，所以与地球上的生活截然不同，显得格外特别、有趣。课前，我让学生自主学习，搜集一些有关航天员太空生活的图片、文字资料、视频等，在课堂上让学生们以小组为单位互相学习交流，然后利用多媒体观看资料，激发学生的学习兴趣。在学生初步了解了太空中的有趣生活后，通过多媒体课件结合课文和课外知识让学生展开了想象，一起交流飞机上太空后都会发生什么有趣的事儿。课文学完了，学生对太空的兴趣并没有停止，课下还一起讨论、一起查阅相关书籍、一起去科技馆……学生对太空的探索依旧进行着。

在平时教学中，我发现有些同学到了中年级开始写作文时，特别发愁，不愿意写、不会写，无从下笔。所以，我觉得写作课要教给学生一定的方法和技巧，激发学生的写作兴趣，培养学生的写作能力。

中年级的学生对于那些动植物的作文题材比较有兴趣，因为孩子们大都喜欢小动物，有的同学还饲养了小动物，如蚕宝宝、小金鱼、小鸟、小猫、小狗、小兔子等，有的同学种了一些花花草草。在生活中，指导同学们细致地观察，用自己的感官看一看、摸一摸、闻一闻、听一听、想一想，通过写观察日记等方式有助于培养学生的习作能力。如观察并思考：茉莉花从开放到凋谢是什么样子的？蚕宝宝是怎样长大的？绿豆芽是怎样长根、长叶的？小蚂蚁是怎样运送食物的？捉蚊子有哪些趣事？这些生活中的观察能激发学生很大兴趣，有了观察做基础，学生有了写作兴趣，再写作文就不难了。

三、关联阅读，培养学生自主探究阅读能力

语文课程标准指出：要重视培养学生广泛的阅读兴趣，扩大阅读面，增加阅读量，提高阅读品位，要多读书，好读书，读好书，读整本书。

在学习《圆明园的毁灭》一文之后，我让学生结合相关资料说一说，为什么圆明园的毁灭是中国文化史上不可估量的损失，也是世界文化史上不可估量的损失。同学们通过搜集资料、关联阅读，了解了圆明园、火烧圆明园，了解了圆明园的历史文化、了解了圆明园昔日的辉煌，了解了它的雄伟壮观、美不胜收，以及它的巨大的价值。而这样一座举世闻名的皇家园林，一座当代世界上最大的博物馆、艺术馆，竟然能在短短的几天之内化为灰烬。同学们通过大量的课外阅读，更能理解作者的情感以及对英法联军的痛恨之情，也激发了同学们不忘国耻、振兴中华的责任感和使命感。

在学习完《少年中国说》（节选）一文后，同学们通过查阅资料知道了百年来，在强国梦想的激励下，涌现出大量的优秀人物，他们为国家做出了卓越的贡献，如：地质学家李四光、物理学家邓稼先、数学家华罗庚、杂交水稻育种专家袁隆平、人民的好干部焦裕禄、小岗村"大包干"带头人等。了解了这些优秀人物的故事，学生们课下一起交流、一起做手抄报。

一次次关联阅读、一次次查阅资料，这些活动让同学们丰富了知识，拓展了视野，提升了自主学习的能力。

　　以上是我在语文教学中培养学生自主学习能力的一点尝试，我还会继续研究，继续探索，根据《语文课程标准》要求，结合班级学生实际情况，更好地提升学生的整体语文素养，让每个学生的自主学习能力都能获得不断提升，都能做最好的自己。

学有用的数学
——《合理安排时间》案例分析

宋春娜

数学来源于生活，在数学教学中，许多学习内容和需要解决的数学问题都从生活中来，最终还要回到生活中去。学生的心理特点决定他们会对熟悉的生活情境感到亲切，容易产生关注点，能够感受到数学学习的应用价值。数学课标中指出"综合与实践"的实施是以问题为载体，以学生自主参与为主的活动，是教师通过问题引领、学生全程参与、实践过程相对完整的学习活动。学生是数学学习的主人，数学教学活动必须建立在学生的认知发展水平和已有的知识经验基础之上，数学教学应激发学生的学习积极性，向学生提供充分从事数学活动的机会，帮助他们自主探索和合作。

一、创设情境、初步感知

下面我试图通过《合理安排时间》这一案例对这一问题做一分析阐释。

师：老师的周末安排是这样的，8点吃完早饭，听一个小时音乐，收拾房间用一个小时，再看半个小时的书。这周末有位朋友要来家里做客，你们帮我安排一下，要做完这3件事，我最早几点约朋友到家里来呢？

二、自主探究、感知策略

1.师：9点半的时候客人如约而至，请你们帮老师招待一下阿姨，为她沏茶吧。怎样才能尽快完成这些程序让客人喝到茶？

> **沏茶的流程和所用时间**
>
> 洗水壶：1分钟　烧开水：6分钟　洗茶壶：1分钟
>
> 洗水杯：2分钟　拿茶叶：1分钟　接水：1分钟

了解沏茶过程和所需要的时间，提出不懂的问题。

> 分析：本节课的情景是生活中非常常见的，也是小学生熟悉的，沏茶过程没有繁琐的细节，符合学生的认知特征。以沏茶问题为研究素材，很容易激发学生的兴趣，调动学生的积极性。研究沏茶方案教师是引导者，把学习的主动权要交给学生，前提是学生要了解沏茶所需要的工序，并思考打算先做什么再做什么，怎样才能尽快地喝上茶。

2. 小组合作探究

师：下面我们分组进行研究，看看怎样做能在最短的时间内完成沏茶的整个过程。

（1）小组交流解决问题，在组内先说明自己的想法。

（2）通过小组合作利用程序纸片拼摆完成沏茶所用的时间，每组的方案可以多样。

（3）汇报：以小组为单位，拿着流程卡片到黑板上一边贴一边解释说明。

学生甲：拿茶叶1分钟→洗茶壶1分钟→接水1分钟→洗水杯2分钟→洗水壶1分钟→烧水6分钟。总共所需12分钟。

师：这样做的过程能顺利地烧开水吗？看看问题出在哪里？

学生找出问题的症结是烧水需要用水壶，应先清洗水壶再接水，不应用茶壶烧水。

学生乙：沏茶所需的6道工序，每道工序都必须做，所以把这些程序按先后顺序完成就可以，把所有工序花费的时间加起来共12分钟。拿茶叶1分钟→洗茶壶1分钟→洗水杯2分钟→洗水壶1分钟→接水1分钟

→烧水 6 分钟。

学生丙：洗水壶 1 分钟→接水 1 分钟→烧开水 6 分钟（同时洗茶杯 2 分钟、洗茶壶 1 分钟、拿茶叶 1 分钟）。共需 8 分钟。

> 教师说明：做完一件事后再做下一件，我们可以用箭头表示出来；同时做的事情可以并排摆好。

3. 展开讨论、理解道理、优化方法

师：为什么可以在 8 分钟内完成整个过程？时间节约在哪？

学生发表自己的看法：

（1）事情有先后顺序。

（2）有些事情可同时做。

（3）重点理解：在烧开水的 6 分钟里可以同时洗茶杯 2 分钟、洗茶壶 1 分钟，还可以拿茶叶 1 分钟。

> 教师小结：在按照事情先后顺序开展的前提下有些事情同时做会节约时间。

4. 提炼方法，学画流程图

师：我们可以通过画简单的过程图或者线段图的方法把整个过程表示出来，注意可以同时做的事情要标示清楚。

然后学生自主画图，教师根据画图情况，重点指导学生同时进行的事件的画图方法。

5. 小结

通过帮老师解决沏茶问题，我们知道了一些有关系的事情发生是有先后顺序的，在按顺序去完成的同时有些事情也可以同时去做。在做之前我们可以运用今天学习的画图的方法进行设计谋划。

> 分析：在合作探究沏茶方案的教学环节，主要采用了以学生小组合作探究的形式。积极倡导自主、合作、探究的学习方式，激活学生已有的生活经验，有效地促进学生积极参与探究活动。教师给予了学生充分的时间和空间，让小组成员动手摆一摆工序，想一想怎么安排最合理，学生通过观察、操作、比较、讨论和交流等数学活动，体会到同时做的事情越多，所用的时间就越少。"同时做、按顺序"，使学生在解决具体沏茶问题中体会到了数学的方法和实际应用的价值，理解了优化的数学思想。这一环节注重学生动手操作能力的培养，拓展了课堂教学的空间。尽可能地放手让学生提出问题，让学生动手实践、验证答案、分享交流、概括总结，从而逐步提高学生的自主研究的意识和能力。

三、运用知识解决问题

试做家务					
洗碗	收拾客厅	拿衣服去洗	拖地	洗衣机洗衣服	晾衣服
3分钟	8分钟	1分钟	10分钟	26分钟	3分钟

怎样安排用时最少？最少多长时间？

> 从学习沏茶问题这个具体生活实例入手，让学生感受数学来源于生活实际，最终要回到生活中去这一体悟。培养学生能够解决具体的数学问题，体会数学思想和方法，这是数学建模的过程，通过这种培养，学生学会的不是一道题，而是在通过观察、操作、实验、猜想、比较、推理的数学活动中学生初步感受数学思想，受到数学思维的训练，形成有序地、严密地思考问题的意识。在数学的练习应用环节学生能够根据刚刚学习到的优化的数学思想进行思考，从而优化设计出最合理的时间安排。这些培养方式都是让学生积累数学经验，并对其渗透优化思想。

让学习在情境中发生

王秋晨

当前的教学，创设情境已经成为数学学习活动的趋势。创设真实有效的教学情境，可以使原本枯燥抽象的数学知识变得生动形象，富有情趣。学生在具体情境中学习，有直观的形象可以把握。真实有效的情境创设，能够引起学生心理上的兴趣和学习的动力，是联系数学与现实世界的纽带，以及沟通数学与生活的桥梁。因此，探讨如何创设真实有效的情境，具有很强的现实意义。

一、以学生的生活经验为基础，创设兴趣情境

小学数学教学内容与现实生活之间的联系比较密切，因此教师在创设情境时要符合学生的年龄特征和已有的生活经验，可以借助生活中的元素，提升问题情境的真实性，增加学生对数学知识实用性的认识，使其努力学好理论知识，以此解决实际问题。将生活中遇到的问题放到数学课堂中来解决，能够提起学生的兴趣。在数学教学中融入生活情境，需要学生对自己的日常生活进行观察，找出哪些生活问题需要通过数学来解决，并探索自己能够运用哪些数学知识来解决这些问题。在这个过程中，学生非常积极，达到了提高学习效率的目的。因此，数学情境的创设应更多地关注学生所关心的内容，以及他们在生活中所获得的经验，这样才能促使儿童的经验帮助其更好地学习数学。

例如，在"千克与克"问题的教学中，教师先出示三个超市中的价签：鸡翅每袋25.00元，苹果每千克12.00元，大白菜500克2.00元。然后老

师提问，如果我想买这三样物品是直接交价钱的总和吗？大部分学生具有一定的生活经验，因而回答道，买苹果和大白菜需要先称重，从而引出要学习的质量单位——千克与克，激发了学生学习的兴趣。在感知完1千克和1克的质量后，又逐步引导学生思考1千克和500克是否有联系，学生带着强烈的求知欲又探究了千克与克之间的关系，从而得出结论1kg＝2×500g。甚至有学生自己提出问题：日常生活中使用的计量单位斤是否与千克、克也存在着一定关系。这样的情境教学，使原本枯燥的数学知识更贴近生活，贴近学生认知水平。生活化的问题情境能帮助学生了解生活，提高学生思考生活中所包含的数学问题的能力。

二、让学生经历数学化的过程，创设活动性情境

数学的知识、思想和方法，必须要由学生在现实的数学实践活动中理解和掌握，而不是单纯地依赖教师的讲解去获得。教学中，把问题情境活动化，就是让学生投身到问题情境中去活动，使学生在口说、手做、耳听、眼看、脑想的过程中，学习知识、增长智慧、提高能力。

例如在《辨认方向》一课的教学中，让学生学会辨认东南西北四个方向。教师先教学生一首儿歌，儿歌内容大意是早晨起来面向太阳，前面是东后面是西，左边是北右面是南。这首儿歌学生很快就能熟记，但坐在教室里学生并不能将所学知识灵活运用到生活中去。教师可以带着学生去操场，先找到太阳这个标志物，然后确定东这个方向，剩下的三个方向也就能快速确定。回到教室后学生也能正确地辨认方向了。

这样的活动性情境有利于保证学生在学习中的主体地位，对于促进学生从动作思维向具体的形象思维过渡也是十分有利的。

三、准确把握学生认知基础，创设问题情境

苏霍姆林斯基曾说过："在人的心灵深处，都有一种根深蒂固的需要，这就是希望自己是一个发现者、研究者、探索者。而在儿童的精神世界中这种需要特别强烈。"在教学实践中，以富有现实性、趣味性、挑战性，且处于学生认知结构最近发展区的非常规性问题为素材，可创设认知冲突

型问题情境，使学生处于心欲求而不得、口欲言而不能的状态，引起认知冲突，产生认知失调，从而激起学生强烈的探究欲望，进而采用各种策略解决问题。

例如在教学《统计图》一课时，在根据数据绘制统计图的时候，学生会发现当统计的数据较大时，用1格表示1个单位就不方便了，这就引起了他们的认知冲突，需要寻求解决问题的方法。实际教学时，可放手让学生通过自主探索或小组交流画图的方法，总结归纳出1格表示2个单位的条形图的画法。在此基础上，学生可能会进一步提出"1格表示2个单位，则半格就表示1个单位""数据很大时，还可以用1格表示3个单位、4个单位……"这样一些闪烁思维火花的推断结论。

数学这门课程本质上就是由一个个问题构成的，数学教学运用"问题情境"这种教学方式，将数学知识通过知识的形式呈现出来，这样学生就能够处于熟悉的数学环境当中，激发其研究新的数学问题，对数学产生求知欲与好奇心，这样长期下来就会形成一种良好的教育教学环境。

四、让学生自主参与实践活动，创设实践情境

《课程标准》要求：让学生有更多的机会从周围熟悉的事物中，学习数学和理解数学，使他们体会到数学就在自己的生活中，进一步感受到数学与现实生活的密切联系，感受到数学的趣味，对数学产生亲切感，最终达到能够探索和解决简单的实际问题的目的。因此，在数学教学中，应注重创设实践情境，让学生开展社会调查，搜索、收集、整理与学习内容相关的数学信息，以培养学生的实践能力。

例如在教学《小数的意义和写法》一课的内容时，笔者提前给学生布置了这样的一个任务："请同学们先去找找哪些物品上有'小数'，并想想该怎么读？它表示什么意思？"于是，同学们就在课前收集了相关信息，在教学这一内容时，学生们纷纷汇报了自己调查的结果，如：橡皮的单价是0.80元，文具盒的单价是4元……通过课前的调查，学生对小数的表现形式和意义有了初步的了解，知道了生活中处处有"小数"；同时，还为教学提供了重要素材，这样的情境教学既引导和鼓励学生走出课堂、走

进生活实际，又培养学生的社会交往能力，和充分感受数学本身的魅力。

像这样，把学生研究的空间多渠道引导到课外，不但可以沟通数学知识与生活、社会、实践的关系，而且还能让学生在积极、自主参与的研究活动中获得经验，形成爱探究、乐求知的良好心理倾向。

情境的创设，是围绕其所蕴含的数学问题而展开的。脱离了问题，数学就失去了灵魂。我们要善于创造真实有效的情境，从学生的生活经验出发，促进学生进行积极的探索性的思考。让学生在情境的发生、发展过程中学习数学知识，体验数学价值。

从《圆明园的毁灭》谈加强中小衔接

徐联杰

案例背景：

在 1981 年，教育家于漪曾在文章中用"接力赛跑"来形象地比喻"中小衔接"。在学生的学习中，我们经常会看到很多的学生从小学升入中学后都表现出来极大的不适应，面对中学"不一样的教与学方式"他们茫然了，不知道该怎么去学习了，甚至出现了很多小学时的"优等生"跨入中学校门后跟不上课程，变成了"后进生"的现象。

有鉴于此，从而引发了在小学教学中进行中小衔接变革的要求，处于教学一线的老师们更是对平时的"教与学"进行了探究，积累出宝贵的经验。

具体做法：

为了更好地解决"中小衔接"中的教与学"的问题，我在这里仅以语文《圆明园的毁灭》一课为例，浅谈一下以突出学科本质为基础加强中小衔接的几点做法。

所谓学科本质就是通过源于生活的实际，进行学科特色的表达，再回归到生活中去，解决实际问题。

一、教师教学的可融通性

综观当前我们中小学的现实教学状况，很多时候我们会发现，中学老师更多的是培养学生的能力，而小学老师更多的是培养学生的兴趣。

在小学阶段，小学生的学习独立性往往在授课教师的担忧学不好、疑虑学不会、害怕学得差中被淹没。课堂中，授课教师出于种种"好心"而出现不厌其烦地讲讲讲，学生被动地学学学的现象。这就在剥夺学生发展独立自主学习的时间与空间的同时束缚了学生的思维发展与能力提升，从而培养出了大批的学习上的"乖乖男、乖乖女"。这样的学生在那些"包揽型"教师的庇护下，只有在教师的精心安排下才会学习、才能学习，无形中，老师们在自己的苦心经营下，成功地沦为了学生参与学习活动必不可少的"工具"。

在中学阶段，很多时候都是要依靠学生的自主学习能力进行独立学习的。自主、独立学习能力的欠缺使得那些小学阶段的"乖乖男""乖乖女"出现了不适应，茫然不知该怎么做才能学好，很多小学阶段的"优异生"在跨入中学校门后不久就败下阵来，学习成绩一落千丈。

因此作为小学老师，尤其是小学毕业班老师更是要有意识地在教学中进行变革，以学科本质为基础大胆地进行"跨界"教学，教学中向培养学生的能力方面进行教学延伸，必要时可以组织小学毕业班老师和中学初一教师互相听课，在相互了解、学习、借鉴中打通中小学教学方式方法上的壁垒，把中小学的"教与学"融通起来。

例如：在教学《圆明园的毁灭》一文时，教师要转变思想，不要专注于自己对课文进行细致入微的讲解，要"变抓为放"，把课堂这个舞台主角变成学生，有意识地突出学生的主体地位，给学生以充足的时间和充分的空间，放心地让学生大胆在探索中学习。

二、学生能力的可接续性

做好中小衔接的一个重要方面就是要培养学生学习能力上的独立性。

独立性是指人的意志不易受他人的影响，有较强的独立提出和实施行为目的的能力，它反映了意志的行为价值的内在稳定性。独立性是新课学习方式的核心特性，表现为"我能学"。学生一般都有相当强的潜在的独立学习潜力，学生在学校的整个学习过程就是由教师挖掘、发挥学生身上这些学习潜力，让学生争取独立和逐渐独立的过程。

因此，教师在授课中就要有意识地注重对学生学习独立性的可持续培养。

例如，在《圆明园的毁灭》一文的教学中，教师应该放手让学生自己去主动获取有关圆明园的知识：学生在课前去搜集关于圆明园的由来、原貌、毁灭以及现在的状况等一些知识，并对搜集到的材料进行整理，从而在"润物细无声"中培养学生的搜集材料、研判、归纳、汇总、汇报的能力；在课堂上引导学生对课前搜集到的知识进行交流研讨；在课后对课上有疑问的问题进一步深入探究或进行实地考察等。在教师的组织、引导中培养学生的独立学习能力，为学生能够承受中学的学习任务而打下良好基础。

三、学习内容的可承启性

中学阶段，中学的学科系统已经更接近于科学体系，各学科的教学内容比小学面广了且深度加大了，在学科内容上，已经不再是单一的简单常识，而是反映事物一般规律的、有系统的科学基本知识。因此，小学各学科教师应熟悉其他学科教学内容，把握教材知识体系的内在联系，并在自己的教学中注意进行比较、补充来形成学习内容的"无缝对接"，在内容方面达成承接小学启发中学的效果。

例如：在《圆明园的毁灭》一课的教学中，有的学生面对英法侵略者对圆明园肆意践踏而毁灭的景象，在哀伤、惋惜而又愤怒中提出：英法侵略者为什么侵略我们？我们为什么不反抗？面对学生的质疑，教师应该对学生进行引导：一是鼓励学生回归生活，在课下去搜集资料、学习相关的知识，二是明确告知学生在今后上中学时，会出现一门新的称为"历史"的学科，这些疑问会在"历史"的学科学习中解决。

这样，引导学生怀着对中学学习内容的渴求迈入中学的大门进行学习，势必起到促进的作用。

总之，为了使小学生升入中学后能够尽快适应中学相对独立自主的学习环境，在小学阶段就要做好承前启后的工作，不论是在教师的教还是在学生的学上，都要从学科本质出发，注重培养学生独立学习能力，使小学生步入中学后少走弯路，助力学生圆满地完成中学的学业。

追寻充满生命力和语文味的课堂

张乃清

不久前，听了一位老师讲授《猫》一课，其中讲授"小猫淘气"部分的段落时，教师组织教学的流程是：

默读课文描写小猫的段落，想一想写出了小猫的什么特点？→画出表现小猫淘气可爱的语句，练习朗读。→说一说作者表达了什么情感。→仿照课文的写法，试着写一写自己熟悉的小动物。

应该说教师的教学思路比较清晰，但是，课堂上学生们表现出的学习兴趣不浓，主动回答问题的学生寥寥无几，更多的是教师的一言堂。课堂上教师重复最多的一句话是"今天同学们回答问题不够积极啊！"为什么会出现这种现象？究其原因，就在于课堂缺乏生命力和语文味。

那么语文课的生命力从何而来，什么样的课堂才有语文味呢？笔者认为，在有生命力和语文味的课堂中，教师、学生之间借助文本语言进行对话与交流，这样的交流是学生边阅读边感悟学法与写法的过程，这样的交流是师生心灵深处的互动与碰撞的过程，这样的交流能激起一圈圈生命浪花的涟漪。

如何改进，我认为充满生命力和语文味的教学应注意以下几方面：

一、有生命力的课堂要把学习的空间归还学生

老舍先生用朴实无华而又生动传神的语言，让性格古怪、活泼可爱的猫的形象跃然纸上。学生都很喜欢小动物，多数学生都有接触和观察小动物的经验，因此，对于这样的文章他们有很高的阅读兴趣。教师完全可以

放手让学生去充分阅读课文，学生喜欢哪些语句，感到哪些语句有意思，就朗读哪些语句，读出小猫的可爱之形，读出自己的喜爱之情。从一开始便不加任何羁绊，只是让学生随作者一起去看一看，随小猫一起玩一玩，这就让学生披文入境、循文明像，轻轻松松地进入课文情境中。接着可以巧妙设疑：你们看到小猫了吗？这一问，看似平淡无奇，实则颇具匠心，这是激趣，促使学生入境读到课文当中去，才能由境生情，情动而辞发。之后，教师再组织学生交流：你们看到了怎样的小猫？学生经过反复读，脑海里已经有了一定的形象积累，他们才可能有据可依、有话可说。

自始至终教师都要把学习的主动权交给学生，让学生充分自读、自悟。只有引导学生充分自读，在熟读文本的基础上，才可能有理解、有体会，才能为后面的深度感悟和仿写做好铺垫。

二、有语文味的课堂要重视语言的品味与感悟

领悟语言在特定语境中是怎样被具体运用，有助于深化理解文本的内容、思想和情感。所以品味语言能将理解语言形式和语言内容融为一体，一箭双雕，实现工具与人文同辉，语文形式与语文内容兼得。

在学生充分感知文本内容之后，教师可以质疑：读了课文，你觉得老舍喜欢小猫么？怎么看出来的？学生很容易从"它们在花盆里摔跤，抱着花枝打秋千，所到之处，枝折花落。你见了，绝不会责打它，它们是那样生气勃勃，天真可爱"一句中体会到。太具同样的生活感受了，如果是小孩也难免挨打，可是一只猫却受如此礼遇，主人怎能不溺爱呢？"要个没完没了""摔疼了也不哭"这些词句，哪里是在描写一只猫，写的活脱脱就是一个幼儿嘛！这里再适当联系上文的"在你写作的时候，跳上桌来，在稿纸上踩印几朵小梅花"一句来看，爱猫之情就更表露无疑了。

这时候再去引导学生领悟语言形式的特点：作者为什么这样写？学生通过朗读可以感悟到，在对小猫描述中，作者的语言完全不像是在描述一只猫，而像在描述一个人，一个作者最喜欢的孩子。

之后，教师可以引导学生再进一步聚焦细节："说它老实吧，它的确有时候很乖。它会找个暖和的地方，成天睡大觉，无忧无虑，什么事也不

过问。可是，它决定要出去玩玩，就会出走一天一夜，任凭谁怎么呼唤，它也不肯回来。说它贪玩吧，的确是啊，要不怎么会一天一夜不回家呢？可是，它听到老鼠的一点儿动，又是多么尽职。它屏息凝视一连就是几个钟头，非把老鼠等出来不可！"

这段话中的几个语气词"吧""呢"，去掉它们行不行？引导学生感受语气词表情达意的作用。抓住"说……吧""成天""出走"等词句，感受口语化语言的幽默诙谐，这些语句读起来像是作者在眼前跟你面对面地聊家常，谈他的心爱之猫。这时候还可以趁热打铁，让学生学用"说……吧……可是……"说一段话，进一步体会语言的妙用。

最后，再组织学生总结课文写法：作者用睡觉写老实，用出走写贪玩，用捕鼠写尽职，通过一个个生动的生活事件表现了猫的古怪，用语气词、口语化的语言和拟人的写法表达了对猫的喜爱之情。

这一教学过程，教师并不是离开语言文字空洞地让学生体会老舍先生爱猫的情感，而是有意识地把学生的目光聚焦在语言形式上，引导学生通过朗读比较体会出写法在表达上的作用。

三、有语文味的课堂要启发学生向课文借"生花妙笔"

当学生阅读达到高潮时，再调动他们写作的积极性，指导学生通过模仿实现由读到写的迁移，可以使学生乐写、会写，易写。

你喜欢小猫吗？小猫还会有哪些淘气的表现？结合生活实际，仿照课文的写法试着写几句。

阅读教学与写作训练水乳交融，使学生动脑动手，促进学生逐步向自主独立习作过渡，养成了读写的习惯，真可谓一举两得。

四、有语文味的课堂要引导学生体会文本的表达顺序

学生完成由读到写、从理解到运用的第二次飞跃后，教学并不是到此为止了，我们可以充分利用学生的生成作用，发挥它的最大效益。

新课程标准要求学生能文从字顺地表达自己的意思，要求学生在语言表达时要注意表达的顺序。因此，学生交流完自己的仿写片段后，教师要

再次引导学生思考：同学们写的片段很精彩，一下子丰富了小猫淘气的内容。可为什么大作家老舍先生不把这些都写进去呢？读读课文，看看课文内容的写作顺序，想想作者是怎样思考的？通过以上问题进一步引导学生理解作者从屋里到屋外的写作顺序以及选择材料的方法。写小猫的淘气，可写的东西太多了，但是如果样样都写，就每个都写不清楚了，所以只要按照一定的顺序，挑那么一两个典型场面来写即可。

  如此教学，遵循了学生认知语言的规律，充分激发了学生学习的兴趣，学生不仅在课堂上自主品读、自主理解、自主领悟课文内容，还学习了作者如何运用语言和写作方法去表达自己的真情实感，求得了如何布局谋篇的写作方法。这样的教学才是开放、高效的教学，这样的课堂才是有生命力和具有语文味的课堂。

如何在语文课堂中落实"读写结合"

张 冉

当前语文课堂教学中存在着重人文轻工具、重感悟轻写法的倾向,这从一个方面导致了语文课堂教学效率不高。在课堂教学中,根据文本的特点,确定读写结合点,适当安排小练笔,可以有效实现读写互动,从而提高学生的语文素养。

小学语文教学过程中,读写结合有利于培养学生的分析思维和创造思维。学生在阅读课文时,其头脑中会自觉对文章内容进行加工,会对文章的结构和所表达的思想进行分析,因此,大量的阅读对提高学生的分析能力具有促进作用。基于大量阅读的基础上,当学生知识量积累到一定程度时,学生就会具有创造的动力和源泉,并能通过写作教学训练自身创造思维,提高其创新能力。因此,开发和增强学生的分析思维和创造思维,需要在小学语文教学中,将阅读和写作结合起来。那么,如何在课堂中落实读写结合的教学模式,切实做到简简单单教语文、扎扎实实学语文呢?

一、确定好读写结合点

其实,小学语文每一篇课文都是学生写作的范例,除了结合每个单元重点训练外,我们还要善于挖掘教材的蕴含点,寻找读写结合的生成点,设计各种形式的片断练习,对学生进行读写基本功训练,培养学生的读写能力。例如,在一节示范课上,老师是这样引读的。她通过生动的语言和设置一个个悬念,让学生不断去想接下来会发生什么,从而一步步带着学生对《狼国女王》这本书产生兴趣。学生思维也在扩展,想象力也得到了发展，这个案例值得借鉴。平时我们的学生也会读书，但是兴趣不浓，或者没有什么兴趣。看来造成这一局面的原因不是学生的问题，而是我们教师自己的问题了。在读书交流课上，孩子思维的灵动，老师知识的储备，真的让人叹服。也让我明白了，如果要拿一本书来交流，老师必须比学生读得更细、更深。只有这样，才有资格来指导学生。

二、以读悟写

阅读的重要性不言而喻，它是写作的前提、基础，写作是阅读的理解和升华。平时要重视学生朗读能力和朗读习惯的培养，改掉学生"唱读"这种不良习惯。在上新课前，让学生自读、略读，在自觉掌握文中生字、词语及主要内容基础上，要求学生"不动笔不读书"，注意培养学生一边阅读一边做出标记或批注。在教学中，要渗透赏析教学，让学生说出喜欢课文的哪一部分，对哪一部分印象深刻，以及作者这样写有什么好处。如果坚持下去，学生会获益很多，他们会潜移默化地学习作者的写作技巧，多视角、多层次留心观察事物，积累素材，达到了由模仿到迎新能力的迁移。例如，让学生大量阅读关于四季的记叙类文章，学生就会不自主地学会关于四季的记叙方法和表达语句，再让其以"家乡的春天"为主题写作时，学生在一定程度上会条件反射地将其掌握的关于春天的记叙方法和描写春天的典型用语结合自己家乡的特征在写作中反映出来。

三、向课文借"生花妙笔"

平时学生作文拟题时不是臃肿就是乏味，以后在释题上要体会、理解，做到题目要准确、简练、寓含深意。同时，在学生摘抄好词、好句、好段，学习作者的写作顺序、方法上，要引导学生灵活运用。在学习作者的表达方法、写作特点时，要创设情境及时训练，杜绝在写作中孤立进行，让学生在课堂上理解、消化，为其日后写作起到示范作用。

四、多层次仿写和缩写

心理学家告诉我们，儿童知识贫乏、经验不足，模仿是他们的天性。

仿写是化用别人的内容为自己服务，这样能使学生的写作水平提高。我们要充分利用值得模仿能超越自己的佳作，在领会其中精神风格的基础上仿写。如：仿写句子、仿写段落、想象补空、改变文体，去丰富学生的想象，培养学生的创新思维，锻炼学生的口头表达能力，为学生练笔创设机会，达到"于无法中求得法，有法之后求其化"的效果。一个强化读写结合的较好的方法就是鼓励学生在阅读的基础上进行缩写和仿写。缩写就是让学生按照课文的中心思想，让学生以自己的语言对文章内容进行浓缩，以简短的篇幅完整地表达出作者文章的主旨。缩写一方面能提高学生的归纳分析能力，同时也能锻炼学生的写作表达能力。仿写就是让学生模仿范文的体例、结构、表达技巧等，以相同或相近的题材进行写作，仿写主要是锻炼学生的语言表达和结构组织能力。如，以《祖父的园子》一文为例，教师在课堂中让学生认真学习完课文后，可让学生用简短的篇幅来完整表达出这篇文章的主旨，也可以让学生即兴仿写一篇回忆自己童年的文章，效果也会非常好。

五、用感性触摸语文

感性，顾名思义就是对事物最直接、最表面、最真实的一种认识。孩子们的认识往往是最感性、最真实、可触摸的。走进孩子们的世界，就要走进感性认知的世界。要走进孩子们的世界，首先要学会倾听儿童的语言。孩子是天真的，他们的语言质朴，充满童趣，但很真实、很直观地传达着他们的想法，不带半点谎言。其次，游戏是嫁接主观世界与客观世界的桥梁。我们应该在教学中多运用这种手段，带动孩子们运用积极活跃的思维，让课堂充满活力。再次，发挥孩子们的想象力，让他们用各种方式去点燃语言的生命火花。

总之，以后的语文教学要充分利用教材，实现由读到写的迁移，使读写训练相融合，实现语文课堂返璞归真。

一起走近 2022 冬奥会

张珊珊

2022年我国将举办第24届冬季奥林匹克运动会，实现"带动三亿人参与冰雪运动"的目标，对于实现我国的冰雪运动的跨越式发展以及体育强国梦有着重要意义。您的心情肯定如我一样，我国能够承办冬奥会，心里是自豪的，也愿意为了实现这一目标做出自己最大的努力。

我是一名小学二年级的体育教师，所教的孩子们大多七八岁的年纪。有一次跟学生聊天，才知道大家对冰雪项目了解得很少，更别说冬奥会。因此，我认为自己有必要向大家普及一下冰雪运动、冬奥会的知识。

我先是通过翻阅教材发现二年级没有涉及相应的内容，我们学校也没有举办过"冰雪嘉年华"一类的活动，只有高年级的学生举办过校级冬奥知识竞赛，学校没有老师上过类似的课程，也没有老师观摩过类似的活动。我没有任何可参考和借鉴的案例，这次要全靠自己摸索。

考虑到二年级学生识字能力有限，查阅知识的能力更是不足，本来想在小组间进行冬奥知识竞赛的想法首先被排除掉了。那这节课我怎样设计才能既符合二年级学生的学习情况，又能让学生喜欢呢？我在一张纸上先进行了SWOT分析。分析结论如下：

S（优势）：1.二年级学生模仿能力强。2.二年级学生有着强烈的好奇心，渴望学习新知识。3.二年级学生喜欢视频、图片这样的直观事物。4.学生喜欢画画，能够简单地表达内心的感受。

W（劣势）：1.二年级学生识字能力弱，专注听讲的时间短。2.二年级学生自身的知识有限，向外界探求知识的能力不足。

O（机会）：1.有节课，我在班里播放了一段花样滑冰比赛的视频，学生们看得是目不转睛，时不时发出赞叹声，学生们还是很喜欢冰雪项目的。2.通州区教委也在向学生征集冬奥会的手抄报、剪纸等作品，学生们应该都知道冰雪项目的重要性。

T（威胁）：1.教师讲得多，课堂容易变成老师的主战场，少了学生的互动，课堂氛围沉闷。2.讲解的知识太多、太深，学生容易疲惫，实际获得感差。

经过一番分析后，我决定以讲解为主，通过讲解让学生对冰雪运动、冬奥会有个大致的了解。根据二年级的学生的特点，我决定采用播放视频、出示图片、模仿冰雪运动等形式，让学生通过视觉、听觉、亲身体验等方面感受加深对冰雪运动、冬奥会的认识。通过让学生说一说、画一画的环节，让学生学会表达自己的真实情感。下面我将展示《我和2022冬奥会有个约定》主题课教学设计。

一、导入

我通过两张"冰墩墩""雪容融"的图片，引出冬奥会、冬残奥会的吉祥物。"冰墩墩"的外形是拟人化的熊猫，形象可爱、敦厚、健康、活泼；头部造型取自冰雪运动的头盔，左手掌心上的心形图案，代表着中国欢迎世界的朋友。整体形象又酷似宇航员，寓意创造非凡、探索未来。"雪容融"的外形是拟人化的灯笼，以"中国红"为主色调，顶部是如意造型，和平鸽、脸部的雪块，代表着收获、喜庆、温暖、光明。

二、讲授新知

1.冬奥会的相关知识讲授。如，每四年举办一次；奥林匹克会徽"五环"的颜色有蓝、绿、黄、黑、红；2002年美国盐湖城冬奥会中我国短道速滑选手杨扬帮助我国实现冬奥会金牌零突破；2022年冬奥会的开闭幕式将在鸟巢进行；2022年北京和张家口联合举办的冬奥会是第24届冬季奥林匹克运动会。

2.播放2018年平昌冬奥会中国代表团武大靖夺取首金的比赛画面。

引出今天的主要讲授内容——短道速度滑冰。比赛场地大小为30*60米，跑道每圈长111.12米。该项目起源于加拿大，于1992年被列为冬奥会比赛项目，是在长度较短的跑道上进行的冰上竞速运动。

3.短道速滑项目分为男子组项目和女子组项目。男子的项目有4圈追逐、全能、500米、1000米、1500米、3000米、10000米、5000米接力。女子的项目有4圈追逐、全能、500米、1000米、1500米、3000米、3000米接力。

4.结合图片讲解短道速滑的装备：

（1）服装：头盔、护目镜、护颈、耐切割手套、防切割服、护腿板。

（2）冰鞋：冰鞋的鞋底为硬皮。

（3）冰刀：以螺钉或铆钉固定在鞋底上。

5.速度滑冰时的注意事项：滑冰时，身上不能带硬器，如钥匙、小刀；初学者，学习时要循序渐进，不可性急莽撞；滑行中尽量避免牵手，以免一起摔倒。注意保暖，防止冻伤、感冒；滑冰人多时，要注意力集中，避免相撞。

三、冰雪运动的德育

1.播放8岁女孩在短道速滑时，刚起跑就摔倒的一段视频。教师提问：你猜视频中的小女孩会放弃比赛吗？学生回答各异。观看完视频，引导学生说一说观看完后的感受。

2.移景到平时的体育课、比赛中，当我们遇到困难时，我们该怎么办？教师引导学生在遇到困难时，不退缩、不放弃，拼尽全力去完成。

四、总结、分享

1.教授冬奥儿歌，提炼冰雪项目名称。

儿歌：冬奥会项目多，雪上冰上都红火。

　　　冰壶冰球好神奇，花样滑冰多美丽。

　　　雪上赛场真有趣，雪橇雪车都汇聚。

　　　高山滑、跳台滑，自由越野人眼花。

　　　冰雪世界真奇异，奥运健儿来竞技。

2. 冰雪运动模仿操。教师先模仿某一冰雪运动动作，让学生猜运动名称。教师和学生一起模仿花样滑冰、滑雪、速度滑冰的动作，教师会随时提示学生加速、转弯、上坡、下坡等。

3. 我想对你说——2022冬奥会。前面有教师的讲解、总结，在通过观看视频、图片到最后的亲身体验过程中，相信你一节课下来学习了很多知识并对冬奥会有了更深的认识，请你说一说自己对2022年的期盼。教师先带头说自己对2022年的愿景，引导学生运用发散思维来思考。"我"想在2022年能亲自去比赛现场观看一场精彩的赛事，作为一名体育教师我要带头加入滑雪或者滑冰的队伍中，将更多的冬奥知识宣传给孩子们，让更多的学生能够喜欢上冰雪运动，去体验滑雪、滑冰带来的乐趣。

情境教学拓展课堂实效的宽度

——小学古诗教学的初步探索

张 旭

情境教学（situational teaching），即运用具体生动的场景以激起学生主动学习的兴趣、提高学习效率的教学方法。情境教学以口语为基础，借助环境氛围、动作表演等手段使学习内容与相应的情境相结合，这有助于学生从整体结构上感知和把握学习内容。本学期我在语文教学中的古诗领域进行了初步探索，取得了一定效果。

一、教学背景

古诗词教学是小学语文教学的重要组成部分。根据古诗中文言词语较多、意义浓缩性强的特点，教学中笔者把理解诗词含义、辨析古今词义的不同作为教学重点。由于小学生的认知水平较低，缺乏抽象思维能力，对过去的历史背景和生活环境缺乏了解，这些因素给他们的学习造成了障碍。这种障碍在学习古诗词中显得尤为突出，这是由古代诗歌本身的特点造成的。因此，正确而深入地理解古代诗歌表达的思想和情感成为学习的难点。

为突出教学重点，突破教学难点，我以《中小学课程标准（教学大纲汇编）》为指导，打破课堂、教材和学科的界限，引进更多的贴近学生生活的资源，尽量还原实际的生活问题情境，完善课堂生成机制，引导学生自主学习。

二、教学情境的创设

传统课堂上，都是由教师将语文知识传授给学生，知识教学过程是单向的，整个教学的中心位置始终被教师所占据，强调的是教师的"教"，而非学生的"学"，这使学生长时间处于被动接受状态，学生的智力水平与操作技能难以得到发展。传统课堂上，由于学生的思维不活跃，根本无法保证课堂教学的有效性。所以，为了改变这一状况，教师必须创设轻松、愉悦的教学情境。

在教学情境设计过程中要综合考虑课堂教学内容，以激发学生参与教学活动的兴趣，从而促进其对语文知识的学习兴趣，有效提升课堂教学效率。同时，教学情境的创设还应与学生的生活经验相切合，在教学情境中充分展现学生的日常生活，这样可以很快将学生的注意力吸引过来。

例如，在《村居》的教学中，读到"拂堤杨柳醉春烟"一句时，多数学生很难理解"醉"字，对于"春烟"描绘的场景也不甚理解，这时我利用多媒体为学生展现春日艳阳高照、烟雾迷蒙，微风中杨柳左右摇摆的场景。这样诗中的情境就直观地展现在学生们面前，然后引导学生闭上眼睛想象这幅春景图，从而达到强化学生记忆的作用，课堂上呈现了河堤杨柳的教学情境，加深了学生对于古诗的认识。

三、引导进入情境

读是学习古诗文的重要途径之一，只有读得多，才能悟得深。多读有助于学生对语言的感知、吸收、积累，也有助于其思维的发展。因此朗诵古诗时，可以充分利用情境教学，让学生读准字音，读准句段，并营造一个富有情感共鸣的氛围，让学生在声情并茂的朗读中得到感染，理解文意。

讲授《题西林壁》时，"横看成岭侧成峰，远近高低各不同"一句说的是从远处、近处、高处、低处等不同角度观察庐山面貌是可以得到不同感观的。这时可以出示高峻挺拔的山峰和连绵起伏的群山的视频或图片资料，让学生观察从不同角度看到的景色不一样的现象，来体悟诗人的感受，读出古诗的韵味。

学习柳宗元的《江雪》时，引导学生进行课前预习，搜集与教学内容有关的材料，分析教材涉及的内容，从而深入理解作者寄托的感情。诗人的主观心情比较寂寞，诗中客观情境比较幽僻，那么就可以引导学生以书中插图为主，想象着下着大雪的江面上，一叶小舟，一个老渔翁独自在江心垂钓的情境。诗人所描写的景物极其简单，但是这个背景下的情感却是深沉而寂寥的，学生悠扬婉转地诵读时便可体会到柳宗元本人的思想感情的寄托。

四、鼓励合作学习

学生所在的教室其实就是一个潜在的学习情境，其主要参与者就是学生，那么如何有效利用这个环境来烘托出学习的氛围呢？可以鼓励学生进行小组合作学习。

这一过程首先要鼓励学生学而思、思而疑，让学生在诵读时画出对诗文不理解的地方，提出疑问，再通过独立探究形成初步结论，最后通过小组协作学习和筛选，把难以解答的问题或组内不同的意见，在全班交流、评议。这种协作学习方式无疑能促进学生对知识的重构，培养了学生的合作意识，与此同时教师再适时点拨，引导学生运用举一反三能力，找到古诗学习的规律，使之能牢固掌握已学内容，实现对古诗文的融会贯通。

实践证实，小组讨论与合作学习是非常有效的教学方法，这种教学方法的运用可以有效激发出学生的学习兴趣，同时还能培养学生的团队精神，这显著提升了课堂教学的实效性。

综上所述，近年来我国教育改革不断深化，在这一背景下小学语文教师应拼搏进取，积极改变原来的教学理念与教学方法，注重课堂上教学情境的创设，积极开展多元化的课堂教学活动，并注意在课堂教学中突出学生的主体性，发挥出教学活动中教师的主导性作用，采用多项措施激发学生学习语文知识的兴趣，调动学生在语文课堂教学中的积极性，这样才能有效增强小学语文教学的实效性，更好地为我国基础教育事业的发展奠定基础。

在情境中学数学

赵 洋

一、教学目标

①结合具体情境，理解小数乘整数的意义和算理，渗透转化思想。

②通过练习将小数乘整数转化成整数乘整数的过程，掌握小数乘整数的计算方法，并能正确地进行笔算。

③发展数感，提高运算能力。

二、导入新课

我用生活中"周末爸爸、妈妈和芳芳一起到超市购物"的场景引出小数乘整数这一新授课内容，利用课件向同学们展示了他们所购买的物品单价及数量：每根跳绳4元，每个水杯3.2元，苹果每千克4.98元，每箱苹果5千克。妈妈说："我们买2根跳绳，3个水杯。"爸爸说："我们再买一箱苹果。"继而提出两道数学问题：（1）买跳绳和水杯各需要多少元？（2）买一箱苹果应付多少元？

接下来，我们先列出解题算式。买跳绳需要多少元？$4 \times 2=$？买水杯需要多少元？$3.2 \times 3=$？买一箱苹果应付多少元？$4.98 \times 5=$？我将这三个算式写在黑板上，学生们已经猜到今天要学习的新课内容了——小数乘整数。通过创设生活中去超市购物的实际情境，引导学生用数学的思维去观察生活，让学生从生活情境逐渐进入问题情境，自然而然地把生活问题转化成数学问题。

三、探究新知

首先计算买跳绳需要多少元。根据题意就是求 2 个 4 元的和，也可以根据"单价 × 数量 = 总价"的公式，列出乘法算式 4×2，得到买跳绳需要 8 元。

然后计算买水杯需要多少元。就是求 3 个 3.2 元相加的和，也可以根据"单价 × 数量 = 总价"的公式，列出乘法算式 3.2×3。3.2×3 这是小数乘整数，是本节课的新授知识，我并没有直接教学生们去计算，而是给他们时间让他们先独立思考，然后再请几位同学分享他们的解题思路。

学生 1 解题思路：3.2×3 表示 3 个 3.2 的和，用加法计算 3.2+3.2+3.2=9.6（元），因此用乘法算式计算出的结果应该也是 9.6 元。

学生 2 解题思路：我把 3.2 元转化成 3 元 2 角，3 个 3 元是 9 元，3 个 2 角是 6 角，合起来一共是 9 元 6 角，也就是 9.6 元。

学生 3 解题思路：我也是通过转化之后计算出来的，我把 3.2 元转化成 32 角，32×3=96（角），96 角换算成以元为单位就是 9.6 元。

学生 4 解题思路：3.2×3 等于多少我不会计算，但是我会计算 32×3=96，得到的积再除以 10 就是 3.2×3 的积了，也是等于 9.6 元。

学生 4 讲解完她的解题思路之后，我紧接着追问了一句："你是怎么想到去用 32×3 的呢？得到的结果为什么还要再除以 10 呢？"我又留给学生们一些时间，一方面是让学生 4 去组织一下语言来回答这个问题，另一方面也是给其他同学一些思考的机会。学生 4 思考了一会儿回答道："算式 3.2×3 是小数乘整数，我并不会计算，我就想用我学过的知识把它转化成我会算的整数乘整数，3.2×10=32，32×3=96，原来的算式中因数是 3.2，我当成 32 来计算，扩大了 10 倍，所以现在的乘积就要再除以 10 才是正确的结果。"随后我帮助同学们规范了小数乘整数的竖式书写格式，以及把问题（2）"买一箱苹果应付多少元？"以巩固练习的方式布置给同学们，让他们独立思考完成。

小学数学是每个人开始学习数学的第一步，这对生活阅历浅、理解能力有限的小学生来说是比较抽象和难以理解的。如果数学老师应用传统教学模式去教学，无疑是加深了数学本身的抽象性和理解难度。因此在讲授小数乘整数时，我将去超市购物这一发生在学生们身边的真实情境搬进课堂，将其融入数学教学活动中，使数学不再只是与冰冷的数字打交道，不再是简单的加减乘除，为其赋予生命。如果每一节数学课老师都能找一些与本节知识内容相关的生活实例作为引导，帮助学生理解知识内容，让学生们对数学有正确的认识，这样不仅能够消除小学生对数学的畏难心理，还能够激发学生学习数学的兴趣，从而提高课堂效率。

学习数学本就是为生活服务，如果不能将数学很好地与生活融合，那么数学就失去了它本身的意义。在学习数学的过程中我们经常会提到"数形结合"这一词语，我认为这里的"形"就是指生活中的情境。所谓数形结合就是把书本中的知识内容与实际生活中的情境联系起来，共同作用，帮助学生提高学习数学的能力。如果在讲授小数乘整数这一节课时，我没有引入"周末爸爸、妈妈和芳芳一起到超市购物"这一真实的生活情境，只是单纯地把算式写在黑板上让学生们去尝试计算，我相信不仅可能不会出现多种解题思路，而且还会有一大部分同学不能透彻理解所学内容，对知识一知半解，本节课的学习效率和效果就会大打折扣。有了现实生活中的情境作启发，增强了数学课堂的趣味性，活跃了课堂气氛，使学生成为课堂的主人，有利于提高学生听课效率。

综上所述，将小学数学教学与现实生活情境联系起来对活跃课堂气氛、克服学生畏难情绪以及提高学生学习兴趣有着很大的作用。创设一个好的情境有利于激发学生的学习愿望和参与动机，能使学生主动地融入问题中，积极地投入到自由探索、合作交流的氛围中。小学阶段是数学学习的起始阶段，尤应重视。所以在今后的教学活动中，要让学生们了解更多的社会生活情况。但在情境的选择上不仅不能脱离实际生活，而且也不能过于复杂繁琐，否则不但起不到事半功倍的作用，还容易帮倒忙，增加学生对题目理解的难度。因此，教师在教学过程中应换位思考，多为学生创设丰富、有趣、多样、易懂的生活情境，以此来引导学生积极地思考，让学生在情境中更好地理解知识内容，感受学习的乐趣。

真的是1000粒吗？

直宝霞

《数学课程标准（2011）版》中提出了10个核心概念，其中数感是其中极其重要的概念。数感是对数的一种感悟，它不会像知识、技能的习得那样立竿见影，它需要在教学中潜移默化、积累经验，经历一个逐步建立、发展的过程。在二年级数学教学的一次探索中，我就真切地体会到数感培养需要源于经验的积累。

在二年级数学《万以内数的认识》一课的教学中，为了让学生认识1000这个数，我设计了猜数的游戏。我拿出1瓶子的红豆（1000粒），让学生猜豆子的数量。学生的答案五花八门，有的说300粒豆子，有的说500粒豆子，有的说1000粒豆子。在课后的询问中，大部分学生说："老师，我就是瞎猜的。"还有的说："老师，我不知道有多少粒，看着有很多，就猜有500粒。"

学生的回答让我产生了疑惑，为什么能猜出1000粒？为什么都是没有依据的瞎猜呢？带着这样的疑惑，我在班级中做了调查。分成两组进行调查，每组5人：

第一组：直接出示装有1000粒红豆的瓶子，猜红豆的数量。

第二组：出示2个相同的瓶子，一瓶是装100粒（告知学生），一瓶是装1000粒，猜红豆的数量。

调查结果：

第一组5人，无一人猜对，猜的答案分别是300、400、200、500、

600。

第二组，5名学生中有3名学生猜1000，另外2名学生猜的数量也比较接近1000，分别为850和800。

之后我对猜对的3名学生进行了询问："你是怎么想的呀？"三名学生一边说一边用手比划，解释中都说道："少的那瓶红豆这么高有100粒，多的那瓶红豆大概有10个少的这么高，大约是1000粒。"第二组中猜850粒的学生，则是拿出尺子，先量了量少的豆子的高度大约1厘米，又量了量多的豆子的高度大约8厘米多，然后猜大约850粒。

第二组学生在估测1000粒红豆之前，先了解了100粒红豆的体量，正确率比较高。那么，其他学生的情况是否都是这样呢？我又进行了第二次的调查，用第二组的方式，选取二年级77名学生进行调查。调查结果如下表：

估测数量	1000	800-999	500-799	200-499	区间以外
人数	43人	22人	6人	2人	4人
百分比	55.8%	28.6%	7.8%	2.6%	5.2%

通过这个调查，可以看出估测出1000的人数超过一半，占到55.8%，此外估测接近1000（800-999）的人数占28.6%。大部分的学生经历了思考比对的过程，能用自己的方法进行估测，或是用尺子测量，或是用手指比划。由此，可以看出，在估测1000粒红豆之前，让学生先感知100粒红豆的体量，可以有效地帮助学生估测。

数感是新课程提出的主要目标之一。在数与数量中"数感"主要表现在：理解数的意义；能用多种方法来表示数；能在具体的情境中把握数的相对大小关系；能用数来表达和交流信息。培养学生数感，不是靠教师讲解获得的，而是要结合具体情境，通过数学活动使学生积累经验。

1000是学生新认识的数，学生并没有直观的体验，直接让学生估测，学生会有认知障碍。因此，在认识1000时，可以依次出示1粒、10粒、100粒、200粒、500粒、800粒、1000粒，让学生去猜并感知数量。在学生逐步积累了相关数感之后，逐步认识1000，并感受到1000是由以前学习的数累加起来的，更认识到10个1是10，10个10是100，10个100是1000。之后再猜1000粒芝麻、1000根小棒、1000张纸等的数量。通过具体实物，将数与物对应起来，帮助学生形成对十、百、千等数量大小的感觉，并建立十、百、千之间的联系。从而，在实际生活中的多种情境中积累经验，加强学生对1000的感知。

  总之，关于数感的培养，要创设实际生活情境，在具体的数学活动中，让学生动脑、动手、动口，在操作探究中使学生积累丰富经验，从而逐步建立和发展数感。

崇研尚实型课堂下学生动手意识的培养

常 佳

一、当前小学生动手意识差的原因

1. 设施残缺

孩子们对自然现象的好奇心和兴趣在他们还是小学生时最为强烈。另外，人们的日常生活经验和幼儿教育的研究结果都表明，小学阶段是教育孩子通过数学来进行启蒙教育的最佳时期。如果能抓住这一时期的数学教育黄金时期，就能大大提高他们的数学思考能力和创新能力。因此，小学开设数学课程具有非常重要的意义。数学家研究确认：3-10岁是儿童智力的高度发育期，也是确立儿童习惯和思维的黄金时期。虽然人的思维方式和习惯从小就形成，但一旦形成，便会对孩子们的一生产生影响，在今后的工作之中帮助他们以更加灵活的思维方式去处理问题。事实上，在大多数情况下，我们缺乏的不是知识，而是一种思考方式。但是在小学的很多学校中，由于资金或地区因素等各方面的影响导致很多学校硬件设备不完善。数学不仅仅是一门理论性的学科更是一门实践性的课程，因此数学教研设备的完善对于小学生们学习数学起到至关重要的作用。数学器材的缺失对于教师们上课也是一个很大的阻碍，即使现在由于网络的发展教师们可以采取播放视频的方式让学生了解操作步骤，但是没有实际动手操作，依旧还是无法体会到实验操作的某些细节感受，从而影响学生们学习的效果。

2. 传统文化背景的影响

中国人注重的就是人文数学，注重对孩子品德的培养，这样孩子不敢越雷池一步，否则就被视为不"听话"，不是乖孩子。其次，国内的家长们习惯为孩子求学定目标，由于受孔子"学而优则仕"的观点影响，人们严重地忽视了自然数学学习，从而导致自然数学教育的缺失。

3. 缺乏兴趣

数学这门课程的学习有着相当大的难度，因此有些学生会对这门课程的学习产生一定的畏惧心理，从而对于数学这门课缺乏兴趣。因此教师需要在课堂的教学中慢慢引导小学生们主动探索数学的奥秘，培养其动手实践的能力。兴趣是最好的老师，通过兴趣的培养可以促使学生们对于数学这门课程更好地学习和了解。

二、培养小学生数学动手能力的措施

1. 秉持"数形结合"思想的运用原则

无论是以形助数还是以数辅形，都必须遵守数学的基本原则——等价原则。如果数字和图形不符合这一原则，则会偏离题目所表达的意思。其二，是双向性原则。看待问题的角度不能只是单单从一个角度出发，那么得出来的结果必然是片面的，不完整的。因此，对于数学这门课程来说需要将数字与图形相结合，从两个方面和整体来分析题目的含义，从而得出解题思路。最后，就是简单性原则。对待不同的问题学生需要采用不同的解题方式和不同的解题思路，就是为了让复杂的数学问题变得简单化。从一堆数字中分析出它们之间的相互联系，从而简化题目，让数学题更加通俗易懂。

2. 在小学数学教学中适当应用生活中的例子

在当前的教育背景之中即使是小学阶段的孩子们每天也需要面对繁重的课业任务还有父母抓紧每一丝空闲时间为他们报的兴趣班，这些在孩子们的生活之中占有不可估量的比重，从而导致了小学生们没有时间和精力再去体验世界中大大小小的美好事物。而数学这门课程便发挥着这一作用，通过课堂中短短四十五分钟的时间激发孩子们对于世界万物的求知欲与探索欲，让他们随着自己的生活经历自己去发现知识，探索知识。数学的定义大多都比较抽象。因此，为了克服数学的这项缺点提出了很多的解决方式，而生活化教学的思想就是其中比较重要的一部分。由于小学生还并没有建立起数学的核心素养，并且由于他们的年龄小等各方面原因，使得教师们无法采用理性思维和逻辑推理的方式教导学生，而引用生活中的例子则将抽象的数学问题以更加直观的方式表达出来，从而帮助学生们更好地理解数学的含义。在数学中计算题的分值举足轻重，而计算题的解答更注重考查学生们的理性思维运用和逻辑判断能力。作为一名小学生，这种能力恰恰是他们最薄弱的地方。因此教师们需要将问题简化，让学生们能够通过简单的推理便得出计算题的解题思路。与日常生活的情境相联系则是一个很好的辅助手段。

三、总结

总之，在小学数学教学中培养学生的动手能力，离不开教师的指导，离不开学生对日常生活常识的体验，也离不开学生之间的合作交流。这些方式方法，能够在提高学生的学习兴趣，完善学生的人格的同时，提高学生的素养，加强学生的动手能力，进而能够提高教学效率，提高教学质量。

浅谈"小学语文问题是资源"意识

宫浩楠

一、学生不愿提问的心理因素

在应试教育的教育背景下,教师往往会忽视学生自己的想法,而比较重视为学生讲解知识和应试技巧,忽略学生的创新能力和想象力培养,学生在这种近乎呆板的指导下,对提问的兴趣也相对来说减少了。在日常教学中,有的学生甚至对提出问题产生了畏惧的心理,每每将自己的想法"咽了回去"。在老师的"模板"导引下,学生发自内心的、充满童真童趣的奇思妙想往往是被纠正的对象,就像装在套子里的人一样,学生的想法也被装在一个个适应考试、可以拿高分的"套子"里,学生的创新能力也相应地被扼杀掉了。对学生过多地指导,是一种违反学生学习规律的行为,教师过于重视考试,也是抹杀学生敢于提问的勇气的一个重要因素。

二、培养学生问题意识的策略

(一)营造提问气氛,使学生敢于提问

教师往往在教学过程中注重自己的权威性,学生也习惯性地认为老师说的都是对的,很少注意师生之间的讨论交流,课堂气氛沉闷。如何在课堂上培养学生的问题意识呢?首先,教师在授课的过程中要营造轻松活泼的教学气氛,拉近教师与学生之间的距离,良好的师生关系是营造良好的教学氛围的基础。在良好的教学氛围中,学生在遵守课堂纪律的前提下可以自由表达自己的想法,表达过程中就会产生疑问。其次,教师要保护好

学生的好奇心，及时进行解答和反问，在一问一答、一答一问中学生对所学内容便有了更深入的理解。

（二）激发好奇心，使学生能够多问

新课标指出，注意表现自己觉得新奇有趣的、印象最深的、最受感动的内容。那么，激发学生的好奇心便可使学生多交流与平时生活中不同的见闻，学生便更爱提问。比如，教师可以播放关于现实生活中的事件的视频，并让学生观看事件的全过程。观看后，让学生简要描述事件本身，并提出自己的疑问。这样学生看到了与日常生活不太一样的事情，同样会激发出学生的好奇心，提出自己的问题。这些事件可以是时事新闻，也可以是民间故事，还可以是社会现象，毕竟日常生活中很难遇到很多新奇有趣、倍受感动的事情，也很难提出天马行空的问题，那么通过多媒体的播放可以创设出这样的情境，在激发学生的好奇心的同时使学生乐于提问。

三、让问题成为良好的教学资源

（一）指导提问方法，使学生能够深问

学生在一开始的提问中所提问题往往是肤浅的、表面的，例如：××是什么意思？课文中提到的×××我们没见过，您知道这是什么东西吗？这样的问题往往通过预习就可以解决，过多地在课堂上提问及解答会影响课堂效率。这就需要教师将提问的难度进行划分，像解释词语、介绍文中提到的物品之类的问题可放在"易"这个等级里，学生可通过查字典、查阅资料自己解决。在课堂上，学生便会提出更有深度的问题，教师便可顺势将学生的提问分为三类：针对课文内容，针对课文写法，读了课文后得到的启示。例如在学习小学语文四上《蝙蝠和雷达》时，学生提问科学家做了哪些实验来研究蝙蝠夜间飞行。教师可引导学生进行讨论，学生讨论出一定的结果后教师再进行讲解，这样就加深了学生对课文的理解。学生在这种练习中懂得了提问的方法，找到了提问的乐趣，所思所想更有深度，学生的问题在这里就变成了一种良好的教学资源。

（二）提供展示机会，让问题服务教学

小学生有好胜心强的心理特点，根据此特点可以开展提问式教学活动，为学生提供更多的自我表达机会。在实际教学过程中，教师可以为学生的自我表达创建平台，满足学生的心理需求。例如，在语文教学中，教师可创设问题管理员，课下收集预习后不能解决的问题，和教师一起进行整理，课上有顺序地解答提问。对课文进行提问时，学生会发现课文内容与实际生活的矛盾，对课文的说法产生质疑以及对文章中夸张的说法进行分析。例如，小学语文四年级上《一个豆荚里的五粒豆》中，前文说道："青苔把它裹起来，成了一个囚犯。"后文却说它"长得很好"，便是前后文存在矛盾；看到"那粒想飞进太阳的豆子认为自己是最了不起的豌豆"一句，学生便会有"真的是这样吗？"一类的质疑；夸张的说法为什么要这样说，作者想表达什么。

面对同龄人提出的问题，学生更愿意当一名"小老师"，一改往日的"死气沉沉"，课堂上学生们争先恐后地进行解答，在解答过程中又会产生新的疑问。在共同解决问题的过程中，学生理解了课文内容，了解了课文的写作方法，体会到作者所表达的情感。在这里，问题作为一种教学资源服务于教学活动。学生在获得成就感的同时激发出了学习热情，使课堂教学更高效，使问题资源在课堂教学中得以充分利用。

浅谈在语文课堂中培养学生口语交际的能力

雷 鸣

在《语文课程新标准》中，明确提出了义务教育阶段"口语交际"的总目标。叶圣陶先生曾经说过："儿童时期如果不进行说话的训练，真是遗弃了一个最宝贵的钥匙，若讲弊病，充其量将使学校里种种的教科书与教师的教育全然无效，终身不会有完整的思想和浓厚的感情。"那么，课堂上就要有目标、有计划地提高学生的口语交际能力。因此，我在平时的教学中以激发学生主动、积极的交流为基础，以提高学生的口头表达能力为目标，从在课堂中培养，再到走进生活实践，通过这些方式培养和提高学生的口语交际能力。

一、鼓励学生敢说、愿说、想说，与学生进行心与心的交流

学生不敢开口，不愿开口，就无法对其进行语言表达的培养，所以先得让学生开口说。课下我经常问学生，上课怎么不敢发言呢？孩子们大部分都表示自己想说，但又怕说错了被老师批评被同学们嘲笑，所以就不说了，只听别人发言。听了孩子们的心里话后我也反思了自己的课堂。是的，我们在课堂上都希望一节课顺顺利利地讲下来，学生和老师配合得越完美越好，最好是我提问学生回答得八九不离十，这样课上不会横生枝节浪费时间。是的，这样的课堂，让人看起来赏心悦目，但学生真实的情况往往被这种假象掩盖了，他们内心的真实想法被掩盖了，时间一长，学生们自己也懒得想懒得说了，会变成课堂上的"小木头"人了。一旦这些因素存在，就将会大大阻碍学生开口表达。为此，有必要与学生进行心理交流，扫除

其心理障碍是非常重要的。

针对这种现象，我鼓励孩子们课上大胆发言，告诉孩子们，老师不怕说错就怕你不说，每个同学起立发完言自动坐下，答错了老师不光不批评你还帮助找出答错的原因，提醒你在这方面该怎样改正。慢慢的，在我的引导下学生们发言踊跃了，课堂上畅所欲言了，同学间相互嘲笑的事情越来越少了。大家认识到其他同学说的错误答案，也许自己也曾这样想过，这样的话嘲笑其他同学也是嘲笑原来的自己，而且有这方面的类似的思考过程更容易帮助答错同学改正错误的想法，自己还蛮有成就感的。这样的课堂让人感到真实、灵动，充满情趣和生机，师生之间也越来越和谐，在融洽的氛围中学习知识是一种愉悦的享受。

二、联系学生的生活实际，创设交际情境，帮助学生进行口语交际训练，引导学生主动交流，让学生乐于发言

新大纲在口语训练上提出了这样的要求："要在课内外创设多种多样的交际情境，让每个学生无拘无束地进行口语交际。"这是口语交际训练的重要途径。学生口语交际能力，是在具体情境的实践中培养出来的，创设多种多样的情境，引起学生进行口语交际的欲望，激发他们进行口语交际的热情，让学生在轻松快乐的氛围中进行口语交际。

例如，部编版四年级上册六单元《安慰》一课口语交际的内容是这样的，"一个人遇到不顺心的事，想必心里很难过，此时，如果有人安慰他一下，心情肯定会好一些。下面列举了三种情况：第一种是运动会上没有取得好成绩；第二种是家要搬到很远的地方，要和要好的朋友分离；第三种是出去玩的时候把手表丢了。如果你的朋友遇到了这种情况，请你设身处地想一想，然后再考虑怎样安慰他。请选择合适的方式，借助语调、手势等恰当表达自己的情感"。这些情况同学们在平时的生活中都碰到过，自己也亲身经历过，作为安慰方和被安慰方有的学生都体验过。所以在课上同学们都有的说，只不过是说得到位与否的问题。既然题材这么有趣，我在课上充分发挥大家的积极主动性，调动大家的热情，让他们充分地说。首先在四人小组中先讨论，然后在大组中发言，在两组的说一说中不断地

完善自己的发言，最后在班上发言。由于有了前面的铺垫，学生们的发言积极踊跃，全班同学的热情高涨，大家从不同角度表达着自己安慰的话，特别是那些在两个方面都体验过的同学他们表达得就更加深刻了。他们从自己当时的心情出发，推想得到同学安慰后的心情如何，更加知道该如何安慰同学，安慰得更加贴心、暖心。我听后都深受感动。是的，我也是认为9岁的孩子哪会安慰人呀，之前我也一直认为他们都是需要别人去关心安慰的，但此时此刻我的心灵受到洗礼，孩子们的安慰是朴实的，是纯真的，是最能打动人心的。

接着我们又顺着这个话题扩散出去，思考还有哪些方面可以说一说，是需要安慰的。这下学生们的话题可多了，有被老师批评后心情郁闷的，有和同学闹矛盾的，有作业不会写烦恼的……其中，最多的就是考试没考好，自己心里难受，爸爸妈妈又批评自己一大通的。从这一次的口语交际中，我感受到了孩子们内心的苦闷，他们内心的好多事情需要外界来给他们梳理排解，他们需要口语交际，需要宣泄自己内心的情绪。课上的口语交流让孩子们打开心扉，去疏解自己心中的结节，调整他们的精神状态，让他们扫除内心的阴霾，去迎接灿烂美好的未来。

三、口语交际能力的培养要与各种实践活动结合起来进行，培养学生良好的语言习惯，提高其表达能力，让学生学会交际

人与人交往不能仅仅满足于把话说完，还得把话说明白、说清楚，让人听起来顺耳，这是一个人文明修养的体现。学生在交际的过程中，常常出现用词不当、病句、语言颠倒、语意不顺畅等不准确、不规范的地方。因此，在进行口语交际训练时要给予学生适当的提示和指导。例如在部编教材5册七单元《我身边的小事》一课中，口语交际的内容是"我们身边每天都发生很多各种各样的'小事'，每件事都以不同的方式影响着我们的生活，和同学交流你发现的不文明的行为，或让你感到温暖的行为，再谈谈你对这些行为的看法"。由于有些学生发现的行为是不文明行为，让人气愤的行为，有的学生说起来就义愤填膺，语言的情绪化比较严重。

比如雨辰气愤地说："老师，我家邻居有一只小狗，每天它总是在我

家门口附近撒尿，和它主人说过多少遍了，总是不改，气得我妈妈都和他们家吵架了，现在我看到那条小狗就想踢死它……"有的同学听着也有同感，接着说："没错，我们邻居也这样，可讨厌了"，"我们小区也有小狗到处大小便的，太可气"。一下子全班的同学的情绪激动起来，大家你一言我一语，乱嚷起来。看到这种现象我赶忙先让孩子们的情绪平稳下来，再引导大家从正面看待这个问题，并帮助学生找到合理解决问题的方法。在我的指导下雨辰说："老师，我知道该怎么去做了，以前我们找邻居沟通这件事的时候，比较生气，态度也不好，说起话来就比较生硬，所以闹得不愉快，回家后我先和妈妈再去找邻居沟通，我先从小狗的可爱入手，然后再说问题，我想邻居阿姨会接受的。"过几天后，我问雨辰小狗的事情如何了？雨辰高兴地说："老师，解决了！现在邻居阿姨每天遛小狗时都特意看着它，再也不在我家门口小便了。妈妈也说这次交流得真好，不光小狗的问题解决了，妈妈和阿姨还越聊越高兴，成好朋友了。"最后雨辰说的一句话我感触很深。她说："老师，通过这件事我感到我们平时的说话交流方式很重要，比做几道题还有用，以后的课上多做一些这方面的交流训练吧。"是啊，我们一直强调的素质教育不应该停留在书本上，让学生学以致用是学习的最高境界呀，也是提高学生综合素养的素质教育呀，学生要把书本上的知识和实践结合起来。

培养学生口语交际能力是素质教育和21世纪对高素质人才的需要，我们不仅要在课堂教学中去发掘丰富的口语交际素材，而且要在生活实践中对口语教学进行巩固和延伸，这是口语教学的最终目的。学生生活在群体之中，生活在社会之中，与人打交道的机会无处不在，我们要鼓励学生利用各种机会，争取多说话，尤其是当众说话。做一个落落大方、说话得体、做事受人欢迎的小学生。

通过"玩中学"激发小学生英语学习的兴趣

李国新

新课标指出教师应选择适当的教学方式和方法，调动所有学生的积极性，使他们保持学习英语的信心，体验学习英语的乐趣，获得学习英语的成功感。尤其是小学阶段，教师需要注意培养学生浓厚的学习兴趣、积极的学习态度、良好的学习习惯和创造性运用语言的意识。也就是说，教师要通过各种教学活动，充分调动学生参与课堂的积极性，把课堂还给孩子们，让课堂充满活力。

下面我将通过一个具体案例来浅谈如何通过"玩中学"的方式激发小学生学习英语的兴趣。案例如下。

往常的复习课，我一般都是按部就班地进行教学。首先，是复习本单元的课文，让学生齐读，然后给学生提出问题，让学生回答，以此检测学生对课文的掌握程度。其次，是教师针对本单元的话题跟学生进行对话，然后完成书中的练习。最后，教师让学生做一张小卷，检测学生对本单元的知识掌握程度。通过这种复习方式我发现，学生们上课死气沉沉，听话的孩子教师让怎样做就怎样做，不听话的孩子自己玩，完全没有进入学习状态中。发现这个问题后，我改变了教学策略。

今天我还是像往常一样跟学生们说："Stand up! Good morning, boys and girls."学生们站起来响亮地说："Good morning, teacher."教师说今天我们这节课的内容是复习第二单元。话音刚落，就听到有个别学生说又要做题了，还看到有个别学生手里拿着尺子和橡皮玩。学生俨然对本节课没有任何兴趣。教师接着说，本节复习课我们将以游戏的形式进行。顿时，只见一双双小眼睛直发亮地盯着老师，有的学生迫不及待地问要做什么游戏，催着快点开始吧，说他们都等不及了。看到学生们期待的眼神和兴奋的样子，我心里想，如果每节课都能够这样投入地学习，孩子们的英语学习成绩一定很棒。在学生们焦急的等待下，我们开始了本单元的复习。首先，把学生分成三组，以小组竞争的方式开展游戏。第一个游戏是猜词游戏，每组选择三名学生进行模仿，其他学生进行猜测，猜对的学生可以为自己组赢得一分。当模仿的学生刚开始做动作时，学生们就争先恐后地举手回答问题，为自己的小组争得荣誉。第一个游戏结束了，听到有个学生问："老师，下一个游戏是什么？我们组的分数还没有他们组高呢，我们要赶上去。"学生们焦急地期待着。老师说第二个游戏是"我的舞台我做主"。当老师宣布比赛的规则时，看到学生们认真听讲的样子真让老师心里美滋滋的。比赛规则是每组学生分成三小组，每小组自选一篇课文进行表演，在表演过程中其他学生认真观看，客观地给出评分。在看表演的过程中，学生们的笑声和掌声告诉我，他们真的已经融入到了课堂中。第三个游戏是擂主争霸赛，学生听到游戏名字后，纷纷兴奋地喊着"哇"，并用期盼的眼神看着老师。这时，老师说："老师给每位学生制作了三个牌子，分别是A、B、C，当你们看到题后，举起手中的牌子进行选择，全对的组可以赢得5分。"比赛开始了，所有学生都聚精会神地看题，认真地作答。只要为自己组赢得分，他们就得意得不得了，并且露出自信的表情。下课铃响了，老师宣布游戏结束，学生们意犹未尽，纷纷表示不想下课。孩子们优异的表现告诉我，本堂课是成功的，是充满乐趣的。

基于此案例，我做了以下几方面剖析，总结出以下几点心得。

一、"玩"是孩子的天性

"玩"是孩子的天性，每个孩子都喜欢玩，尤其是小学低年级的学生。他们的年龄小，注意力集中的时间有限，如果想让学生在一节课中始终保持学习状态，教师就必须要抓住学生的年龄特点，让学生在"玩中学"。通过玩激发学生学习的内驱力。那么，游戏教学是最适合小学低年级学生的教学方式，它是把游戏融入到课堂教学中，是由教师设计游戏环节，学生们积极参与到游戏中,整节课学生作为主体,教师把课堂交给学生,让学生通过游戏的方式主动地探索知识,接纳知识,做学习的小主人。整堂课避免了教师说得多、学生学得少、课堂死气沉沉、授课内容乏味无聊等问题。

二、兴趣是最好的老师

新课标指出:"在小学阶段,教师要注重培养学生浓厚的学习兴趣、积极的学习态度、良好的学习习惯和创造性运用语言的意识。"如何培养学生学习英语的兴趣,让学生真正爱上英语学习,并且能够自信地把英语运用到实际生活中呢?本人认为,教师在课堂上就要充分调动学生学习的热情,让每名学生都融入到学习的氛围中来,自信地表达自己,所以要求教师在设计课堂活动时首先要有趣味性,符合学生的年龄特点,采用学生乐于接受的方式教学。如:低年级学生比较喜欢做游戏、唱歌、讲故事、表演、竞赛等形式,可通过这些形式激发和培养学生英语学习的兴趣。因为兴趣是最好的老师,只有老师设计的课堂活动真正调动起学生的积极性,使学生发自内心地想参与到课堂活动中,学生才能真正地去运用语言,享受语言带来的快乐。

三、在竞争中增强团队意识

传统的课堂往往是气氛沉闷,教学形式单一,教师只是一味地教,学生只是枯燥地学,课堂上缺乏活力、竞争、快乐,同时学生也就缺乏了运用所学语言的能力。另外,现在独生子女的家庭比较多,学生们普遍都很自我,缺乏团队意识。针对这些特点,教师在设计课堂活动时,应适当增加学生小组竞赛活动,这样不仅可以吸引学生的注意力,而且还能够通过竞争的形式培养学生语言运用能力。让整个课堂充满紧张感、荣誉感,让容易分散注意力的学生集中注意力,使学生学到了应学的知识。这种紧张而又刺激的活动激发了学生们对学习的热情,培养了学生运用语言的能力,同时也培养了学生的反应能力、观察能力和表达能力。更有利于学生塑造个性,发挥潜能,增强自信,在竞争中真正地展现自己,维护团队,收获快乐，使学生对英语学习产生浓厚的学习兴趣。

  总之，教师要避免只是机械地教、学生被动接受的弊端。教师在教学中要设计丰富多彩的教学形式，让学生成为学习的主体，教师要把主动权交给学生，要善于激发学生的学习积极性，让学生主动去探索，去研究，去发现。只有这样，学生才能够真正地运用语言，品尝学习带来成功的喜悦、自信和成就感，从而对英语学习产生浓厚的兴趣。

在教学中培养学生交流意识

李 惠

伴随着教育教学工作的发展，学生的在校教育已经从单一的知识传授发展到能力提升、素质培养等多方面的教育工作。学习生活中的交流是必不可少的环节，无论是通过语言、表情或行为等多种方式中的哪种，都是为达成在两者和多者之间相互了解的目的而采取的方法。随着科学技术的不断进步，交流的形式也开始变得丰富多彩，从面对面的对话到现在的微信、钉钉等社交工具的普及应用，都是在为了简化交流的成本做努力。无论交流的形式如何改变，交流本身的意义是不言而喻的，如何更好地培养学生的交流意识，就显得尤为重要。特别是课堂上的交流更为重要，因为课堂是一个集中的环节，更是一个通过好的方式方法可以提高沟通效果的场合。课堂上如何培养学生的交流意识，更是重中之重。

首先，我们要知道好的交流基础是什么？在保罗·麦尔先生的《有效的个人生产力》中讲道："好的交流与沟通是要建立在同理心、有效的提问和聆听的基础上的。"

同理心就是用对方的心理状态去思考和交流，有效的提问就是通过正确的问题去找到对方的心理状态，聆听就是通过对方的讲述来接受到对方的心理状态。只有做到了这三点，我们才能有一个好的交流场景。而作为老师，在课堂上如何向学生传递好的交流意识，能让学生学以致用，提升自己，显得尤为重要。

培养学生的交流意识，可以通过以下几点，循序渐进地让学生产生自主交流意识。

一、问答式交流

问答式交流就是课堂上老师和学生之间的一对一交流。好的问答式的交流需要循序渐进。最开始主要是通过一问一答的形式来展开，学生针对老师提出的一个问题，给予一个确定的答案。而后就要逐步地发展到开放式的问题。比如：在阅读课文之后，老师可以问学生，如果你现在是作者，你会如何通过文字来表达自己的想法呢？用类似这样的方式来问。《谈话的力量》中讲过问答式交流中对于开放问题的优势，那就是回答者喜欢在回答开放式问题时给出更长的回答，因为这类问题鼓励学生自由地展开谈话。在老师提出开放式问题时，学生会感到放松，因为他们知道你希望他们参与进来，充分表达自己的想法。开放式提问的交流不仅能够让学生感知到你需要的交流和答复，还能让学生从心里感受到尊重。学生和老师是相互的，提问式交流能打通彼此沟通的障碍。

二、互动式交流

互动式交流就是指在课堂中，老师带着学生一起去互动讨论一个或多个特定的问题。它和问答式交流的主要区别就是，互动式交流不再限定于老师问学生答，而是基于一个点互相交流自己的想法。问答式交流像点到点的关系，互动式交流则是多维的关系。在合作教育学理论中提到：提倡师生之间的互相尊重和互相合作，完全排除对学习的强制手段，培养学生的个性，教师在愉快的环境中紧张地引导学生学习，学生在获得成功的体验中快乐地学习。这是课堂互动式交流的理论基础，由老师发起抛出互动的点，然后大家互动讨论，让学生体验学习的乐趣。比如：老师可以在课堂上指出由学生每日作业中整理出来的共性问题和难点问题，充分发挥学生的能动性，集思广益，帮助有困难的同学解惑。这样，调动了学生的积极性，让学生争相参与、积极动脑、勇于创新，在班级形成了热烈互动交流的学习氛围。通过这种形式的沟通，既有引领作用，又可取长补短。学生课下完成作业时也会多思考，认真完成。

三、互助式交流

互助式交流就是让学生之间，自己产生交流意识，在课上和课下都可以针对一些事情互相讨论，互帮互助，从而达到激发兴趣、自主学习的效果。如果互动式交流是老师主导的交流活动，那么互助式交流就是学生自己主导的交流活动。互助式交流中从提出观点到讨论观点，最终到达成统一，都是由学生自己主导负责的。老师主导的交流方式有时候会有局限性，因为老师自然而然地就在自己的思维定式下来主导整个交流的过程，而学生自主提出观点交流就会有百家争鸣的效果。著名的剧作家萧伯纳曾经说过："如果你有一个苹果，我有一个苹果，彼此交换，我们每个人仍只有一个苹果；如果你有一种思想，我有一种思想，彼此交换，我们每个人都有了两种思想。"这就是互助式交流想要产生的效果，这种交流方式让学生们自己进行思想的碰撞，从而体会到学习的快乐。比如：学习了一篇新的文章，老师可以用文章标题为引子，让学生分小组自主交流讨论作者为什么用这个作为文章标题。

综上所述，培养学生的交流意识重要的是要循序渐进，不能急于一时。要结合课堂的教学特点和学生特性，选择适合的方式来培养交流意识。上述的三个方法虽然是一层一层递进的，但是并没有优劣之分。只要是了解了现状，明白自己想要的理想状态，通过方法能解决掉现状和理想之间的差距，最终达到自己想要的目标就是好的。

培养学生的交流意识是迫切的、重要的，通过交流意识的培养可以让学生敢于向外表达出自己的想法，从而让学生自主地思考问题，再通过语言、行为、表情表现出来。最终达到锻炼学生自主思考、自主交流的能力的目的，让学生在后面的学习生活中，体会到自己的改变，从而感受到成长的快乐。

培养学生的合作交流意识

李 欣

在小学美术教学中,加强师生交流、生生交流、小组交流,给学生创设轻松的课堂学习氛围可以提高他们的学习兴趣,激发他们的美术思维,让他们在教师和学生的互动交流中掌握所学内容,提高美术综合能力,促进美术核心素养的养成。在设计教学环节时,教师要采用多元化的互动方式进行教学,让学生在快乐的互动中掌握美术知识,进行有效教学。

一、创设情境,激发学生的交流意识

著名物理学家杨振宁说过:"成功的真正秘籍在于兴趣。"首先教师要从学生兴趣出发,在教学时可以结合不同的情境进行,让学生在情境中进行学习和思考,通过相互讨论交流自己对知识的不同看法,激发他们的思维活跃性,让他们深入理解美术知识,促进学生美术创新思维的发展,让他们在快乐的互动交流中获得提高,构建高效的美术互动课堂。在创设互动情境时,我有以下几个方法:

1. 在游戏情境中进行互动交流

儿童的天性是玩儿,我们要做到在玩中学在学中玩,最好的方法就是做游戏。游戏是小学生都感兴趣的活动,在美术教学中创设游戏情境,能激发学生的参与积极性,让他们在互动交流中完成游戏,激发他们学习美术知识的兴趣。例如,在教学《水墨游戏》一课时,教师在让学生掌握了教材中的理论知识后,可以让学生分成小组,在小组中进行体验笔墨技法的游戏。通过快乐的游戏,让学生在活跃的氛围中掌握了墨色的浓淡干湿,以及焦、浓、重、淡、轻的墨色变化，增加了他们的知识积累，提高了他们运用知识的能力。在设计游戏时，教师要从学生的兴趣出发，设计和教材内容相关的游戏，让学生在游戏中学到知识，在合作交流中认识新知识，提高他们的美术综合素养。

2. 在故事情境中进行互动交流

讲故事可以有效地吸引学生的注意力，让他们认真倾听，结合主动思考加深对知识的理解。在美术教学中，教师把美术知识和故事情境结合起来，能让学生在兴趣的引导下进行学习，通过教师的互动引导加深学生对知识的理解，促进他们美术综合能力的提高。例如，在教学《我设计的鞋》一课时，教师可以给学生创设故事情境，先给学生讲述一个有关鞋的故事。在趣味性的故事情境中，激发了学生的注意力，让他们积极参与到故事讲述环节中，调动了学生主观能动性后，教师可以让学生发挥自己的想象力，说出一个有关鞋的趣味故事。在讲故事的过程中，学生需要发挥想象力和组织语言，用流利的语言讲出生动的故事，提高他们的思维能力和表达能力，使他们喜欢上美术学习，提高了他们的交流互动能力。

3. 在表演情境中进行互动交流

为了让学生爱上美术，体验到学习的快乐，教师可在展示交流环节中设计表演环节，让学生在表演过程中体会美术作品的深意，使他们在互动交流中加深理解，促使他们的美术综合能力得以提高。例如，在教学《京剧脸谱》时，学生画完后，教师可让学生带着脸谱在班内唱一段京剧，在活跃的表演氛围中，加深学生对国粹的认识和理解，培养他们对中华传统文化的热爱之情。

4. 在白板教学中进行互动交流

白板是创新教学中教师普遍运用的方法，在白板情境中，教师可以让学生在直观情境下进行学习和思考，让他们快速掌握抽象的美术知识，并在绘画过程中运用这些知识，提高他们的美术绘画能力。在白板情境中，教师要加强和学生的互动交流，关注学生的学习情况。例如，在教学《丰收了》时，教师可以利用白板教学，让学生做"小老师"，在白板上通过拖拉大小的变化，体会物体前后遮挡关系和近大远小以及颜色搭配的知识。在人机互动、师生互动中，学生能快速掌握教材中的重难点，提高他们的美术综合素质。

二、加强师生、生生互动交流，激发学生的学习兴趣

在新课改教学理念下，互动交流学习模式尤为重要。在互动学习中，课堂氛围活跃，能激发学生的创新思维，使他们深入探究美术知识，通过师生、生生之间的互动交流加深学生对知识的理解，使学生掌握美术绘画技巧，提高他们的美术综合能力。具体做法，以我个人经验与分析总结起来有以下几点。

1. 教师和学生共同参与学习

在小学美术教学中加强师生互动交流，能有效提高学生的学习主动性，学生在教师的引导下进行积极思考，可以加深他们对知识的理解。在互动过程中，教师可以和学生共同参与到学习互动中，针对教材内容进行讨论。在平等轻松的学习氛围中，学生可以用"头脑风暴"模式，拓宽学习的知识面，教师也应参与其中，和他们一起探究新知识。通过相互交流，能够培养学生学习的主观能动性，使学生高效地完成所学内容，多元化地促进学生的成长。

2. 开展小组交流，合作学习

在美术教学中进行生生交流，教师可以组织学生进行合作学习，根据美术教材中的重难点问题进行合作讨论，通过小组成员的深入讨论分析，高效地完成重难点知识的学习，提高学习效率。在合作学习中，为了提高学生的合作积极性，教师可以设计出学习任务单，让学生在任务单的指引下进行积极合作，发挥每一位小组成员的力量，综合全面地完成学习任务，提高他们的合作意识、动手能力等美术综合能力。

总之，在美术教学中，教师要有效地创设氛围，充分激发学生的合作交流意识，变"要我学"为"我要学"，发掘学生学习的积极性和主动性，提升学生美术核心素养，促进学生全面发展。

在语文阅读教学中培养学生自主意识的研究与探索

刘连骏

一、问题的提出：

（一）实际工作中遇到的困难

课程教材改革之后，实施的关键就是从根本上改变学生的学习过程和学习方式，这是关系到课程改革成功与否的要害问题，也是语文课程目标将其列为三个维度之一的原因所在。因此，全面提高学生语文素养，就必须实现学生学习方式的改变，使学生由被动的学习者转变为学习的主人，使学生在自主、合作、探究的学习实践中，形成语文能力，受到情感熏陶，更重要的是培养学生自主发现、合力攻关、深入探究的意识和能力，以及在解决问题过程中形成的创新精神，从而为以后的学习、发展奠定坚实的基础。对此，课程标准在"基本理念"部分指出："学生是学习和发展的主体"，"积极倡导自主、合作、探究的学习方式"。在"教学建议"中又指出："学生是语文学习的主人"，"语文教学应在师生平等对话的过程中进行"。加强学生自主、合作、探究性学习已成为今后小学语文教学改革的中心任务。而我在工作中却发现了这样的现象：

（1）学生不敢自主参与学习。
（2）学生不愿自主参与学习。
（3）学生不会自主参与学习。

（二）学生现状分析

我对班上38名学生的阅读习惯的调查情况如下。

1. 在读课文时遇到不认识的字、不理解的词时

	查字典	问同学或家长	跳过去不管它
人数	9	21	8

2. 你读课文的方法

	读的过程中记下自己的问题	为完成任务去找几个问题	不会去思考任何问题
人数	9	20	9

3. 你在学过的课文中积累好词好句吗

	主动记录	老师要求就记录	从来不记录
人数	5	26	7

4. 你喜欢语文课吗

	喜欢	一般	不喜欢
人数	17	20	1

二、问题的分析

现如今，学生参与学习活动多数是被动的，剖析其原因主要有这样三类：

（一）学生不敢自主参与学习。

由于有少数教师要在学生中树立所谓的尊严与权威，不允许学生有任何不同于自己的见解，哪怕学生的见解是有创见的。如果学生有不同见解，少数老师轻则以扰乱课堂纪律为名加以训斥，重则视为异端，加以变相体罚。这使得学生"师云亦云"，丝毫不敢"越雷池一步"，其实这样做，非但教师的威信难以持久，而且学生的参与也只是停留在表层，只是些机械模仿式的简单运用。由于学生不敢说，也就难以暴露其思维过程中的偏

颇之处，学生的创新意识就会受到压制，而且一些错误的认识由于没能及时得到纠正，很可能会在以后的练习中再次出错。

（二）学生不愿自主参与学习。

许多老师都有这样的一种错误认识，那就是小学生不懂事，让他自己学能学到什么，因而一味地抱在怀里，扶在手里，使学生丧失了许多主动参与的机会。这种教育教学方式，也逐步导致了学生思维的惰性和消极参与学习活动的意识。在观摩一些公开教学课时，我们常看到这样的现象，那就是教师布置自学或讨论内容时，很多同学消极参与，被动地等待老师讲解。反正老师是要讲的，又何必费尽心思想答案。长此以往地"等""靠""要"，学生自主参与学习的意识日渐淡薄，消极等待思想就会逐步抬头。

（三）学生不会自主参与学习。

要让学生自主开展学习活动，学生首先必须具备自主学习的方法，倘若学生连书都不会看，又何谈自学课本呢。

三、措施与行动

（一）激发学生的阅读学习兴趣

1. 选择恰当的导入内容，激发学生阅读兴趣

一节课，学生是否有兴趣与导课有直接关系，导入要紧紧抓住学生的心理激起他们的学习兴趣。因此导入新课时，教师可根据课的特征选择图片、音乐设置悬念导入新课。首先图片导入直观形象，不仅可以吸引学生，激发学生的学习兴趣，唤起学生的求知欲望，还可以提高学生的审美能力，陶冶学生美的情操。如教《五彩池》一课时，首先为学生出示五彩池的图片。然后问学生："你看到这幅图片感到怎样？"有的学生说："这里的景色太迷人了。"有的说："这里的景色太神奇了。"有的学生问："这样美的的景色是怎样形成的？"我接着说："那我们赶紧从课文中去了解一下五彩池吧！"接下来学生就迫不及待地翻开书，带着好奇心认真地读

起来。

2. 引导学生质疑，激发学生的阅读兴趣

学贵有疑。任何思维的开启都是从问题开始的，爱因斯坦也说："提出问题往往比解决问题更重要。"善于提出问题发现问题是学生自主学习与主动探求知识的生动表现，是教师导读的重要依据。

（二）渗透阅读方法，培养学生自主学习能力

1. 提出自学要求

（1）每人必备一本词典。

（2）指导学生预习方法。

读课文，找出课文中的生字，根据生字表给课文中的生字注音，读准字音。

读课文，记下自己不理解的词句，查字典理解词语意思。根据课文内容提出自己的问题，记在本子上。

2. 激励学生敢问、勤问、问到底

质疑问难是探究学习的一种好方式，也是伟大人民教育家陶行知先生一贯的治学思想。陶先生在《每事问》《问到底》的诗中写道："发明千千万，起点是一问。禽兽不如人，过在不会问。智者问得巧，愚者问得笨。人力胜天工，只在每事问。""天地是个闷葫芦，闷葫芦里有妙理。您不问它您怕它，它一被问它怕您。您若愿意问问看，一问直须问到底！"以此激励学生敢问、勤问、问到底。吟诵先生质朴而富有哲理的诗文，对照先生大胆质疑、勇于探究的一生，我们一定能从中得到启迪和力量。为了使学生会质疑，我教会了学生几种质疑方法。

许多课文的题目揭示了文章的中心思想。据此，我教会同学们抓住课题进行分析，思考问题。

每篇课文都有一些中心词语是理解全文主旨的关键，在阅读时可抓住重点词语进行分析，发现和提出问题。

在阅读课文时，如发现前后有似乎矛盾的内容，可以作为问题提出来。

有的课文存在一些内容和结构相同或相似的句段，为了辨别它们所表达的不同含义，同学们阅读时可提出问题。

在阅读中通过比较作者用词造句或谋篇布局方面的优劣，可以提出一些问题。

阅读中可展开一些想象提出一些问题。

（三）提供自主学习的空间

教师要特别重视鼓励学生发表自己的见解，并允许学生探究中出现失误；鼓励学生随时质疑，鼓励学生选择自己喜欢的问题进行探究，选择适合自己的方法阅读。如，对于爬山虎脚的认识，喜欢画画的可以边读边想象，然后画一画；带来实物的也可以边读边对照实物来认识。这样，学生拥有了自主学习的时间和空间，就更有利于自主学习和主动探究，从而培养了学生的自主探究意识和主动学习的能力。

（四）及时进行评价

1. 在课堂教学中，对预习工作做得充分的、问题提得最好的学生，朗读好的学生，及时进行表扬。

2. 充分发挥学生的主动性，评选最佳问题，在宣传栏进行表扬。

四、评估与反思

进行了这学期的实验研究后我对学生又做了一个调查：

预习中遇到不认识的字不理解的词	阅读中能不能提出问题	你的词汇积累量	你对学习语文的态度
主动去查 32人	提过很多有价值的问题 25人	很多 8人	喜欢 30人
偶尔去查 6人	偶尔有问题 8人	一般 15人	一般 8人
不去查 0人	从没提过问题 5人	不做积累 15人	不喜欢 0人

通过上表可以看出学生的预习方式、学习方式都有所改变，通过各种手段激发了学生学习语文的兴趣，使学生由不喜欢学语文到对语文课产生了一定的兴趣，由不会学习到掌握了一定的学习方法。通过测试，也可以看到学生的阅读水平都有所提高。

五、小结

通过行动研究，我觉得培养学生的自主学习能力，让学生主动学习，是一个循序渐进的过程。只要教师在教学中给予足够的重视，并不断地进行培养和训练，久而久之，学生自主学习的能力一定会得到发展。

小学英语阅读教学的问题及探究

田 畅

作为人们接触了解世界最基本的方式之一，阅读在提高学生的英语学科核心素养的整个过程中起着至关重要的作用，它是打开英语学习大门的钥匙，让孩子拥有良好的阅读习惯和过硬的能力比阅读本身更重要。

但在日常教学中，我们会发现学生课内外英文阅读量太少，缺乏信息转换和迁移等项能力，尤其在阅读较长语篇方面存在问题。所以不论是在需要教师指导的中低年级段，还是逐步向自主阅读过渡的高年级段，教师都应该意识到"问题即资源"，以学生出现的问题为突破口，寻求有效的教学策略，借此培养学生的阅读能力，提升其核心素养。

一、整合课内文本

（一）课内文本的问题

当前的小学英语课堂受教材的局限，注重语言知识的传授和练习，忽视对学生的语言输出和表达能力培养的情况较为普遍。课时之间缺乏联系、课时之间没有梯度、单个课时设计缺乏综合性考量等问题层出不穷。这样的教学方式下，学生的视野变得越来越狭窄，语言输出有限，语言综合能力的发展也受到了制约。

在核心素养背景下，小学英语阅读教学中的文本整合有助于教师对教材进行深入解读和再构、对资源进行整合和利用、对模块内容进行优化和重组，从而促进学生综合语言能力的提升和英语学科核心素养的养成。

（二）文本整合的探究

目前北京版小学英语教材以话题作为组织教学内容的主线，每个单元一个话题，但实际操作起来还是主题不够突出，学习不够连贯。教师可以整合文本进行单元主题教学，围绕话题选择语言材料，设计活动，从而使学生从不同层面加深对话题的认识，激活他们对相关话题背景知识的记忆，激发他们表达的欲望，从而提高他们的表达能力。

例如，在讲授六年级上册 Unit 7 Lesson 24 *What are the twelve animals*？时，我整合了文本，开展了单元主题教学。我设立本单元的话题为十二生肖，Lesson23 谈论了十二生肖的名称、轮回的周期以及生于哪年就是哪个属相的内容。本课时谈论了谁决定的十二生肖名称及顺序、如何决定的以及第一个属相是什么等内容。Lesson25 谈论了生肖与人物性格之间的关系。三节新授课之间在话题上有相关性。因此，我在设计时更加聚焦话题，整合了内容，注重了话题的完整性。授课过程中我始终围绕主题进行集中学习，让学生积累与该主题密切相关的英语知识，并激活对相关已知知识的记忆，增强了英语学习的实效性。

二、补充教学资源

（一）教学资源的问题

在如今的英语课堂中，大部分教师将大多数精力放在了课内阅读教学上面，而忽视了课外阅读拓展训练。但是仅依靠教材上的课文内容，是无法满足现代学生的英语阅读学习需要的。而通过运用英语绘本，一方面可以增加学生的课外阅读量，另一方面绘本中丰富的情境和有趣的内容可以激发学生的阅读兴趣，提高英语阅读教学效果。

选取绘本时主题还应多元而丰富，以此来满足不同年龄段学生的需求。通过英语绘本阅读，不仅能普及科学，还能培养品格、训练美感、开展生命教育等。通过绘本中图文搭配的生动呈现，启发学生探索学习的乐趣。从教学的角度来看，绘本的选择要考虑教学目标的需要，由此来制订教学活动计划；还要考虑教学主题的需要，北京版教材每个单元以话题为纲，此时应选择与单元话题内容相衔接的绘本；更应该考虑教学方式的需要，如自读、组内阅读和师生共读或者精读、泛读等。在教学时应设计好教学方式或教学活动，使绘本对教学发挥有效作用。

总而言之，绘本的选择在教学中起着非常重要的作用，所以一定要综合考虑以上因素。如果无法找到完全适合的绘本，我们甚至可以发挥创造性对绘本进行改编合并，以满足不同的教学需求。

（二）资源补充的探究

当教师提供给学生英语绘本后，若不给予一定的阅读方法指导，那么效果很可能只是看了看新奇有趣的漫画书，而不是认真完成了一项学习任务。所以，加强阅读方法指导十分重要。阅读方法大体分为"泛读"和"精读"两种。泛读是让学生大概了解绘本故事内容和文章大致结构，精读则是让学生关注绘本中的知识点和语法点，以提升其英语基础知识掌握程度和英语能力。在大多数绘本阅读教学中，可以先让学生自主浏览泛读绘本，熟悉主要内容。然后再提出5W（What，When，Where，Who，How）等问题，让学生带着这些问题再精读绘本，从而深入了解绘本内容。精读过程中可以让学生一边阅读，一边找出绘本中具体的英语知识点，同时明晰主要句型的用法。最后还可以让学生自我代入绘本中，提出"If you were..."等问题，谈谈自己的真实想法，提升思维能力。

同时也要设计好反复阅读等读后活动，因为反复阅读可以提高学生良好的语感和语音意识。同时在运用英语绘本进行小学英语课外阅读教学后，可以让学生对绘本内容进行表演展示，从而进一步提升学生对绘本的感悟。同时还可以提供给学生一些主题相近、难易程度近似的图书，布置成课后作业让学生阅读。但是需要注意的是，小学生处于英语学习启蒙阶段，在课外阅读过程中不宜做过多要求，不要将绘本与教材混为一谈，不需要考查他们绘本中的单词掌握程度，只需要使其有大体了解和感悟即可，否则容易打消其积极性。

例如，在讲授二年级上册 Unit 4 Lesson 15 时，我除了采取大语境教学，将导入、授新课、巩固、输出、韵文五个环节，用一个完整的情境串联起来之外，还为了语境的完整及加强学生思维的训练，自制了英语绘本加入教学中。我从本单元13课的动物园情境引入本课的话题，以旧带新，引导学生以动物为话题进行"free talk"，再提到喜欢动物园里面的动物但是不能把它们带回家，可以到玩具店去买相应的动物玩具这件事，引入了本课的玩具店情境，以此引出新课的讲授。然后引入了韵文中的人物Jack，他想买的玩具在这家玩具店买不到，他居然去了宠物店，从而引入到自制宠物店的绘本的阅读，联系之后Jack从宠物店跑出来的韵文，自始至终让学生在完整的情境里进行学习。最后输出环节使用的是自制绘本，主人公为课本韵文中的人物，语言为新授的知识，情境为课文的延续，让学生真正通过课外阅读更好地学习课内外的知识。

三、引导合作阅读

（一）合作阅读的问题

现如今合作学习已经被大多数学校在不同课程的实际教学中广泛应用，尤其是小学英语阅读教学中应用得最多。因为合作学习是提高小学英语阅读教学质量的一个行之有效的方法。首先合作学习可以使课堂的学习氛围更加浓厚，能够增强师生、生生间的互动。而且合作学习有助于培养学生的合作思维，使组内所有成员能在过程中发挥自己的作用，在合作中赢得个人的发展和进步。但现在合作学习的利用过于草率，如何让学生能够真正从中获益还存在一些问题。

合作学习作为新型的教学方式，在一些教师和学生的使用中逐渐流于形式，因为他们对传统的以教师为中心的讲课方式习以为常。例如，有的老师因为课时紧张等原因会觉得学生自行阅读并分享心得会浪费课堂宝贵的时间，以至于不能完成教学任务。而有的学生刚开始会凭借新鲜感而广泛参与，但是随着时间的推移，这种新鲜感因阅读难度的增加而逐渐被消磨殆尽，参与程度直线下降。而且小学生尚未拥有良好的合作能力，由于在合作过程中存在着分工不合理的情况，因而学生在组内参与程度不同。经常是组长承担较多任务，其他同学依赖性强，这就违背了合作学习的目标。久而久之，这种合作学习的方式并不能充分激发学生兴趣，也无法普遍提高学生阅读水平。

此外，还存在一种严重的情况，就是过于注重词汇和语法。小学生的词汇量相对较少，在阅读的过程中接触到大量的生词后，会把大量的精力用在生词的理解上，这占据了相互交流这一主要任务的时间。而且如果老师偏重于讲解语法，学生就会在阅读过程中过于关注语法学习，而忽视阅读的意义。虽然积累大量的词汇和语法知识是十分重要的，但是如果学生过于注重词汇和语法的讨论，就不能更好地深入文章阅读之中，这样不利于培养学生的阅读习惯，只能达到合作阅读的浅层目标。

（二）阅读引导的探究

首先教师不要畏惧过程中存在的问题，要先于学生从心理上接受并敢于改变传统的教学模式，尝试新型的方法。之后要深入学习理论，例如学习如何调动学生参与合作阅读的积极性，如何根据学生的特点进行分组，如何选择阅读的材料，如何创新学生交流的方式等。此外，还可以向应用合作阅读取得较好效果的班级学习，取长补短。最后，要敢于改变现状，在过程中发现存在的问题并寻找合理的解决方法。

老师改变自身之后，还要从学生的角度去解决他们的问题。针对学生过于注重词汇和语法的现象，我们要因材施教，分层教学。可以根据班级中学生的英语水平、年龄，甚至性别、兴趣等，精心准备不同难易程度、不同话题、不同类别的阅读材料。因为学生存在差异性，因此按照不同层次准备不同难度的阅读材料尤为重要。在课堂教学的进行过程中，适度提高文章的难度，针对不同程度的学生设置不同的阅读任务。

例如，在讲授六年级下册 Unit 4 Lesson 13 *What's the weather like?* 时，我除了进行单元主题教学之外，还在课内的几个重要环节进行了合作学习。我将单元话题设立为"天气与我们的生活"，其中前两课主题为"天气与旅行"，13课聚焦天气与出行计划，14课聚焦季节与出行安排。而15课较为独立，主题为"天气变化与身体健康"。由于六年级下册教材以综合复习为主，学生对所学内容已经基本掌握，所以我设计了富有层次性的问题，逐层递进让学生开展小组学习活动，进行组内自主学习，让学生能够在问题的驱使下，自主学习理解课内教学内容，并在过程中引导学生将围绕话题的知识内容以思维导图的形式梳理出来。在此基础上，我加入了与话题相关的课外阅读材料，引导学生按照思维导图来自主学习理解材料并进行展示。在这一过程中，学生的学习能力得到了充分的提高。

作为小学英语一线教师，在努力寻求有效教学策略的道路上，发现问题是必不可少的。我们要正视问题，把问题视作教育教学的资源，并及时予以解决。我们自身也要学会反思，不断实践，勤于探究，将理论与实践相结合，积极有效地解决教学中的问题，与学生一起树立"问题即资源"的意识，共同进步。

激发学生主体意识　培养学生评改能力

王书敏

习作评改，是作文教学的重要任务之一。注重发挥学生的主体意识，有利于激发学生作文修改的兴趣，提高学生作文能力，营建良好的写作环境。2011年《全日制义务教育语文课程标准》指出："重视引导学生在自我修改和相互修改的过程中提高写作能力。要考察学生对作文内容、文字表达的修改，也要关注学生修改作文的态度、过程和方法。要引导学生通过自改和互改，取长补短，促进相互了解和合作，共同提高写作水平。"

习作修改环节很重要，充分发挥学生的主体意识，培养和提高学生的修改能力，是一种有效的尝试。

一、依据标准　师生共改

教学实践中"替代式"修改"徒劳无功"，"放羊式"修改无效。

为了避免出现这种事倍功半的结果，我们尝试把课堂时间最大限度地交给学生，以学生为主体，形成"教师示范——学生练习——共探研讨"的方式，收到了一定的效果。

首先，制定并熟悉作文评价标准。

例如，一次"想象作文"评改课。

根据教学目标和作文的提示，我们制定了这次作文的评改标准，通过大屏幕展示了这次作文的评价标准（如下图表）。对照屏幕，师生共同熟悉修改方向，明确标准。

内容＼标准	优秀	良好	合格	不合格	备注
想象	合理	有想象	基本合理	没有	
内容	具体	较具体	基本具体	空洞	
情节	完整	有情节	基本清楚	混乱	
语句	通顺	较通顺	基本通顺	模糊	

《想象作文》评价标准

接下来，展示一篇学生的原创作文，让学生阅读。

原文：

两只飞舞的蝴蝶

从前有两只蝴蝶，一只色彩明丽，而另一只却非常丑陋，许多蝴蝶都排斥它。

那只色彩明丽的蝴蝶说："那么丑，凭什么跟我们在一起。"那只丑陋的蝴蝶说："你不能以貌取人。"那只漂亮的并没有理睬它。

一天，那只漂亮的蝴蝶在花园飞舞，一不小心被人类抓走了。这只蝴蝶受到了应有的惩罚。

其次，现场评价示范修改展示的作文。

学生讨论完后，老师结合大家的发言，进行修改。

> **两只飞舞的蝴蝶**
>
> 　　从前有两只蝴蝶，一只色彩明丽，另一只却非常丑陋；由于它丑陋许多蝴蝶都不愿和它玩儿。
>
> 　　那只色彩明丽的蝴蝶说："你那么丑，凭什么跟我们在一起。"那只丑陋的蝴蝶说："你不能'以貌取人'。"那只漂亮的蝴蝶傲慢地飞走了。
>
> 　　一天，那只漂亮的蝴蝶在花园飞舞，一不小心被人类抓住了。
>
> 　　那只丑陋的蝴蝶看到了，很快发出信息，瞬间飞来了许多蝴蝶，让那个捕捉蝴蝶的人眼花缭乱，放了那只漂亮的蝴蝶。
>
> 　　后来他们成了形影不离的好朋友。

修改说明：

① 本文直接展开想象，写了一个童话故事，达到了良好类标准。

② 主题不够积极，写了一个报仇式的结局。为了引导正确的人生观，结尾的修改更有积极意义。

③ 写作时注意：想象合理，还要有积极的意义。

教师依据作文评价标准，指导学生现场进行个例修改，使学生直观地学习到修改的方法，产生修改作文的兴趣，激发学生修改作文的欲望。

二、掌握技巧　强化意识

有了技巧，还要增强修改意识——作文终究要靠自己修改。

叶圣陶老先生说："改与作关系密切，改的优先权应该属于作文的本人，所以我想，作文教学要重在培养学生改的能力。养成自己改的能力，这是终身受用的。在生活和工作中，谁都有经常作文的需要。作文难得一次成功，往往要改几次才算数，作了文又能自己改，不用请别人改，这就经常处于主动地位，岂不是好？"

为了强化意识,教师应及时展示一个作文修改的经典故事。

1951年秋天,赵树理回到自己所熟悉的太行山,与农民同吃同住同劳动,体验农村生活。村里有个小青年写了一篇文章让赵树理指导。赵树理看了一遍说:"你先改一次,明天让我看。"第二天,小青年把稿子改好,送给赵树理,他看了一遍说:"你再改一次,明天送给我。"第三天,小青年又把稿子改好了送来。赵树理看了一遍,说:"我看你会改,再改一遍。"第四天,小青年再次将稿子送给赵树理,他看了微微一笑,说:"你改得有门路,再改一遍。"小青年应声而去。第五天,稿子再次改好,赵树理夸赞道:"你的耐性真好,再改一遍,行吗?"第六天赵树理满意地说:"好了,弄个信封,把它寄到《山西农民报》去。"

小青年对赵树理说:"你光叫我改,改,改。你是大作家,那么多写作经验为什么不给我讲一讲呢?"赵树理说:"我已经把我的真经全部传给你了。"

这个故事,使学生深刻地记住两点:一是作文要自己修改;二是作文要反复修改!

产生了修改欲望,才是讲道理的契机。此时推出作文修改原则,学生就自然接受了。

①修改原文——保持原意;
②语言表达——文从字顺;
③结构调整——表达顺序;
④准确明白——自己改写;
⑤修改价值——培养能力。

这个例子生动地告诉我们,要有意识地培养学生自觉修改作文的习惯和能力,不是靠说教,要有实例、有情趣、有方法、有活动、有目标。

三、反复实践　培养能力

运用信息技术分享习作修改结果,要让学生不断进行实践,养成自我修改的习惯。

例如：北京市义务教育课程改革实验教材第 10 册实践活动中的一次写作训练内容如下。

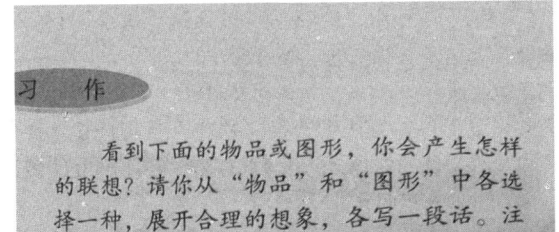

图 2-1

图 2-2

第一，安排写作。

第二，课堂展示。

交流过程中，选出典型例文，实物投影，以供研讨修改。

一束鲜花

这是"一束鲜花"这幅图片，一束不简单的鲜花。

昨天放学的时候，突然下起倾盆大雨。小明独自回家，没带雨具，"天气怎么说变就变"，我看到她在楼道里转悠着。正好爷爷骑着三轮车来接我，我就把她拉到三轮车上，并一路护送小明回到了家。

第二天，小明一到学校就送我一枝红色的月季花，那花真香呀！

第三，研讨评价。

这一步老师要辅导学生梳理出具体的、可操作性强的修改建议。

这是"一束鲜花"这幅图片，一束不简单的鲜花。	"一束不简单的鲜花"开篇就抒情，对象不明。
昨天放学的时候，突然下起倾盆大雨。小明独自回家，没带雨具，"天气怎么说变就变"，我看到她在楼道里转悠着。正好爷爷骑着三轮车来接我，我就把她拉到三轮车上，并一路护送小明回到了家。	第一段和第二段之间缺少联系。 由"鲜花"联想到这个故事，它们是有联系的，都是美好的。
第二天，小明一到学校就送我一枝红色的月季花，那花真香呀！	为什么选择"鲜花"？而且是"红色的月季花"？你知道红色月季象征的意思吗？

初学"想象"作文，遇到的带有普遍性的问题就是：想象不足，或者与联想混淆。此文主体部分更多是联想，想象不充分。

建议：

1. 开头段把选择对象圈定准确。
2. 第一段与第二段要有个自然的过渡。
3. "红色月季"是否改成"白色月季"或其他什么花为宜，因为红色月季象征炽烈的爱情，这个故事显然不是；而白色月季纯洁、自然，象征着活泼的少女，它的寓意就是崇高、尊敬与纯洁。

第四，演示修改。

请作者或其他学生到讲台前，运用多媒体直观展示修改过程，并说明修改理由，充分发挥学生的主体能动性，真正让学生成为课堂的主人。

小作者修改：

一束鲜花

这是看到"一束鲜花"这幅图片，~~一束不简单的鲜花，~~我不禁想起小明送我的那枝红色月季花。

昨天放学的时候，突然下起倾盆大雨。小明独自回家，没带雨具，"天气怎么说变就变"，我看到她在楼道里转悠着。正好爷爷骑着三轮车来接我，我就把她拉到三轮车上，并一路护送小明回到了家。

~~第二今~~天早晨，我刚到学校，小明一到学校就送我一枝红色的月季花，这花真香呀！它象征了我们两个人热烈的互助友爱的情感。

学生陈述修改理由：

最初写的时候，为了赶时间写得急了，话都不通，想得也不多。听了老师和同学们的意见，我主要改了两个地方，不知行不行。先是开头部分，修改后，我觉得前后两段联系紧密了，还有结尾我申述了一下这枝花代表的意义。

有一点我没改，我还坚持用的是"红色的月季"，因为小明送我的就是红色的，另外它也可以代表热烈的同学友谊呀。

同学修改结果：

一束鲜花

这是看到"一束鲜花"这幅图片，一束不简单的鲜花，我不禁想起小明送我的那束白色月季花。它晶莹剔透，香气扑鼻。

昨天放学的时候，突然下起倾盆大雨。小明独自回家，没带雨具，"这雨怎么早不下晚不下，偏偏……说变就变"，我看到她在楼道里转悠着，叹息着。正好爷爷骑着三轮车来接我，我就把她拉到三轮车上，向爷爷说明了情况。爷爷显出疼惜的样子，我们先并一路护送小明回到了家。

第二今天早晨，我刚到学校，小明也到了，她送给我一束白色的月季花，这束花可不简单，真香呀！它象征了我们两个人纯洁、崇高的友谊。

同学陈述修改理由：

我觉得老师说的有道理，就按老师的要求改了三个地方：和作者改的不一样的地方是把第二段写得详细了些，就是突出了细节。再就是把玫瑰颜色改成了白色的，这虽然和事实不符，主要是避免了误会。

作文教学中，我们关注了学生的思维过程，学生在写作过程中每一步都给了我们惊喜，我们看到了学生的成长。

　　学生主体意识的发挥，有助于学生修改能力的提升和自我修改习惯的养成。

知识掌握在自己"手"中

魏 娟

小学数学课标上指出：有效的数学学习活动不能单纯地依赖模仿与记忆，动手实践、自主探索与合作交流是学生学习数学的重要方式。因此我在教学过程中要求学生自己动手，让他们不断经历、体验各种数学活动过程。还让他们在"做"的过程中感悟数学思想，积淀数学活动经验。

北京版数学五年级上册第三单元的学习内容是平行四边形、梯形和三角形。三角形这一部分知识中有一节是：三角形任意两边之和大于第三边。

那天课上，我要求学生准备好长24厘米宽1厘米的纸条，让他们只剪两下，变成三条（可以先量一量每张纸条的长度再剪），然后想一想用这三个纸条能不能拼成一个三角形。同学们非常积极，大部分同学先量出了长度，然后再剪，同学们剪完之后就动手拼三角形，积极性非常高。而我边巡视边指导，在巡视的过程中，我发现有的同学动手能力太弱了，需要其他同学的帮忙。由于我给的时间比较充足，所有同学都完成了任务。

拼完之后，我让他们展示自己拼出的结果。黄艺涛同学站了起来，说："我剪的三边长度分别是10厘米、10厘米、4厘米，拼得的图形是这样的。"他边说边把自己拼出的图形在展台上展示了出来。（见图1）

图1　　　　　　　　　　　　图2

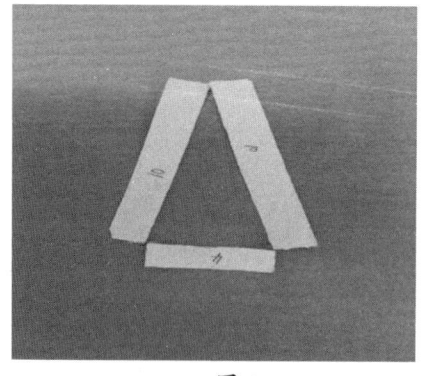

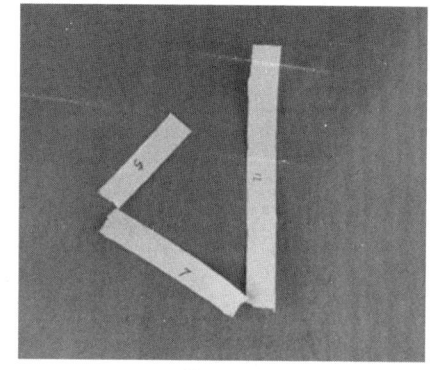

这时李骏衡站起来说:"老师我剪的三边长度分别是5厘米、12厘米、7厘米,拼得的图形是这样的。"并把他的图形也展示了出来。(见图2)他展示完之后我问大家:"你们怎么看?"学生说:"老师,他这个根本不是三角形,那两条边都没有连在一起。"我看了看李骏衡问:"你觉得呢?"他摸摸后脑勺说:"我也觉得不对。"

班长于是然说:"老师我剪的三边长度分别是5厘米、11厘米、8厘米,拼得的图形是这样的。"(见图3)同学们看了之后说:"班长的是三角形。"于是然说完后杨韵熙又站了起来:"老师,我剪的三边长度分别是8厘米、8厘米、8厘米,拼得的图形是这样的。"(见图4)她拼完之后,我指着图形问大家:"你们发现了什么?"卞骏昊立刻回答说:"三角形的三条边是相等的,叫等边三角形。"

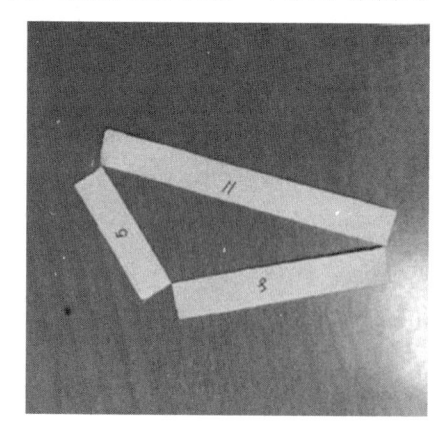

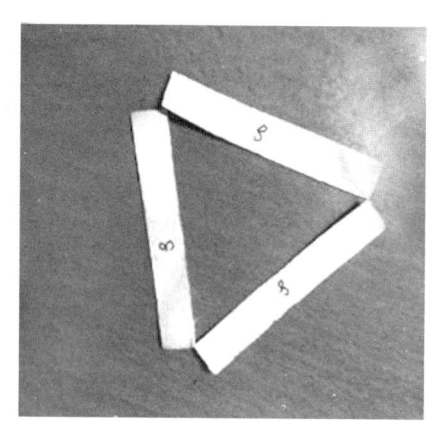

图3　　　　　　　　　　　　图4

我立刻表扬了他:"你的知识很丰富。谁还来展示?"张子成立刻跑上来拼出了自己的图形。"老师,我拼出来的也是这个样子。"(见图5)看了他的图形,有的同学说:"3厘米和6厘米的两条边没有接上,下面那条边太长了。""哦,那我去改改。"接着又有几名同学展示了自己拼出的图形。比如,黄睿西剪的是6厘米、8厘米、10厘米,拼的图形是图6的样子;而马铭城剪的是6厘米、6厘米、12厘米,拼得的图形是这样的。(见图7)还有查潇潇剪的是7厘米、8厘米、9厘米,拼得的图形是这样的。(见图8)

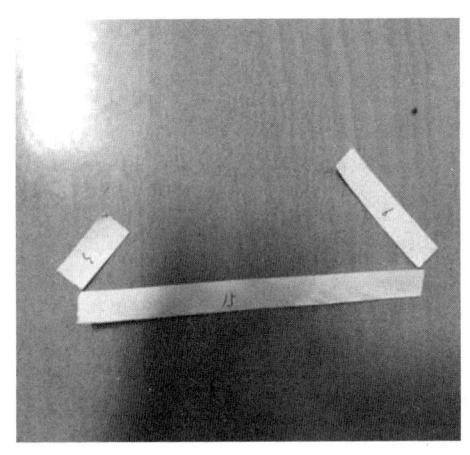

图 5

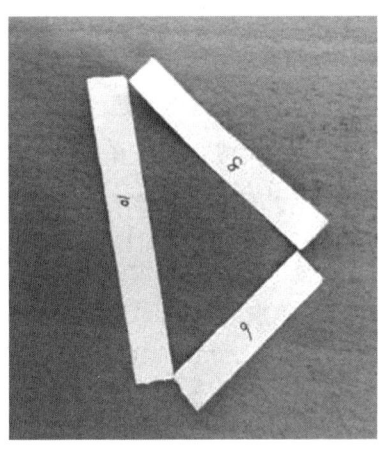

图 6

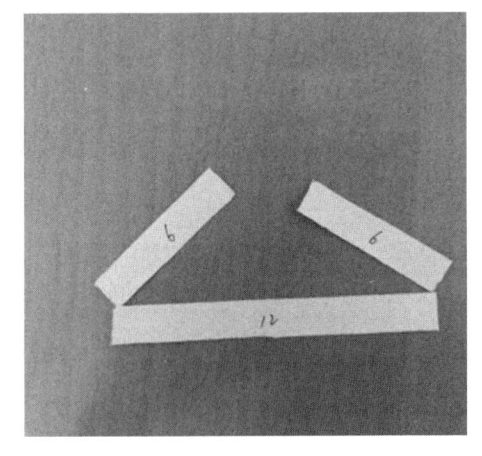

图 7

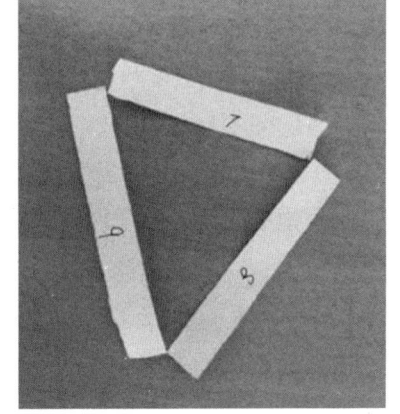

图 8

展示完这几名同学拼得的图形，我就想进行下一个环节，可是孩子们高举的双手让我不想打消他们的积极性，于是让他们继续展示：三边长度分别是5厘米、10厘米、9厘米的；三边长度分别是5厘米、8厘米、11厘米的；三边长度分别是6厘米、7厘米、11厘米的；三边长度分别是4厘米、9厘米、11厘米的……

孩子们终于把自己的想法说了出来，看见他们兴奋的模样，我的心里也非常高兴。接着，我们进行了下一个环节——得出结论。我对他们说："今天大家自己动手，通过剪、拼，有的同学拼出了三角形，而有的同学却没有拼出来。大家再观察一下这些图形，思考并讨论，在什么情况下三条边就可以拼成一个三角形。"

我刚说完，学生们就积极地讨论起来。有的同学说："其中有两条边相等就可以拼成一个三角形。"他刚说完，就有同学举出了反例："6厘米、6厘米、12厘米的就不行。""既然有反例，那么这种说法不成立。"这时黄艺涛说："我发现，只要两条较短边的和大于最长的边，就一定能围成三角形。例如6厘米、7厘米、11厘米，短边是6厘米和7厘米，加起来是13厘米，大于10厘米，就拼成了一个三角形。"他说完卞骏昊立刻站起来说："我同意，大家看10厘米、10厘米、4厘米，10厘米加4厘米是14厘米，大于10厘米，也拼成了一个三角形。""6厘米、6厘米、12厘米的这个，6厘米和6厘米加起来是12厘米，与12厘米相等也不能拼成一个三角形。6厘米、3厘米、15厘米，6厘米和3厘米加起来是9厘米，比15厘米小，同样不能拼成一个三角形。"于是然听完了其他同学的回答站起来说："我知道啦，只要两边之和大于第三边，那么就可以围成一个三角形。"

听了她的回答，同学们异口同声地说："同意！"

这节课，同学们情绪高涨，积极踊跃，无论是拼出三角形的同学，还是未拼出三角形的同学，都获得了新知识。他们通过自己动手剪拼，总结出三角形两边之和大于第三边，并且牢牢地记住了这一点，这就说明了数学课堂中动手操作的重要性。

通过这节课我也深深地认识到在今后的教学中我要大胆地放手让学生

动手操作，哪怕是操作有误，也要让他们动起来，这样既激发了学生对数学课的兴趣，又让学生主动获取了知识，并牢牢掌握了知识。要让学生体会到学习数学的乐趣，变"要我学"为"我要学"。要让学生知道知识是掌握在自己的"手"中的。

以学生为本，让数学课充满情趣

赵艳霞

数学家华罗庚曾说："宇宙之大，粒子之微，火箭之速，化工之巧，地球之变，生物之谜，日月之繁，无处不用数学。"这是对数学应用性的精辟论述。《新课程标准》强调："数学教学要紧密联系学生的生活实际，从学生的生活经验和已有知识出发，使学生初步感受数学与日常生活的密切联系。"教学中，联系生活实际，寻找生活中的数学素材，将学生熟悉的蕴含着数学知识的生活实例引进课堂，就能使学生亲身体验到"数学就在自己身边、身边到处存在着数学问题"，可有效地唤起学生的求知欲望，并培养学生灵活运用知识解答实际问题的能力。

以学生为本的课堂是一切为了学生的课堂，是充分展现学生主体性的课堂，是使学生获得有效发展的课堂。核心素养的提出要求教师在组织课堂教学活动的时候，以学生为中心，采取多样的方式引导学生养成必备的品格和关键的能力。在核心素养理念的指导下，小学数学生本课堂的建构方向愈加地明晰。即教师在组织课堂教学活动的时候，要从传统的思维中走出来，从主导课堂变为引导学生，从灌输知识转为启发学生，从单一方式变为多元方式，使学生充分地发挥主观能动性，经历知识形成、锻炼思维、获取知识、发展能力等成长历程。

因此，在数学教学中，我们教师必须努力创设生活化的教学氛围，联系生活讲数学，把生活经验数学化，把数学问题生活化，体现"数学源于生活、寓于生活、用于生活"的思想，让学生体会到数学就在身边，感受到数学的趣味和作用，体验到数学的魅力。那么在小学数学教学中如何引导学生体会生活处处有数学，学会用数学的眼光去观察周围事物呢？如何创设生动有趣的教学情境，调动学生的学习热情呢？我认为可从以下方面入手。

一、设计生活化的教学内容

数学知识来源于生活实际，教师在教学中要善于处理教材、调整教材、重组教材内容，要充分利用好身边的数学素材，让数学多一些真实，使学生感觉到数学的亲切，体会学数学能实实在在地解决一些问题。把教学植根于生活，将枯燥、乏味的教材内容设计成生活中看得见、摸得着、听得到、有价值、适合学生发展的数学学习过程，让数学贴近学生生活，用具体生动、形象可感的生活实例解释数学问题，让学生真正体验到数学学习的乐趣。

在教学《厘米的认识》一课时，我给学生提供了丰富的探索材料：小棒、火柴、铅笔、纸条等等。在学生量数学书的长边长度时，有的学生量出的长度是1根半铅笔长，有的量出的是3根小棒长，也有量出2个硬纸条那么长的，甚至还有调皮的学生自己创造，寻找到度量工具——手指，量出有3根半食指那么长。教师适时提问："为什么同样的数学书，量得的结果所表示的数却不同呢？"学生根据刚刚测量的过程，可以发现这些用来测量的材料长短是不一样的，看来得有一个统一的测量工具，学生马上想到了尺子。尺子在学生的生活中天天看得到，也经常用到——画等于号，但对学生来说，还并不了解它，这一下子便激起了学生学习的兴趣。

用学生熟悉的、有兴趣的、贴近他们现实生活的内容进行教学，才能唤起他们的学习兴趣，调动学生学习积极性，使学生真切地感受到生活与数学知识是密不可分的，使数学课富有浓郁的生活气息，从而激发学生强烈的学习和探求数学的兴趣。

二、挖掘生活化的数学素材

《新课程标准》提出："数学教学活动必须建立在学生的认知发展水平和已有的知识经验的基础之上，能从现实生活中发现并提出数学问题。"因此在数学教学中要联系生活中的问题，挖掘数学知识的生活内涵，让数学更多地联系实际，贴近生活。

例如：在学习《统计的初步认识》时，我借助班里开展"竞选中队长"这一熟悉、真实而又贴近学生生活实际的活动情景引入，激发学生的学习情趣，引发学生思考。我说："你们想知道谁得票数最多吗？"全体学生齐声说："想！"我接着说："可是我们有什么好办法知道最后的结果呢？"有个嘴快的孩子立刻说了一句："统计一下不就行了。"我这时马上补充道："对呀！为了统计每位候选人得票数，想一想你们用什么方法把票数记录下来，而且保证又快又准确呢？"同学们想了很多办法，课堂气氛一下子热闹起来，学生的情绪上来了，我趁热打铁："你们说了这么多统计的方法，你认为哪种方法最好呢？"课堂教学是没有边界的，这样的设计，既调动了学生的积极性，体现了学生不同的记录方法，又使学生在观察、比较中体会到了用画"正"的方法进行统计的优势所在。

三、提取学生已有的生活经验

《新课程标准》也指出："要重视从学生的生活实践经验和已有的知识中学习数学和理解数学。"对小学生来说，他们在生活中已经有了许多数学知识的体验，学校数学学习的知识是对他们生活中有关数学现象经验的总结与升华。学生并不是一张"白纸"，教学中，教师应尽可能地把数学问题与实际生活紧密联系起来，充分利用学生已有的学习、生活经验，让学生体会到数学从生活中来又到生活中去，感受到数学就在身边，生活离不开数学。同时，教师还可利用小学生强烈的好奇心，结合教材的教学内容，创设情境，用学生熟悉的生活经验作为实例，引导学生利用自身已有的经验探索新知识，在创新活动中学数学。

例如：在教学《认识方向》时，教学中学生介绍了许多生活中借助不同物体和景象辨别方向的方法：有的介绍了指南针——它是我们的祖先发明的，不管把它放在哪里，总是一端指南，一端指北；有的学生知道看树木的疏和密能分辨方向；还有的学生从生活常识中知道房屋的朝向也能帮我们辨别方向……

教师要有意识地在生活中寻找与数学文本知识有联系的、学生熟悉的场景、事例，沟通已有的生活经验与数学知识的联系，把生活中的数学原型生动地展现在课堂中，使学生体验身边"熟悉的风景"中蕴藏着许多数学知识，从而使学生对数学有一种亲近感，感到数学与我们的生活同在，感到数学不再是简单的有关数字的学科，而是富有情感、贴近生活、具有活力的东西。

四、布置生活化的开放习题

数学来源于实践又服务于实践。新课标指出："初步学会运用数学的思维方式去观察分析现实社会，去解决日常生活中和其他学科的问题，增强应用数学的意识。同时体会数学与自然及人类社会的密切联系，了解数学的价值，增进对数学的理解和学好数学的信心。"

数学文本知识只有转化成日常生活中的运用，才会使知识产生质的转变，真正植根于学生心中，并在其头脑中成活起来。教师要充分创造条件，创设生活情境，把有限的生活知识从无穷的生活情境中提炼出来，让文本的"静态"数学变成生活的"动态"数学。

如：估算是生活中最常用的，开学学校要发书本、自己要买文具和教辅书等，知道单价和数量，可以要求学生估算一下总价；妈妈买菜，知道带的钱和单价，估算可以买多少菜等等。把生活中学生形成的估算技巧迁移到课堂教学中，把捕捉到的"生活现象"，引入数学知识中，使学生对数学有一种亲近感，让学生感受到数学与生活同在，其实数学并不神秘。数学概念的建立本来是抽象空洞的，然而，由于这些具体的事物经常摆在学生的眼前、身边，学生很快就能熟知并学会运用了。

又如：教学求平均数时，我让学生算一算，小组的平均成绩是多少？平均身高是多少？平均年龄是多少？在教授小数加减法时，我列出一些商品的价格，让学生说一说要买哪些商品，需要多少钱？怎样计算？在教学可能性时，让学生说一说生活中哪些事物或事是可能性较大，哪些可能性不大……主要通过教学，让学生体会到我们所学的数学是有用的，能够解决生活中的问题，使学生学起来更有兴趣。

在这样的教学活动中，既提高了学生学习兴趣，又巩固了所学的知识，让学生在生活中学，在生活中用。从而，提高了学生解决实际问题的能力。

现实世界是数学问题研究的丰富源泉，我们的教学要结合学生生活经验和已有知识，设计富有情趣和意义的活动，使他们有更多的机会从周围熟悉的事物中感悟、学习、理解数学，体会到数学就在自己身边，感受到数学的有趣和作用，体验数学那无穷的魅力，从而达到主动运用数学观点、方法去分析、解决生活中的实际问题。通过自身的教学实践，我认为在新课程的教学中，数学教育要以学生发展为本，要把学生学到的书本知识、直接经验和生活世界作为学习数学的重要资源，把枯燥抽象的知识以贴近生活化的设计引进课堂。只有再现数学知识与自然科学、人类生活的联系，才能不断扩大数学教学的信息量，激发学生的学习积极性，帮助和引导学生"用数学"的意识和各方面的实践活动能力发现并解决生活中的实际问题，使学生进一步理解数学在生活中的重要性和作用，使学生喜欢上数学，为学生今后的生活、工作打下扎实的基础。

总之，教师要结合教学内容尽可能地创设一些生动、有趣、贴近生活的例子，把生活中的数学原形生动地展现在课堂中，使学生眼中的数学不再仅是与数字相关的死知识，而是富有情感、贴近生活、具有活力的知识，使数学教学更贴近学生的生活，使学习变得通俗、有趣、生动，使学生真正喜欢上数学、学好数学、用好数学。

"二线五环"模式在教学中的实践探究

刘 骁

"二线五环"教学模式是在我校"崇研尚实,点亮生命"办学理念引领下,旨在提高教师的教学效率和学生的学习效率而提出的研究型课堂教学模式,"二线"即教师主线、学生主线,"五环"指学生主线的"质疑→自主探究→合作互解→巩固训练→变式练习"和教师主线的"学习策略指导→引导探究→点拨纠正→强化总结→拓展提高"五个环节。教师在每个相应的环节中要为学生提供方法指导和学习资源,同时对课堂秩序进行引导和维护,在课堂上充分发挥学生的主体作用和教师的主导作用。

一、运用策略指导学生主动质疑

学生的学习过程是一个提出问题、解决问题的过程,质疑有利于学生思维能力的提高,还可以培养他们的创新意识和探索精神。提问的质量在整个质疑过程中起着关键性作用,起初学生也许会觉得无从问起,不知道提什么问题,或者提出的问题没有实用性,不切合课文主题。这时,教师就要有策略地引导学生将焦点放在一些值得关注的地方,变无疑为有疑,并多示范几次。可以对文章题目进行提问,如《军神》一课,围绕题目可以提出:军神是谁?他为什么被称为军神?这两个问题的解答对理解内容至关重要。可以对重点句进行提问,在教《丰碑》时可问:为什么说军需处长是一座晶莹的丰碑?"晶莹"是什么意思?以此来感受军需处长高大的形象。也可以对写作方法进行提问,如抓住《巨人的花园》中运用对比和拟人的写作手法进行质疑,让学生进一步理解童话的写作特色。此外,还可以对结构进行提问，对不懂的词句进行提问等等，逐渐培养学生善问的习惯。

二、在学生自主探究时适时引导

学生的"自主探究"和教师的"引导探究"是相辅相成的关系，两者的有机结合能够充分发挥教师在课堂中的组织引导作用，在转变学生学习方式的同时提高他们的学习积极性，将传统的"要我学"变为"我要学"，激发他们学习语文的兴趣。例如在教授古诗《泊船瓜洲》时，课前可让学生自己搜集有关作者王安石的资料，在课前导入环节通过回忆学过的思乡诗来进入本课的学习，让学生在课堂初始便已初步了解新诗的类别及创作背景，从而胸有成竹地进行下一步的学习。接下来在了解诗人的基础上让学生自读古诗，用笔标出不会的字和不懂的问题，通过教师的自学提示引导，学生便能够在描绘诗人所见"一水""数重山""江南岸""明月"等景象的同时理解诗人对故乡的思念之情。这样在整个课堂中，教师只需通过对几个重点问题的点拨，便调动起了学生学习的积极性，使他们主动参与到学习活动中来，形成轻松、和谐的课堂氛围。

三、在合作互解中进行点拨纠正

合作学习是一种重要的语文学习方式，不仅有利于形成融洽的师生关系，还能够培养学生独立思考的能力，使学生在交流合作中发散思维，培养团队精神，提高学习效率。在整个合作学习过程中，教师要注重方法的指导和过程的监控，以防学生在无效的讨论中消耗时间，学习行为和方式得不到实质性的转变。例如在学生自主读书时不能马上与同学讨论，教师要指导学生边读边思考，把自己不懂的生字词和句子勾画出来，认真思考后还不明白的再向同学请教。同时在学习中还要鼓励学生主动献计献策，积极讨论，在别人发言时认真倾听，虚心接受他人的评论。评论在合作学习中起着关键作用，是分析和判断学生合作成果的环节，同时也有助于教师管控课堂秩序。学生自评、互评能够提高他们的反思能力和认识能力，教师的评价是在学生进行评价之后进行的，此时就需要教师认真推敲，仔细地进行点拨纠正，让学生在学到新知识的同时也能明白自己错在什么地方，有效提高学习效率。

四、有针对性巩固训练强化总结

课堂练习是语文教学过程中的一个重要环节，教师在布置练习时要适时、适度、适量，从学生课堂学习效果出发，根据学生的知识水平、学习兴趣有目的地设计多样化的训练内容，帮助学生在巩固所学内容的同时不断拓展提高。练习的内容可以是字、词的训练，也可以选择句、段、篇的练习；形式的设计要丰富多彩，不要仅仅体现在书面上，还应包括读、说、听等内容的训练，根据不同的教学内容有所侧重。如有的课文蕴含的感情深厚，读起来荡气回肠，就可以通过指导朗读来感受课文的情真意切；有的课文语言优美生动，运用了多种写作手法，适宜引导学生仿照句式进行表达；有的课文言有尽而意无穷，留给读者想象的空间，此时就可以指导学生尽情畅想。而在训练过程中教师适时地进行总结，可以起到画龙点睛之笔，让学生得到启发。如在教学《鹬蚌相争》一课结束时，老师可以通过指导学生总结故事内容和其中的道理，让学生再次巩固概括课文的写作方法和寓言体裁的特点。

五、在变式练习中不断拓展提高

将数学教学改革中的变式教学跨学科运用到语文课堂中，可以让学生从多个角度进行学习，不断提升思维方法，多方面感受课文的语言美，走进作者的心灵深处，感受蕴藏其中的真善美。在变式练习中，要充分调动学生的积极性，在变化、辨识、迁移等练习活动中学习语文，不让他们感到枯燥无味。如在教学《记金华的双龙洞》一课的游览顺序时，如果采用讲解的方法告诉学生作者是按照"入山到洞口→外洞→孔隙→内洞→出洞"的顺序来写的，学生将不会有任何感受，只是了解了一种写作方法。但如果让学生一边读课文，一边用简笔画的方式画一画作者的游览示意图，同时说一说自己的感受，学生便在理解课文内容的同时加深了对双龙洞特色风貌的感受，进而对我国秀美山河产生热爱之情，大大提高了课堂教学效率。这样，学生在教师精心设计的各种变式练习活动中能够施展多种才能，在培养了学科思维能力的同时激发了学习兴趣。

"二线五环"教学模式在语文课堂中的灵活运用有助于解决相对单一的教学方式引起的教学效率低下问题，提高了学生的主体地位，增加了课堂教学环境的生机和活力。相信在我校研究型教师的不断钻研中，在"生命教育"理念的培养教育下，终将实现教师课堂教学万紫千红、学生课堂学习百花齐放的喜人局面。

英语课堂案例：彩虹的形成

游晓桐

本课出自北京版小学英语六年级下册 Unit 4 *What's the weather like？* Lesson 16，属于本单元的科普阅读拓展课。主要内容是介绍彩虹的由来，形成过程以及如何制造出彩虹。

一、教学目标

（一）学生通过阅读本课有关 rainbow 的语段，能够认读理解 be made of，touch，scatter，bounce，darkness，absorb，indigo，violet 等相关词汇。

（二）学生能够简单运用词汇来描述 rainbow 的常识信息，获取并梳理彩虹形成的必要条件。

（三）通过自主学习和与他人合作的形式，学生能够运用书中所提的三种方法，尝试制作出漂亮的彩虹并进行简单记录，为提高写作能力做准备。

（四）通过学习语篇，学生能够迁移运用，思考其他制作彩虹的方法。

二、教学过程

（一）导入环节

在进入阅读前，教师首先播放一段 the rainbow song 的视频，同时提出问题：What's the song about? 学生带着问题跟唱视频后，回答出：rainbows. 教师此时顺势引出本节课的学习主题：We are going to talk about rainbows today. I guess we all know rainbows have 7 colors, and they come after the rain. What else can you tell about the rainbows? Let's learn more about rainbows together.

【教学环节分析】

通过歌曲欣赏跟唱活动激活学生前位知识,并将学生自然引入本课学习情境,让学生主动质疑思考还能了解彩虹的哪些信息,并进一步激发学生的探索学习兴趣。

(二)新授环节

1. 整体视听,引导探究

教师首先让学生听全文,了解大意,通过勾选题目"How rainbows are formed""How we make rainbows"检查学生的理解情况。此时,学生只是了解了文意大概,但对彩虹具体如何形成,需要什么条件才能制造彩虹仍有疑问。

2. 精读文章,自主探究

教师就学生们的困惑进一步提问:那么彩虹是由什么形成的呢?为什么我们能够看到七色的彩虹呢?引导学生进行自主阅读并圈画答案。学生阅读完成后,教师让学生进行回答,并运用图文解释 sunlight, water, scatters,帮助学生理解重点词汇含义。了解了彩虹的形成,学生就会迁移思考,那我们生活中看到的各种颜色都是怎样形成的呢?为了回答这一问题,教师引导学生关注文章第二段的描述,并通过"Why do we see different colors?""What happens when the light is scattered?"两个问题帮助学生聚焦探寻问题的答案。学生完成后,教师进一步用我们看到的苹果为什么是红色的来举例说明光的反射。教师为了让学生深入理解光的反射、散射和被吸收,为学生播放演示视频。然后,教师拿出光学三棱镜和白纸在阳光下做实验,让学生观察阳光的颜色是什么样的,学生从观察中和书上探索出答案。在这一过程中,教师要重点讲解 indigo,violet 两种颜色的表达。

3. 动手操作,合作互解

文章的最后一个内容讲述制作彩虹的三种方法。教师让学生开展小组合作阅读,共分九组,三个组探究 the water glass method,三个组探究 the mirror method,三个组探究 the CD method。每个组都要完成书上"Task1 Read and number"练习,完成后,再根据教师提供的不同素材制作彩虹。

在这一过程中，教师在学生讨论操作时给予指导。

【教学环节分析】

教师创设彩虹和光的情境，通过问题引导，学生能够自主思考并对彩虹的形成和各种颜色的光产生质疑，能够通过阅读，以与他人合作实验的方式解决问题，找到答案。同时，在自主探究和合作理解的过程中，教师对难点、学生的疑惑之处都进行了恰当的点拨指导（利用举例、图片、视频等资源）。

（三）巩固环节

巩固环节教师布置了两个任务。第一个任务是教师引导学生跟着录音朗读课文。第二个任务是，教师让学生独立完成书上的"Task 2 Answer the following questions."然后通过小组讨论订正答案，最后找几名同学发表观点，明确答案。

【教学环节分析】

此环节中，教师引导学生朗读篇章，巩固对文本内容的理解，培养学生读的能力；引导学生通过阅读语段并提取制作彩虹所需物品的关键词汇，完成练习，培养学生的阅读习惯和书写能力。

（四）拓展延伸环节

1. 观看视频，拓展更多与 Rainbow 相关的知识。
2. 小组合作，制作英文的 Rainbow 科学海报。

【教学环节分析】

学生通过任务一，观看科普类视频，学习更多关于彩虹的有趣小知识，发散延伸了学生的思维。而任务二则是对所学内容的综合性开放作业，通过小组成员相互合作，培养学生主动参与的意识、合作能力和团队精神。

综上所述，本节课很好地展现了崇研尚实型二线五环的课堂教学模式，并将英语与科学学科的知识相融合，学生通过自主探究、合作互解等方式了解并巩固彩虹形成的相关知识，促进了学生语言和思维能力的发展。

"崇研尚实型英语课堂"的思考

张亚娜

古语有云:"师者,所以传道授业解惑也。"伴随时代的发展,教育事业的改革日新月异。近年来,以学生为中心的激发式教学方法提升了课堂的效率,实现了学生"会学与乐学"的课程改革终极目标。这就要求教师们树立"以学生为中心"的教学理念,注重教材内容和教授对象的结合,精心设计教学方案,通过思路引导、课堂教学等环节,将崇研尚实的教学型理念贯彻到整个教学实践中。

有效的应对策略是实现"会学"的积极教学目标。在一次家长开放日教学活动中,在组织进行"no school"词汇学习时,先后通过肢体语言、媒体录音和课件展示等方法,仔细讲解词意,并结合"There is no school on June 1st."句型带领学生跟读,力求大家都能熟读句型、理解句意,教学过程进展顺利。接下来在运用所学句型进行对话练习的拓展环节,我通过鼓励、表扬等方式适时对学生给予评价,激发大家积极参与练习。一名英语基础比较薄弱的学生涛涛(化名)自告奋勇地举手示意,但在练习中将"no school"误读成"on school",在我指出错误后仍无法及时纠正,为了保障授课环节的顺畅,我当即令其坐下,改由另一名学生继续进行对话练习。当我看到涛涛暗暗低下头时,我意识到因刚才的仓促举动带给学生的挫败感……面对课堂教学中出现的意外,到底是该保障课堂教学环节的顺畅进行,还是应该全面认识学生,我深深体会到,如果我们在教育要求上"退一步",那么就有可能让具有潜能的学生也成为我们快乐的搭档,从而使他们在参与中获得勇气、信心和成功,对于教学过程中出现课堂设计以外的环节，教师要结合实际认真应对、加以引导，不要刻意追求课堂教学的顺畅，而漠视学生对新语言项目的学习过程。

　　学生滔滔的表现及对待他的方式，使我看到自己在教学过程中存在的不足。一是对学生学习基础的认识不全面。《教师基本能力检核标准》中的教学背景分析能力要求教师对学生的学习基础进行实证调研，理性分析学生在学习新知识时可能遇到的认知困难，针对学生学习能力差异性的表现，而采取行之有效的措施办法。二是对课堂的教学评价把握不准确。《小学英语课堂教学评价表》中对教学过程的评价点要求在教学过程中显示教师的应变能力，对于教学过程中出现课堂设计以外的环节，教师要结合实际认真应对、加以引导，不应刻意追求课堂教学的顺畅，而漠视学生对新语言项目的学习过程。通过反思，我对学生和课堂的理解有了更深的认识：一是要注重引导学生对知识和理论进行自我建构过程，应当秉承"因材施教""授之以鱼不如授之以渔"的教学理念，循序渐进、尽大限度地发掘学生自身的潜能。二是要注重在教学实践中形成科学的教学观念和实施适当的教学行为，充分尊重每名学生的个体差异性，对于知识拓展环节出现的种种问题，要做到以不变应万变的回应，努力营造顺畅而精彩的课堂环境。

　　教师浓烈的教学情怀是催生学生"乐学"氛围的肥沃土壤。每周一的升旗仪式是展现各班班风班貌的好机会，各班老师要特别重视。有一次，由于班主任要参加培训，这项任务刚好落在我这个副班主任的肩上，在此过程中我也遇到了很多难题。我们班的制度是班干部轮流上岗担当升旗手，这周轮到有"小饶舌"的静静身上。她平时说话总是"zhi zhi zhi, shi shi shi"的，永远分不清"zhi、chi、shi"。为避免出差错，我心生一计，将升旗手的任务换给另一班干"松松"（化名）。周一如约而至，一进班里，便看到静静不时用手整理整理那清洗得干干净净的校服，又不时望望窗外，眼神中充满期待。难道她还一无所知……庄严的升旗仪式开始了，第一项便是旗手介绍："我是本周旗手松松，我成绩优异、尊敬师长，按时完成各项作业……"清脆、洪亮的声音响遍整个校园。全校师生都送去羡慕、佩服的目光。全班同学都为这个优秀的小伙子感到骄傲，因为他为班集体争了光。我也为自己的正确决定感到高兴和欣慰。日子就这样行云流水般地过着，平平淡淡，也相安无事。而那一天，我平静的心开始泛起涟漪。在静静的作业本上我看到这样一段话："老师，在我心里您是那么完美。可是，您为什么没有把换升旗手的事情告诉我。我这一段时间在不停地练习说话、发音。周一一大早，我就穿着洗得洁白的校服走进校园，可是……"字字句句如绣花针刺痛着我的心，我不忍再读下去。

此时此刻，我想我能做的就是对孩子弥补一些，帮她重拾自信吧。课堂上，我对她的关注多了起来，鼓励她发言并表扬她。可是，尽管这样，我再也看不到她脸上那自信的笑容了。我的无知之举，对一个稚嫩的心灵产生了多么不良的影响啊！如果当初我多给她一些时间，多陪她练习一下，说不定……于是，我在她的作文本上写下了这样一段话："可爱的小静，老师错了，不该撤销你当升旗手的权利。"事后，她主动找到了我，对我说："老师，您别自责了，我能理解您。"我激动得握着她的小手，不知如何是好。我深思：在从教的这些年里面，我为学生留下了什么？我帮助了他们什么？有没有给他们足够的鼓励与足够的发展空间？答案令我自己惶惶不已。我传授的知识，随着时间的推移学生们估计早已忘记了；我批评的话语，也随着时间的推移，封锁在了学生心里，也许还会像定时炸弹一样不时勾起学生心酸的回忆；我不恰当的言行，会被学生当作模板，效仿以致放大。我之前的这些行为举止是多么地不堪，直到今日，提笔之际，我发誓不要再做一个只是传授知识的机器，我要给学生生命的教育。用美好的思想、恰当的言行、智慧的手段传扬正能量。让学生发现自身价值，找到自信，获得成功。我强烈地意识到：成功的教育是让孩子心中迸发出爱的火花，是对生活的热爱，是对美的向往，是用更宽广的胸怀拥抱世界；尤其是那些并不被重视、不完美的孩子，更需要这些。这就需要我们用发展的眼光看待学生，并为他们提供足够大的空间。

总之，以学习为中心，这不仅是一种理念，还是一种追求；以学生为中心，这不仅仅停留在理论层面，更应践行到教师的教学行动中去。在深化课改进程中，唯有聚焦学习本身，才能指向对学生核心素养的培育上。在课堂上，我们要多关注学生参与学习的过程、关注学生的学习策略以及关注学生的情感体验和个性化的学习风格，让学生学会学习，指导学生学什么、怎么样学，让学生学得更明白。"核心素养"时代，要求教师的课堂教学不能仅仅止步于课文内容的学习，还要通过分析、整合教材，提炼出新的话题，围绕新的话题进行想象与创造训练，使学生将所学知识应用于实际生活，从而提升学生的思维能力与解决问题的能力。那么，如何在课堂教学中实现有效表达，其根本和关键在于每位教师的专业素养。唯有由"教"的长线渐进切入，才能成就"学"的素养渐达。

用"一场雪"帮孩子打开思路

张　颖

作为小学高年级的语文老师，作文教学是我的工作重点之一，如何让作文指导落在实处，是我经常思考的问题。在进行作文教学《一件难忘的事》时，有个小姑娘写了这样一篇作文的初稿：

事情发生在我三年级的那个冬天，那年冬天雪天很多，室外寒冷得像个大冰箱。

早上，我兴高采烈地来到学校。刚进校门，我感觉有点不对劲，然后看了看书包右侧，完了，我忘带水杯了！本来想跟妈妈说一下，可是妈妈送完我已经走了。看来粗心的我只能渴着了。

上完第一节课，我刚一下座位，这时我看见了妈妈。她穿一件长长的羽绒服，用围巾把头裹得严严实实的，我立刻跑到妈妈的身边，低着头。妈妈淡淡地微笑着，用那慈祥的目光看着我说："早上忘带水杯了吧，以后不要丢三落四了。"妈妈把水杯给了我，转身走了。我看着妈妈，鼻子有点酸，心里想：妈妈，谢谢您！

这件事一直到现在，在我的脑海里怎么也抹不去，就像印章一样永远刻在了我的心里。妈妈，您在寒冷的冬天给我送水杯，我永远记得！

看完孩子写的初稿，我首先觉得内容有些少，315个字，事情的过程不够具体，小学语文课程标准对于第三学段的孩子的要求是，作文字数不少于400字。二是孩子的选材很好，一件小事，内容很真实，但写得不够细腻。怎么才能帮孩子打开思路呢？在我百思不得其解的时候，我发现这个孩子的第一自然段写了环境描写，"那个冬天雪天很多"。只是"雪"

孩子虽然提到了，但没有为后文起到铺垫作用。何不利用"一场雪"帮孩子打开思路呢？我决定利用课堂教学的机会为这个孩子面对面批作文，同时也以此为例，让全班学生一起学习一下环境描写在写人的文章中，如何起到烘托人物性格的作用。

课上，我将这篇作文呈现在大家面前，向大家肯定了这个小作者在第一自然段中运用了环境描写，虽然不明显，但是值得表扬。然后我询问孩子，你所难忘的那个冬天雪天很多，之所以难忘妈妈那天给你送水杯，是因为那天也下雪了吗？得到了小作者肯定的答复后，我接着问她，因为下雪很冷，妈妈冒着雪给你送水杯，那你为什么没有把"雪"这个主角写出来呢，我们大家一起把它加进去吧。孩子们，如果我们把那场雪加进文章，加在哪儿合适呢？孩子们热烈地讨论起来，有的说加在文章开头，有的说加在文章结尾，讨论到最后，大家一致决定加在第二自然段开头。加上的句子是这样的："早上我和妈妈刚一出门，就看到一个银装素裹的世界。天上飘着鹅毛大雪，地上已经铺了厚厚的一层雪，好冷啊，妈妈一直搂着我到了学校。"

看着孩子们加入的这段环境描写，我急忙追问，这段对雪的描写为后文起了什么作用呢？通过这样的指导和提问，让孩子们认识到环境描写为突出人物形象起到一个铺垫作用。紧接着，我又问那第三自然段妈妈来送水杯还需要不需要再加入对雪的描写，如果需要，对雪的描写最好出现在哪儿？学生们拿着笔争先恐后地写了起来，我在巡视的时候，发现孩子们一经启发，真的很有文采。有个孩子写的第三自然段是这样的："上完第一节课，同学们都趴在窗台上看雪，这时我看见了妈妈，我赶忙跑出去找妈妈。只见妈妈身穿一件长长的羽绒服，用围巾把头裹得严严实实的，围巾上落满了厚厚的一层雪花，妈妈的手冻得通红，手里拿着一个袋子，里面装着我的水杯。我拉着妈妈冰冷的手，妈妈淡淡地微笑着，用那慈祥的目光看着我说：'早上忘带水杯了吧？以后不要丢三落四了。'妈妈把水杯给了我，转身走了。我一句话也说不出来，我看着妈妈消失在雪中的背影，鼻子酸酸的。妈妈，谢谢您的爱！"

这个孩子读完他的修改后，班内同学不约而同地给他鼓起了掌。我连忙问,他这么写,有什么作用呢?"我"的感受是什么?孩子们争先恐后地回答,可以更突出妈妈对"我"的爱,妈妈冒着大雪来给"我"送水杯,让"我"更加难忘!我们一起把改完的文章读一读:

  事情发生在我三年级的那个冬天,那年冬天雪天很多,室外寒冷得像个大冰箱。

  早上我和妈妈刚一出门,就看到一个银装素裹的世界。天上飘着鹅毛大雪,地上已经铺了厚厚的一层雪,好冷啊,妈妈一直搂着我到了学校。刚进校门,我感觉有点不对劲,然后看了看书包右侧,完了,我忘带水杯了!本来想跟妈妈说一下,可是妈妈送完我已经走了。看来粗心的我只能忍着渴了。

  上完第一节课,同学们都趴在窗台上看雪,这时我看见了妈妈,我赶忙跑出去找妈妈。只见妈妈身穿一件长长的羽绒服,用围巾把头裹得严严实实的,围巾上落满了厚厚的一层雪花,妈妈的手冻得通红,手里拿着一个袋子,里面装着我的水杯。我拉着妈妈冰冷的手,妈妈淡淡地微笑着,用那慈祥的目光看着我说:"早上忘带水杯了吧?以后不要丢三落四了。"妈妈把水杯给了我,转身走了。我一句话也说不出来,我看着妈妈消失在雪中的背影,鼻子酸酸的。妈妈,谢谢您的爱!

  这件事一直到现在,在我的脑海里怎么也抹不去,就像印章一样永远刻在了我的心里。妈妈,您在寒冷的冬天给我送水杯,我永远记得!

文章经全班同学的修改后,434个字,不仅内容丰富了,同学们还充分认识到环境描写的作用。我想这些小作家经过长期这样练习,写作能力定会越来越高的!

巧用贴纸规范学生站立式起跑动作

张 凯

体育与健康课程是一门以身体练习为主要手段，以学习体育与健康知识、技能和方法为主要内容，以增进学生健康成长，培养学生终身体育意识和能力为主要目的的必修课程。本校以"研实文化"为引领，秉承"崇研尚实，点亮生命"为办学理念，注重学生的身心健康发展。本案例以教学站立式起跑动作为例，在体育课上我除了教给学生基本动作外，还要教给学生获取动作的方法和技能，培养学生的创造性和创新思维能力。更重要的是最大限度地调动和发挥他们的积极性、主动性和创造性。

在课上，我设计的主要教学内容是站立式起跑，辅助教学内容是游戏小推车。本节课的授课对象是三年级的孩子，因此在设计完教学流程后，我自信满满，觉得学生一定能顺利地学习好动作要领。但上课过程却不尽如人意，与我想象的千差万别。进入主要教学内容后，我先是给学生做了一遍动作示范，然后把动作详细分解讲解给他们。我注意到在我示范讲解的时候，有一部分学生的注意力是不在我这的，但因不影响整个教学环节的进展，我便接着组织学生练习，然后按照教案的走势抛出易犯的错误。这个动作看起来简单，但是小学生做起来的话，非常容易同手同脚。我给他们讲解着易犯的错误，然后用口述的方式传授着怎么去解决易犯的错误，一再强调要集中注意力看自己是否出现错误了，然后用自行检查和相互检查的方法让学生避免犯错。在他们做练习并进行检查的同时，我也在帮助他们解决问题，正确的方法我说了又说，可是根本不起作用。我观察到无论是自行检查还是相互检查的时候，学生能发现问题，但是纠正起来可真是不容易，好像一时间都听不懂话一样，调整来调整去还是错的。随后的游戏环节和放松操也是草草结束。

究竟问题出在哪里呢？我决心一定要找到解决问题的方法！于是，我找来了本节课的录像带，对着视频仔细探寻，我发现几个基本环节都没问题，大体的框架有，动作技术的讲解也没问题，发现了学生的易犯错误并及时予以纠正。看着看着我注意到，我在讲解的时候部分学生没有认真听，还有学生在知道自己动作错误的情况下，提不起兴趣去改正错误的姿势。这是为什么？看着视频中茫然稚嫩的脸庞，我忽然意识到，面前的学生才三年级，整节课缺少可以吸引学生兴趣的内容，原来我只是一味地讲授和传达，忽略了学生的主体地位，并没有考虑学生需要什么样的课堂，他们是不是真能理解老师所说的话，中低年级的学生，由于他们心理年龄小，需要鼓励和小奖励去带动和引导。于是，我把教案从头到尾重新修改了一遍。

第二次的试讲来临了，我在课前给每个学生都发了三枚小贴纸，并告诉他们这个有特殊的作用，学生们很兴奋。上课了，伴随着轻快的音乐声，学生做完了准备活动。这时我让学生拿出贴纸，边做游戏边把贴纸贴在左脚的脚面上和右手的虎口处，因为是换了一个班讲，学生对这个做法充满了新鲜感。之后我引入主要教学内容，边讲解边示范，学生都瞪大了眼睛看着我，看看那贴纸到底是干什么用的，就这样学生们认真看着我的动作，我组织他们练习。为了避免学生出现同手同脚的错误，于是我跟他们说，让他们在做动作的时候看看，能不能做到自己一低头两张贴纸都能出现在自己的视线里或者都不出现。他们低头调整着，大家都可以做到，这时候我告诉他们："同学们观察看看，是不是只要是同时出现或者同时不出现贴纸的时候，你的动作就是对的？"这时学生一个个观察，调整着。经过学生亲身验证，孩子们开始认识到的确是这样，并且有意地去找贴纸，出现问题不用老师点出来，自己就解决了，这样节省了很多我去纠正的时间，而且在练习时省去了相互检查的环节，节省出的时间可用于后面的自由练习。运用贴纸让每个学生都能看到自己的不足并且及时予以纠正，我在这个过程中也省去了很多重复的纠正话语，避免了做无用功。在最后一项起跑的练习中，在我发出口令后，学生们绝大多数都能一次做正确。一次次的起跑出发，几乎零错误率，看到这一幕幕，我真的很高兴。一枚小贴纸真的可以让学习更轻松快乐，让老师更省力。

一枚小小的贴纸，竟然产生出如此神奇的功效，其实反映出了课程改革的内涵。在课堂上，我的目的不在于传授本领，而在于激励、唤醒、鼓舞学生自主学习的主动性。我教学的最终目标是让学生自己选择、自主练习、自我评价、自我调控，让学生收获快乐，获得满满的成就感。我认为只有这样的教学过程，才能为学生长远的发展提供良好的动力。

小学美术学生图像识读能力的培养

李冬莉

一、以学生的学习兴趣为出发点引领图像识读

爱因斯坦说"兴趣是最好的老师",《美术课程标准》中也强调"要激发学生的学习兴趣……通过发挥美术教学特有的魅力,使课程内容与学生的情谊和认识特征相适应,以灵活多样的教学方法,激发学生的学习兴趣"。儿童的信息接收方式和思维方式,是偏向于具体、直观和生动的一面的。教师应努力营造生动直观的教学情境,激发学生学习兴趣,可以在课堂教学中重视对学生图像识读能力的培养。对于学习美术专业的学生而言,只有具备了较强的图像识读能力,才具备了学好美术的基础。

二、兴趣激发,引导学生提升观看与识别能力

"观看"可以说是"识别""解读"中最简单的一种图像识读能力,也是每位学生都应该具备的基础能力。所以,在小学美术教学过程中,我们要改变以往单一的绘画技巧讲解或者是一味地要求学生进行绘画活动的方式,要通过组织学生进行整体观看活动来直观地感受美术作品的造型、彩色等各方面的特征,并通过思考与探究来学习作品中所包含的美术知识。这样的观看过程,一来能够调动学生学习美术的积极性,帮助学生树立起美术自主学习的意识;二来也能让学生的审美能力得到相应的提高。所以,在小学美术教学过程中,我们要有意识地引导学生进行观看活动,并鼓励学生尝试对自己观看到以及想到的内容进行表达,进而,促进学生美术学

习能力的提高。例如：在教学《字母的联想》时，由于这节课的教学重点是让学生感悟创意字母设计的作用，学习平面设计适形造型的基本方法，进而使学生的创新意识得到提高。所以，为了确保本节课的教学目标得到最大化实现，也为了培养学生的观察能力，使学生的图像识读能力得到锻炼和提高，在进行本节课的教学时，我先借助多媒体向学生展示了不同的贺卡、板报、小报和招贴画，通过有趣的、巧妙的字母设计让学生领悟到美术设计的独特价值，还能为生活增添情趣。引导学生观察身边的字母，从身边入手，使学生了解到字母设计中根据字母的外形联想到人物、动物、植物或物品的设计方法，运用文字的形式形象地将字母与形状相近的物象结合，启发和开阔学生的思路。总之，引导学生从自己的生活经验以及多媒体的辅助来对有关的字母进行观看；当然，除了通过图片背景上的观看之外，我还引导学生去观看设计师的作品以及其他同学优秀的作品，引导学生自主地去观看、去分析。这样的过程要比教师简单要求学生去死记硬背的效果好得多，而且，对培养学生的细节观察能力也有着十分重要的作用。经过这一系列的教学过程我们可以看出，我们通过对已有字母设计的观看，锻炼了学生的观察能力，而且，自己动手的绘画也锻炼了学生的动手操作能力，对加深学生的印象，确保教学目标的顺利实现都起着非常重要的作用。所以，在培养学生美术素养的大背景下，教师要有意识地给学生搭建观看的平台，使学生在观看与思考中逐渐形成欣赏和鉴别能力。

三、提高学生的审美水平，增强学生解读图像的能力

所谓的解读是指对美术作品的分析与鉴赏，其中包括美术作品所传递出来的意义、所表达的中心思想等。当然，解读是图像识别过程中最重要的部分，对小学生来说是最难的部分，也是最难形成的能力。这主要是因为小学生各方面的能力有限，比如：阅历的限制导致了他们对一些美术作品解读不深刻；知识的限制导致了他们看不到作者在作品中赋予的情感，以及作品中运用的更高的美术绘画技巧等等。总之，解读能力的培养是小学阶段美术教学中的难点也是重点。因此，在小学美术教学过程中，教师要在培养学生观察、识别能力的基础上来对学生的作品解读能力进行初步

的培养，从而促进学生美术素养的提升。例如：在教学《京剧脸谱》时，由于这节课是讲我国京剧的相关知识，是传承中华传统文化的重要内容之一。所以，为了确保本节课教学目标的顺利实现，也为了有效地培养学生对作品的解读能力，在进行这节课的教学时，我向学生展示了不同的人物脸谱。第一，是让学生认识到每个戏曲人物的妆容以及穿衣打扮都是不一样的，都是代表着不同的身份特征。第二，是要给枯燥的课堂讲解注入生机，调动学生的学习积极性。因此，在正式授课的时候，我在每张脸谱下面都配上学生熟悉的人物名称，比如：红脸的关公、黑脸的张飞等等，引导学生从自己熟悉的人物身上入手来对脸谱的特点进行初步的认识。比如：红脸的关公代表的是忠义、耿直；黑脸代表的是严肃、不苟言笑等等。总之，从对应的人物入手来引导学生进行解读不仅能够激发学生的美术学习兴趣，也能减轻学生对解读的畏惧感，调动学生的解读兴趣。同时，这种解读方式也能加深学生对不同脸谱背后的内涵的理解，也有助于提高学生的解读能力和识别能力。

四、结语

综上所述，兴趣是学习最好的老师。通过教师的科学辅导，在激发学生美术学习兴趣的基础上，他们的求知欲望就会更加强烈，进而探索未知领域知识的求知欲望也会随之提升，实现事半功倍的教育效果。在培养学生美术核心素养的大背景下，美术教师必须对培养和提高学生图像识读能力表示出高度的重视，在高质量完成好课堂教学任务的基础上积极创新课后实践教学工作，丰富课后实践教学的内容，寻找到合适的实践教学方式来逐步提高学生们的图像识别能力，为全面提升学生美术核心综合素养奠定更加坚实的基础。

情境感知下的个性化学习

徐彬彬

个性化教学的目的是培养学生的创造性,发展学生的个性,促使每个学生都能得到主动的发展。在课堂中,我采用多种形式,调动学生的学习主动性,努力践行"以学生为主体的"的教育理念,在教学中,注重对学生的个性发展进行培养。

一、激发学生阅读兴趣,体现个性化学习

孔子在《论语》中指出:"知之者不如好之者,好之者不如乐之者。"每个人在做任何一件事时,首先要对其产生兴趣,这样才能积极地思考,认真地去做。在语文教学中,教师要调动学生的学习兴趣,处理好"教"与"学"的关系,为学生提供宽松愉悦的语文学习环境,真正体现个性化学习。

在教授小学五年级语文《圆明园的毁灭》一课时,为了让学生了解圆明园今昔的巨大变化,我设计了圆明园"一美一毁"的强烈对比的教学过程,文中描写圆明园辉煌状况的这几个自然段为后文描写圆明园"毁灭"部分的教学埋下伏笔,以爱激恨。通过这个对比,让学生体会到作者的痛恨、惋惜之情,并增强学生振兴中华的责任感和使命感。学生在体会圆明园昔日的辉煌时,我指导学生主要从圆明园的布局美、建筑美、文物美这三方面着手,抓文中的关键语句,理解品读,再配以图片及历史资料,使学生体会到圆明园昔日是如此的辉煌,不愧是我国园林艺术的瑰宝、建筑艺术的精华,不愧是当时世界上最大的博物馆、艺术馆!

在了解圆明园被烧毁时，因为有了之前了解到的圆明园昔日的辉煌做对比，这时，我让学生抓住英法联军的罪行进行学习，并辅以视频材料后，我设计了一个说话练习，更加强调了被毁前后圆明园景象的截然不同。在鲜明强烈的对比下，学生产生了对英法联军罪行的痛恨、对圆明园被毁后的痛惜、对建设我们伟大祖国的坚定的复杂情绪。

这些教学都是依托学生个性化学习为前提设计的，只有保证这个前提，学生才能更主动、更积极地去学习，学习效率才能事半功倍。

二、加大学生参与力度，增强学生主动意识

要秉持因人施教、因材施教的原则。学生的个性差异是千差万别的，正如德国著名的哲学家莱布尼茨所说，"世界上没有完全相同的两片树叶"。所以，在课上，我尊重学生的个性差异，在学习课文时，尽可能提供更多的学习方法。

在教授《圆明园的毁灭》这课时，仅仅通过文字学习，学生是无法想象圆明园当年的辉煌的。如果无法想象当年的辉煌就不能深刻地理解"圆明园的毁灭"在国人心中的痛有多深。因此，在体会圆明园昔日的辉煌时，课前，我让学生搜集了大量的资料，课上，我又出示了一些图片及相关资料，学生在小组内充分交流感知，学生在这种直观感染下对祖国的壮丽山河，对中国劳动人民的智慧，对祖国丰富的宝藏——杰出的艺术品，不由得发出声声由衷的赞叹，也对英法联军的暴行产生了深深的憎恨之情。在此基础上，我让学生把自己对圆明园的赞美、对英法联军的憎恨之情读出来。学生的情绪特别高涨，学习兴趣愈加浓厚。我趁热打铁，让学生在了解了今昔圆明园的变化后，用一句话来说一说此时自己的感受。学生感慨良多，有对昔日圆明园辉煌壮丽盛况的赞美，有对今日被毁灭的圆明园感到惋惜，有对英法联军罪行的憎恨……学生各抒己见，主动参与到课堂交流中，课堂气氛十分活跃。

三、设计形式多样，注重实际获得

民主和谐的教学氛围，有情有趣的教学形式，为凸现学生的个性创设

了良好氛围。使学生在轻松、愉悦、自由的环境内，充分发挥自己的想象力、创造力、判断力。所以，我在课堂上尽量为学生提供这种学习氛围。在教学中，我注意倾听学生的意见，鼓励学生大胆地去说去写。设计的形式也是多样的，以此激发学生学习的兴趣，使他们发展出健康活泼的个性。

在教授《圆明园的毁灭》这篇课文时，整篇文章饱含着作者复杂的情感在里面，有对圆明园昔日辉煌的赞美之情，有对圆明园被毁灭后的惋惜之情，有对英法联军罪行的痛恨之情，有对青少年建设国家的期盼之情。

教师在讲读文章时，要帮助学生揣摩作者这些复杂的情感。在课堂上，我采用了多种方法帮助学生理解课文。比如，在揣摩作者痛惜、赞美之情时，我是这样设计的：首先，我利用示意图让学生理解众星拱月，从而了解昔日圆明园的布局之美；用关联词"有……也有……"进行说话训练，并结合史料、图片，了解昔日圆明园建筑的别具特色，体会建筑美；用抓关键词的方法，了解圆明园文物的珍贵、稀有，从而体会文物之美……学生在了解到了今昔圆明园情景的对比之后，我设计了一个练笔，让学生把自己的情感抒发出来，利用课前搜集的资料动笔写一处祖国的变化。整节课我都注重站在学生认知角度设计教学，注重学生的个性化学习，学生在练笔时能通过观察、资料搜集写出自己的真实感受。

总之，个性化学习是在充分尊重学生个别差异的前提下，强调学生的主体地位和学习价值目标的多重性，强调学生对知识追求的多维性，让学生在轻松愉悦的情境下自主探究的过程中，充分发挥个体的主动性、积极性以及创造性。

目标落"实"的策略研究

刘 瑶

教师的基本教学技能包括了教学设计、课堂教学、作业批改及课后辅导、教学评价、教学研究这五个方面。在新课程标准下，这些基本教学技能是教师素质的最好体现。其中，教学设计又是其中的重中之重。一节有灵魂的课，除了有完美的过程，深度的反思，更少不了这节课需要落实的目的——有"灵魂"的目标。

课堂中的教学目标是每名教师根据本节课的教学内容、重难点以及学生的实际情况而制定的一种具体标准和要求。教学目标是教学目的的具体化，是整节课的教学方向。教学目标是否达成足以判断本节课的教学是否有效。目标可以管控教学过程，对整体的教学具有指导意义。换句话说，教师对于本节课设计的目标既是教学的出发点又是学生学习的依归，学生一节课结束以后达到了怎样的学习成果都是由教学目标来进行明确阐述的。教学目标的分析与确定是教学设计的最初起点，是教学中明确的方向指引，也是测量和评价学生是否真正的实际获得的标准。

在课堂中，教学目标的是否达成起着决定性作用。目标主要分为知识与技能、过程与方法、情感态度和价值观。每一节课的目标都是教师根据这些具体目标以及孩子们的实际情况而分析确定的，所以一节课是否真正的有效取决于目标是否达成。那么，教师设计的教学目标究竟该如何落实与达成呢？

（一）教学目标设计更趋合理

首先，教师要了解学生在本块儿内容上的基础掌握得是否扎实，并对教学内容进行整理合并，选择能够体现本节课知识点的重难点，以及最需要学生掌握并进行培养的技能和能力来作为本节课的教学目标，但教学目标定得不宜太多。目标太多容易抓不住重点，同时也不利于检测学生当堂所学知识的效果。

其次，教学目标的设计要具有层次性。即使在同一班级，学生们也都是独立的个体，在基础知识掌握、理解能力强弱、经验的多少等方面都存在着很大的差异。所以，在制定目标时，要有基础的目标，也要有拔高性的目标，在教学中要体现学生的主体地位。

接着是教学目标的表述要准确规范，评价要完整。通常，在目标的设计中，教师们都会写"知道了什么、了解什么、体会什么、懂得什么"等等这样一些表达，但是这些表述词都较为含糊，没有确定性。在新课标中也明确提出，教师在表述目标时要具体可行、清晰明确，比如把"为什么"改成"怎样做"，这样的目标才真正有价值和意义。对于目标的评价，要切记不能以偏概全。有的教师可能只注重了"知识与技能"，只看这节课学生学到的知识的多少，拓展的知识有多少；也有的教师只关注了"情感态度与价值观"，认为学生的思想受到了熏陶才最重要，忽略了"过程与方法"。其实，"知识与技能""过程与方法""情感态度与价值观"这三部分是一体的，紧密相连，环环相扣，在目标的确定中是缺一不可的。所以，教师要特别关注教学目标是不是具有完整性，是否做到了所有方面的整合。

最后，教师设计的教学目标要能够兼顾学生知识的学习，还要看重学生能力的提高，让学生在课堂中各个方面，包括情感和价值观上，都要有真正的获得。

（二）操作过程凸显实效

教师要注重本节课重难点知识的系统构建，以制定的教学目标为主体方向，理清教学过程的整体脉络，不要让学生的思维产生混乱。要恰当地利用课件和多媒体，提高课堂的效率。新课改体制下，多媒体的使用在教学中发挥了非常好的作用，有效地融合了传统的教学方式和现代的教学方式，二者相辅相成、互为补充，优化了课堂的教学质量，让学生能够更生动形象地接受所学的知识内容，更易于达成本节课的教学目标。

教师在课堂上提出的问题都要保证是有效问题，不能脱离本节课的目标。对于教师来说，会提问题也是一种能力。教师的问题要有目的性地抛出，提出的问题要有价值。问题的意思要传达清楚，能让学生明确目标，知道"我要做什么"、思考"我该怎样去解决"，给学生以明确的指引。

调动学生学习与思考的积极性，让学生真正地成为课堂中的主人。对于小学生来说，生动的情境引入，或者故事绘本引入等都能让学生们有很强的代入感，让学生们觉着有意思，而不是认为这节课跟我没太大关系，随便听听就可以了。其次，在学生的积极性调动起来以后，如何使之保持下去也是重中之重。这就要求教师在每个教学过程环节中，对学生的要求一定要明确，要根据每个孩子的不同情况以及前期制定好的不同的目标来安排任务，避免学生无从下手或者觉着太过容易而不深入思考。而且通过教学经验我们会发现，当孩子做对了题目或者积极回答了问题之后，教师的一句表扬或者激励性语言，比如"你真棒""你太会思考了""你的声音真洪亮"等都会让学生更加自信和积极，对于整节课目标的达成起到事半功倍的作用。

"冰冻三尺，非一日之寒"，一节完整的、真正有效的课堂，需要教师体现自己的素质，把自己放在学生的位置上，从学生的角度出发，而非一味地照书讲。从制定合理的教学目标到把目标真正体现在教学过程的每一个细节中，这才是真正地感受学生的思想、体会学生的情感。作为教师，我们的责任就是让学生在每一堂课中都能有所收获，有所提高，有效地利用课堂上的时间，把目标落到实处，让每一节课都是最优的！

以不变应万变，突出本质

——《植树问题》听课体会

柳玉轶

《植树问题》一直被很多学生、家长和教师视为一种很难的实际问题，难的原因应该是植树问题的变式多种多样：有非封闭路线两端都种、非封闭路线只种一端、非封闭路线两端都不种树，也有在封闭路线上种树，还有看似不是植树问题的"植树问题"，如：锯木问题、上楼梯问题、敲钟问题、排队问题等。

曾经听很多老师讲过《植树问题》，我自己也讲过，我觉得多数教师都特别重视关于"植树问题"的三种不同类型的区分，即所谓的"两端都种""只种一端"和"两端都不种"，也都普遍采用了"学生独立探究（或分组探究）、反馈交流、教师总结"的模式进行教学，并将"三种情况"的区分以及相应的计算法则（"加一""不加不减""减一"）看成"规律"让学生牢固地掌握，从而能在面对新的类似问题时直接加以应用。但是又有多少学生能熟练地运用规律，很好地把植树问题的解决方法与生活中相似的现象进行知识链接呢？

纷繁的题型经常让学生们束手无措，作为教师的我们该怎样让孩子们在变化的题目中，发现不变的规律，以不变应万变呢？这就要求教师们在平时的课堂上时时渗透"变与不变"的数学思想，回归问题的本质，化繁为简。

最近有幸听了我校年轻教师李老师讲的《植树问题》，大致流程也和以往的没有大的区别，但给我最大的感觉就是"简约而不简单"。对于一个新教师来说，这是多么难能可贵！

一、开门见山，直奔主题

李老师的课没有花哨的引入，而是开门见山，直接以生活中的两组照片发现间隔数与点数的关系，但却没有过多总结，只点到为止，有点儿润物细无声的感觉。

二、问题开放，一举多得

学习单中的一道"在一条 20 米的小路一边种树，每隔 4 米种一棵，一共需要种多少棵？"的开放题，没有具体情境，也不做过多解释，孩子们利用手中的学具，亲自尝试，思维完全打开，三种植树方案自然生成，孩子们趣味盎然，交流时出现的答案多有分歧，但又都理直气壮，课堂因为学生的自信而更加精彩。这一环节的设计真是一举多得，是本节课的一大亮点。

三、总结及时，渗透思想

"授人以鱼不如授人以渔"，整节课李老师总能及时小结，在各个环节渗透数学思想。学生在交流自己的植树方案时，教师能适时追问，用"一一对应"的思维方式验证学生的方法是正确的；学生动手实践后，教师适时借助"数形结合"的思路引导学生证实自己的考虑是全面的；当探讨三种方案的计算方法时，教师使用了数形结合的方法，植树棵数和间隔数之间的关系便迎刃而解；在三种方案都已经被学生理解接受时，教师继续及时引导学生归纳发现"什么变了，什么没变，为什么"等问题。在这样的提问中，再次让学生发现问题的本质，在变化的植树方案中，找到不变，发现规律，渗透"变与不变"的数学思想和化归思想，帮助学生建立模型。

李老师的课给我的感触很多，值得我学习。对于一个刚参加工作不久的新教师来说，这样的课堪称膜拜的标准范例。但教学是一门遗憾的艺术，有遗憾才会有进步的空间，希望我们每一位教师都能在自己的课堂上少些遗憾，多些积累和改进，提高自己的业务水平和处理课堂生成问题的能力，让自己更加优秀。

浅谈如何落实小学语文教学目标

王 静

在小学语文教学过程中，我们要树立明确的教学目标意识，要清楚一切教学活动都是为教学目标服务的，如何能够高效落实小学语文课堂的教学目标呢？笔者将从以下三个方面进行阐述：

一、课前找准目标

1. 认真研读教材，找准目标

现在我们小学语文教材统一使用的是部编版教材，这套教材在编排过程中已经明确提示了我们每单元的教学目标，即单元前面的人文主题及语文要素。教材中出示的单元主题及语文要素无非是本单元的教学重点，因此，把握住单元主题我们就找准了单元的教学目标。

2. 认真学习教参，细化目标

教学参考书是教师在教学过程中重要的参考材料，在备课前我们一定要认真学习教学参考书，在明确了单元教学目标的前提下，我们在教参中可以找到每课的重点教学目标。比如，在部编版教材小学语文三年级上册第四单元中明确规定了本单元要学习一些预测的基本方法，而在本单元中设计了三篇课文，虽然三篇课文有着同样的教学目标，但每篇课文的目标重点是不一样的，这时候，我们就要认真学习教参中给出的提示。对于本单元的三篇课文，教参中给了我们明确的提示：第一篇课文《总也到不了的老屋》的教学目标为能试着一边读一边预测，知道可以根据题目、插图和故事内容里的一些线索进行预测，初步感受预测的好处和乐趣。第二篇课文《胡萝卜先生的长胡子》的教学目标是能一边读一边预测故事内容，初步感受边读边预测的好处和乐趣；能根据故事的实际内容修正自己的想法。第三篇课文《小狗学叫》的教学目标是能预测故事的结局，并将自己的预测与原文进行对比，体会预测的多样性，感受边阅读边预测的乐趣。由此可见，三篇课文每篇的教学目标的侧重点都不同，而且是循序渐进地完成本单元的教学目标。明确了这些，我们在准备教学时就能正确而准确地把握教学目标了。

由此可见，小学语文教学目标的确定不是教师根据自己的经验或喜好确定的，它是有据可依的，我们要认真研读教材教参，找准教学目标。

二、课上把握目标

课堂教学是教学过程的重要环节，在课堂教学过程中，我们要环环紧扣目标，每个环节的设计都要为目标服务，这样才能更好地达成教学目标。课堂教学过程中，要做到以下几点才能落实教学目标：

1. 导入直奔目标

导入环节是课堂教学的第一个环节，导入课程的过程虽然简短，但是却对本节课的学习起着重要的目标指向作用。导入环节应该简单明了、指向明确，不能繁冗复杂、指向不明，这样学生在课程开始时就对本节课的学习内容与目标有了明确的认识，后面的学习才会更为轻松而明确。

2. 流程围绕目标

教学流程的设计也就是整个课堂教学的主体部分，要紧紧围绕教学目标来设计。语文知识的学习是琐碎的知识点的积累过程，这就要求我们在每节课完成本节课的教学目标的前提下要适当加入字、词、句、段学习过程中需要积累的内容，既要保证高效完成本课教学目标，又要扩充课堂容量，提高课堂效率。这就要求我们合理把握课堂流程的各个环节，一定不能让复习的练习点喧宾夺主，影响了本节课的新授知识点的学习。

教学流程中活动的设计要紧扣目标。在教学过程中，不论是教师活动，还是学生活动，都应该是为教学目标服务的，不能为了活动而活动，要使活动紧扣教学目标，让学生在活动中有所得，对完成教学目标确实起到推动作用。

课堂总结要拓展目标。在每节课后，我们会对本节课所学内容做整体的梳理，使学生明确本节课所学内容，在进一步提示目标的同时，还要拓展目标，让学生的学习实现分层教学，也让学生的学习不仅仅停留在课堂上。

另外，在教学过程中，我们要做到语言精练。教师要合理设计教学语言，语言精练不仅能节省时间，提高课堂效率，还能使学生更直接明确地接收到所学信息，不用再做信息提取工作，学习效果也会更好。

三、课后练习强化目标

课后练习也就是我们通常为学生布置的作业。作业的设计一定要围绕本课教学目标，对本课重点目标进行强化巩固，让学生在课下进一步消化所学知识，从而掌握学习重点。

综上所述，高效落实小学语文课堂的教学目标要关注到教学的每一个环节，从备课到上课再到课后练习的安排设计都要以教学目标为导向，以此实现高效课堂。

营造趣味数学课堂

金 宇

托尔斯泰曾经说过:"成功的教学,所需的不是强制,而是激发学生学习的兴趣。"从踏入教育行业到现在,我已在三尺讲台耕耘了三年,时间虽不长,但感慨颇多。回忆读书时对数学的印象,除了做题就还是做题。记得那时自己就在心中默默发誓:长大我要是当数学老师,就绝不布置这么多作业,让学生们天天玩。儿时的想法虽然多少有些幼稚,但仔细想想,教师每天让小小的孩童们握着铅笔,埋头练习、计算,沉迷于题海之中,这样的教学方式也实在不可取。这既不符合儿童的年龄特点,也不符合儿童的数学教育发展规律,更不能引起儿童对数学的兴趣。新一轮课程改革也要求我们"教会学生学习,培养学生自主能力"。我认为小学数学教学的主要任务之一就是努力激发、培养学生学习数学的兴趣,使学生享受到学习的乐趣。那么,怎样才能激发培养学生的学习兴趣呢?

一、在数学情境中,趣味盎然地学习

数学源于生活,生活中到处充满着数学。教师应为学生创设良好的数学学习氛围,让学生陶醉于数学情境之中。这里的"情境"主要指教师通过讲故事、创设生活场景、采用多媒体课件等教学手段使学生置身于学习数学的氛围中。教师要根据教学内容,了解学生已有的知识经验,找准学习的起点,以数学特有的美感和自己的教学特色与魅力去感染学生,创设具体的教学情境,激发起学生的好奇心和求知欲。例如:教学五年级"平行四边形转化成长方形后面积和周长的变化规律"时,让学生用准备好的一个活动的平行四边形拉对角，使平行四边形发生形变，让学生观察思考，引导学生发现在拉动过程中这个图形的周长和面积分别发生了怎样的变化。学生通过动手操作很快发现了在变化过程中，平行四边形的周长是没有变化的，还是由这四条边组成，而面积在形变中发生了变化，当此平行四边形变成长方形时，面积最大，结合面积公式，学生可以独立解释其中的原因是什么。这种发现学生得到的不仅是变化规律，而且使学生通过现象看到了本质，在探究与操作中学会了认识事物、探究知识的方法。学生有了兴趣，就会很快地投入到学习中去。

小学高年级学生是这样，低年级也应如此。小学低年级学生对于抽象的知识往往难以掌握，但教师如能根据条件，因地制宜地采用多媒体课件教学，尤其利用多媒体图、文、声、像并茂这一优点，刺激学生的多种感官，把抽象的数学知识具体化、形象化，激发学生的兴趣，将更有利于教学。低年级很多数学知识都适宜制成多媒体课件，如：口算、乘法口诀等口答类题目。另外，我觉得教师还应努力拓展学生的眼界，促使学生主动地用数学的眼光去观察生活、思考数学问题，培养学生应用数学的意识。例如，我们可以在教室里设立"生活数学栏"，展示学生采集的生活数学题。总之，这种在情境中学习数学的教学方法，对教学将起到事半功倍的作用。

二、在游戏活动中，轻松自如地学习

游戏、玩乐，是儿童的天性。课堂上教师组织学生开展适当的游戏活动，既有助于学生体力、智力、交际能力的发展，又有利于激发学生的学习兴趣。国内外的实践也证明，科学地采用游戏教学将极大有利于学生学习效果的提高。我就经常在教学中采用做游戏这一教学手段，且收到了较好的教学效果。例如，在学习分数的时候，我带着学生做了一个数学小游戏——分饼干，把七块饼干平均分配给十个小朋友，可是不能把任何一块饼干切成十等份。题目规定，不能把任何一块饼干切成十等份，可是并不限制把饼干分成小块。要是把其中的五块各分成两半，那么，就得到十小块一样大的饼干；再把剩下的两块各分成五等分，又得到了大小相等的十小块饼干；然后，把它们分给十个小朋友。这样，问题就解决了。学生在拿到题目的时候一定是一头雾水的,这时就可以通过小组合作,培养学生的团队精神,通过探究讨论,发挥群策群力效应。这样做一方面复习了分数的意义,让学生进一步理解何为"平均",另一方面又激发了学生主动思考的意识,发散了学生的思维。数学注定不是被条条框框规定起来的学科,这类改大份为小份的问题,不仅对理解分数的意义有帮助,还激发了学生的学习兴趣,更为学生开启了思考问题要有灵活意识的思路,让学生明白原来数学也是如此有趣,同时使学生体悟到数学不仅仅存在于书本之中,还有很重要的生活应用。

学生们在感性直观、轻松自如的游戏中,感知了抽象的数学的理念,其乐融融,教师又何乐而不为呢?

三、在数学竞赛中,紧张积极地学习

大量事实表明,竞赛是激发学生学习动力的有效手段。学生们求知欲望强,表现欲强,希望自己能受到老师和同学的信任和赞扬。教学中,可开展"比一比""争当小小数学家""算术擂台赛"等学习竞赛活动,使学生在竞赛中学习知识、增长才干,不断提高学习的积极性。在教学中,我经常组织"比一比,赛一赛""夺红旗"之类的竞赛活动。

培养学生数学兴趣,使学生养成良好的学习习惯,为学生终身学习持续发展奠定基础,是小学阶段教育的重要任务之一。随着时代的发展,对小学阶段数学教育也提出了新的更高的要求,小学数学教育要关注学生创新意识和创新能力的发展。因此,对学生学习数学的兴趣不仅仅是传统意义上的,更重要的是赋予了新的内涵。从某一种意义上来说,小学阶段学生养成浓厚的数学学习兴趣比获得了多少知识更重要。古人云"授人以鱼,不如授之以渔",新一轮课程改革也要求我们要"教会学生学习,培养学生自主能力",所以当我们面对天真烂漫、活泼可爱的孩子们还是少点埋怨、苛责,多在提高学生学习兴趣上下功夫,认真钻研教材,在教学理论上动些脑筋,有句话说得好,"兴趣是最好的老师"。这样的学习过程让学生感受到学习数学有意思,从而激发了学生学习数学的兴趣,由此产生强烈的学习需求,而且还把学习的主动权交给了学生,真正把学生推上了学习

的主人的地位。

贯彻落实我校崇研尚实的办学理念,就要在激发学生学习兴趣的同时,将思维训练的课堂模式与日常教学更好地融合。此外,还应以崇研尚实型课堂为根本,以思维训练模式为提升,逐渐形成有趣味性的、有数学素养的课堂,从而使学生的数学思维得到更好地扩展。

充分利用校园资源，激发学生考察兴趣

张 楠

低年级学生对身边的自然事物充满了好奇心，他们有着不同于其他年级学生的旺盛的求知欲。基于对《小学科学课程标准》的研读，我发现生命领域部分对于低年级学生的指导意见是，能够认识周边常见的动物和植物，能简单描述其外部主要特征。科学探究的相关的标准是低年级的学生在教师的指导下，能够从对具体现象与事物的观察、比较中提出感兴趣的问题，能够利用多种感官或者简单的工具观察对象的外部形态特征及现象，并且能用语言初步地描述信息，能够简单地与同学交流和讨论。低年级学生对于周围的自然环境有着天然的学习兴趣，想去探索。我们教师需要做的就是给他们创造条件并给予一些科学方法指导。

下面我就以一年级科学《考察大自然》一课的教学为例，阐述我如何充分利用校园里的自然资源，通过带一年级学生进行自然考察，以提高学生的科学素养。

一、课前准备，充分做好预设

在课前，我充分考虑到一年级学生年龄小、自我保护能力差、尚未形成小组合作意识等不利因素，因此，在大自然中讲课必然不能像在教室中一样，一定要充分了解学生活动的地点，提前排除安全隐患。我来到我校的小花园中，发现这里有草坪，有花坛，有大石头，有各种各样的草本、木本植物，学生在这样的环境里考察一定有很多发现。我把小花园按照活动区域分成了7个组，并且在每个区域比较高、比较显眼的位置挂上一个组牌,上面写着"第一组""第二组"……以此类推。挂好组牌后我又把每个组的活动区域拍在照片里。

课上的分组我也是充分考虑到学生年龄较小,班里的同学还认不全,而且由于疫情,学生在学校都是佩戴口罩的。这些因素都为室外的小组合作考察增加了不少难度。为了解决这个问题,我提前给学生制作了组牌,可以挂在每个小组长的身上,组牌上也是写着"第一组""第二组"……与活动区域挂的组牌可以一一对应。这样,学生能够通过找组牌的方式找到小组长和对应的活动区域,还可以增加小组活动的趣味性。

二、利用生动的课堂导入,充分激发学生学习兴趣

(一)导入部分

师:我们一起看看达尔文在考察大自然的时候都做了哪些工作?(播放视频。达尔文小时候喜欢考察大自然,经常在下课后去考察大自然,收集各种各样的动物、植物、矿石的标本,他再对这些标本不断地进行研究,这样坚持了三十多年,写出了《进化论》这本书。)看了这段视频,你从达尔文的身上学到了什么?

学生1:我学会了达尔文的坚持。

学生2:我也想和达尔文一样去进行大自然里的考察。

学生3:达尔文采集了很多动物、植物的标本,而且他坚持了几十年。

学生4:我想和达尔文一样研究矿石标本。

师:那这节课老师就带大家去考察大自然,看看同学们能不能和达尔文一样有很多的收获。

(二)分析

上课时,教师先通过达尔文考察大自然的故事导入,引发学生的学习兴趣。学生知道大自然中有各种小动物、植物、土壤、石头等等物品,我们可以考察并且带回2-3样自己感兴趣的东西细致研究。教师对图片进行讲解,通过三分钟左右的时间就让学生了解了自己的分组情况和考察范围。再利用两分钟左右的时间分发实验材料和组牌。教师有效地进行资源整合,

让这些为考察大自然而做的辅助性工作变得简单明了，节省时间，这样学生在课堂上就有充足的时间在大自然中细致地考察，有效突破课堂的重点、难点。

三、适当提问，引发学生思考

在学生考察大自然的活动过程中，教师要抓住时机启发学生。学生在自然考察时教师要进行组间巡视，巡视的过程中可以抓住时机适当地启发学生，让一年级学生产生遇到问题勤于思考、及时和组内成员讨论的意识。学生在考察大自然的时候会产生各种各样的问题，这些问题都不用教师去解答，相反的，教师还要继续发问，引导学生思考更多的问题，产生的问题越来越丰富了，考察大自然的目的也就达到了。

《考察大自然》的下一课是《大自然的发现》，所以本课的重点就落在了上一个环节，也是整堂课中花费时间最多的地方。通过这堂课，学生进行大自然考察，并且发现了很多问题。通过本节课的学习进一步增加了学生对于自然考察的兴趣，也有助于引导学生将这种兴趣延续到课外，去公园、野外等更加广阔的地方进行考察大自然的活动。

会问则会学

朱晓辉

"自提问题",是指学生在语文课堂上积极动脑思考,去感觉新知识学习的过程中自己有哪些领悟、疑问、创新,愿意把它表达出来的一种积极的欲望。"自提问题"就是面临一个新知识,不仅仅去理解、接受,而且在学习的过程中知其然还要知其所以然,多问几个为什么,学会思考。有了这个意识和能力,对于知识必然是学得懂、学得透、掌握得扎实。在此基础上才会有所发明和创造,这是一种十分重要的能力。提问能力对创新精神的培养具有不可小觑的作用。从古至今,只有善于探索问题、挖掘问题的人才更具有创造出新颖事物的能力。目前存在下面这种情况,随着学生年龄的不断增长,学生的自主提问意识愈发薄弱,这造成学生问题意识严重缺失。因此,教师要从实际教学环节入手,逐步增强学生提出问题的能力,创建轻松愉悦的教学环境,并不断地更新自己的教学理念,通过合适的契机去积极诱发学生的问题意识,从而进一步促进学生思维火花的迸溅。本文将从以下几个方面对学生提问能力的培养策略进行探索。

一、创设氛围

让学生"有疑敢问"。新课程标准强调培养学生的探究意识和发现问题的敏感性,鼓励学生自由地表达、有个性地表达、有创意地表达,发展学生独立阅读的能力。新课程标准要求善于发现问题、提出问题,对文本作出自己的分析和判断,努力从不同的角度和层面进行阐述、评价和质疑。探究学习是以问题为载体,创设某种情境或平台,引导学生自主收集、分析、处理信息的学习方式。"疑"是开启创新思维的火花,"问"是追求的动力,质疑是探求知识的开始。小学生年龄小,很容易被情绪左右,当他们处在愉快的氛围中时,思维特别活跃,就会积极思考,愿意表达,主动参与。反之小学生则处于被动地位,消极地坐听。这时教师要发挥主导作用,调动学生积极提问的情绪,创设愉快学习的氛围。当学生提出有价值的问题时要给予鼓励,下次他们就会更加积极地提问。当学生提出不恰当的问题时,理应得到纠正和指导,而不是被斥责,这样下次他们还会去试着提问题,积极思考。当学生有了问题后,不敢举手,脸上现出犹豫之色时,教师和颜悦色的鼓励会促使学生迈出大胆发言的第一步。当你的班级里消除了"陪坐生",消除了提问发言的死角时,你的班级就达到了课堂上的最佳学习状态。为了巩固这种状态,我把学生分为几组,优生差生搭配,以好带差,由优生担任组长,组与组之间展开竞赛,问题提得好的就可以得到奖励,以此充分调动学生质疑的积极性。为了能提出疑问,他们用发现的眼光来读书。这样就能引导学生从被动学习向主动探索转变,同时学生也得到了思考、质疑后的新发现。

二、教方法

让学生有疑会问。让学生学会提问题的本质在于引导学生发现问题并提问。新课程标准中要求教师在教学过程中"应与学生积极互动、共同发展""注重培养学生的独立性和自主性,引导学生质疑、探究"。因此,在课堂教学中,教师要坚持"师生互动"的原则,积极引导学生质疑、探究,让学生养成积极主动提问、互相答问的习惯,从而有效地调动学生学习的积极性和主动性,较好地将创新教育融入课堂教学之中,培养学生的创新思维品质和能力。

1. 在文章题目及文字整体结构上提出问题

新的教科版教材不再有课前的预习提示。但我觉得对三四年级的学生来说,刚刚进入段篇的教学阶段,预习时还是有章可循的。于是我设计了指导学生预习的提纲。其中针对文章题目及整体结构我要求学生从以下方面思考:①文章确定了一个什么样的题目,你有什么疑问?②全文写谁(什么）干什么（怎么样）的事，大致可以分为几个部分？③在文章结构上你有什么疑问？在预习过程中学生循着这个提纲指引的方向去思考，就可以找出疑问了。

2. 针对词句标点进行提问

在初读课文阶段，学生由于受知识面狭窄的限制，常常遇到很多不理解的词语句子和标点。我让学生找出那些通过查字典仍然解决不了的问题，拿到课堂上来提问。我指导学生先找出词的本来意义，再思考作者为什么用这个词语，这个词语有怎样的感情色彩。在指导学生针对语句质疑时，我教给学生到课文中去找一找的方法，即找出哪一段、哪一句是重点段、重点句，并思考原因。通过这样的指导，我发现学生会读文章，会思考问题了。一个学期下来，学生的阅读水平有了很大的提高，多数学生能够提出有训练价值的问题了。

三、再提高，让学生有疑善问

敢问不难，会问通过努力也能做到，而要做到"善问"却不太容易。这与学生理解教材的深浅、知识的多少、思路的广狭、观察的粗细以及生活实践的差异都有着密切的关系，对于那些提不出有质量的问题的学生，要特别耐心地启发诱导，让他们在质疑答疑的过程中，得到提高。而对于提问已有一定水平的学生，教师要认真研究学生的思路，发现他们思维的盲点，逐步培养他们在思考中善于抓住主要矛盾、抓住本质事物、抓住事物内在联系和具有规律性的东西的能力。这时学生的问题已转向不理解的句子、文章的层次、语词的修饰等方面，学生的思维能力已经取得长足的进步。对一个个问题的解决，教师要清醒地认识到，绝不能只满足于得到"结果"，而要把工夫下到解决问题的过程中。在这个过程中，引导学生学会思考，提高思维深度，同时积累丰富的语文知识。例如，《飞夺泸定桥》中第一自然段和第六自然段都是从桥、水、岸三个方面描写天险的，为什么一详一略，省略一段可以吗？合并在一起行不行？通过讨论研究，学生认识到了概括叙述和具体描写两种写作手法的特点和不同的用处，提高了读写能力，比教师在他们作文本上批一百次"内容空洞、不具体"要管用得多。长期如此，学生提问的意识增强了，质疑问难的质量越来越高，学生探索精神也越来越强，课堂上便会形成主动、活跃、热烈的学习氛围和局面。最终，正如叶圣陶老先生所希望的那样，学生"上课之时主动求知，主动练，不坐听老师之讲说"了。这不正是我们教师在课堂上所希望看到的状况吗？新课程呼唤教师及时更新教学理念，不断关注学生学习方式的变革。同时在日常的教学过程中，教师应该增强学生提问的意识，不断活跃学生的思维，创建融洽的课堂提问氛围，从而为学生的终身发展奠定坚实的基础。

让学生在课堂上自主飞扬

张乃清

以往的教学中,学生缺乏实践和探究的机会,分析、解决问题的能力得不到锻炼。为了解决这个问题,建构充满活力的语文课程,促进学生个性的解放,最重要的一点就是让学生成为课堂的真正主人。让学生在教师的指导下,通过能动的、创造性的学习活动,学会发现、学会探索、学会学习、学会创新,实现自主发展。

一、自主发现

即让学生主动地感知课文内容,了解课文提供的信息,并将信息进行整理,从而学得愉快、学得主动。

如在教学《天然动物园漫游记》一课时,我并没有一上课就按部就班地教学,而是对学生说:"同学们,我们都去过或者了解动物园,那里有憨态可掬的大熊猫,有调皮可爱的小猴子,有高雅端庄的长颈鹿等等,一定给你留下了深刻的印象。今天我们要学习的这篇课文也为我们介绍了动物园之中的可爱动物们,但它和你见过的可不一样,我相信同学们读了以后一定会有所收获的。下面我把十五分钟的时间交给你,请你认真读课文,等会儿请你们谈谈读后的感受。"十五分钟很快就过去了,交流的场面可热闹了。有的说他仿佛看到了泰然自若、形态各异的斑马在辽阔的草地上吃草、撒欢,互相嬉闹;有的说他看到了一幅巨大、迷人的风景画,一群长颈鹿正在树荫下驻足休息;有的说他看到了一幅"草原之王"一家其乐融融的图画,没想到,平时以凶猛著称的狮子居然也有如此可爱的一面;

还有的同学说了顽皮的非洲基马猴、有恃无恐的河马、慢吞吞踱步的大象……学生自读课文后所谈的这些"感受",都是学生不同层次的自主发现的结论,是学生在阅读课文后捕捉到的语文信息。而随着学生交流的开展,课文的知识也就在不知不觉中掌握了。

平时,我还经常鼓励和辅导学生对语文课上自己的零星发现进行整理、归类,并帮他们将之命名为"常规发现""特别发现""伟大发现"……这样一来,学生的自主意识就增强了。

二、自主探究

即让学生在语文学习过程中,自己去发现课文中的问题,并通过多种学习渠道寻求解决的方法和途径。

在教学过程中,教师一定要注重发挥组织者的功能和作用,要大胆放手,相信学生,让学生用学到的知识、技能和方法来充分地开展自主学习,让学生能自己确定学习目标,提出从而掌握新知识,进一步完善他们原有的认知结构。

学生是学习的主人,他们有权参与教学过程的管理,有权用自己的学习方式进行学习。

在平时的教学中,我要求学生把课前预习过程中遇到的问题记录在"问难集"中,然后想办法解决,解决不了的再带进课堂中,师生共同交流讨论。如在教学《小狗儿与大画家》一文时,对于课文中多处出现的破折号各起什么作用,有的同学提出了质疑。课堂上,我把这个问题"丢"给了同学们,课堂气氛顿时活跃起来,大家根据自己对课文的学习、理解各抒己见,讨论十分激烈,最后解决了问题。通过自主探究学习,在帮助别人的同时,其他同学又一次对破折号的用法及作用加强了理解,也就更便于掌握了。整个教学过程,学生把自主探究的问题带进了课堂,同时也把爱思考的好习惯带了进来,而且培养了学生的合作意识。

再如,教授《凡卡》一课时,我鼓励学生按自己的想法学习课文。于是,有的学生提出,课文比较长,可以先读信的内容,再读凡卡的回忆;有的说,可以采取对比法分两方面读。这就是自主探究,一种让学生兴致勃勃,头脑充分思考起来的学习方式。当学生说出自己设想的学习方法及其理由时，实际上是给自己制定了几个不同的学习目标，对于自己定的学习目标，学生自然产生一种负责任意识，他感到是在为自己学习，其投入的心力、耐力和毅力是不可估量的。如果说教师一再要求学生这不行那不能是对孩子独立思考权利的剥夺的话，那么，总对孩子说"应该这样做""应该这样想"，不也同样是一种剥夺孩子思考权利的行为吗？

在以学生为主体的学习活动中，教师的角色应该从"裁决者"转变为"促进者"，不能也不应该代替学生思考，而是应大胆放手，引导学生自己去思考，去发现问题，这样才能促进学生长远地自我发展。

三、自主欣赏

即让学生自己去体味语言文字的魅力，在体味语言文字的过程中积累知识、陶冶情操，从而提升语文素养。

《语文课程标准》首先凸现的是语文素养的培养问题。它在前言部分明确指出"九年义务教育阶段的语文课程，必须面向全体学生，使学生获得基本的语文素养"，"全面提高学生的语文素养"。这个极具时代性的理念包括两点：一是要面向全体学生提高语文素养；二是要全面提高学生的语文素养。

因此，教师高超的教学艺术，不仅反映在引导学生通过语感反复实践诵读，在认识上、情感上积淀培养语感，而且更表现在引导学生从炼字的角度品味语言。

在语文课上，我要求学生从课文中摘录自己喜欢的好词佳句，并说出摘录的原因，然后将之记录在自己的记录本中进行积累，以便提高写作水平。如在教学《松坊溪的冬天》一课时，有的同学说："我把文中'像柳絮一般的雪，像芦花一般的雪，像蒲公英的带绒毛的种子一般的雪在风中飞舞'摘录下来了，因为它把雪从形态到颜色写得太美了，读到它，就使我感觉好像到了冬天，漫天的雪花纷飞，真是一个迷人的白雪世界。"有的同学在学习了《林海》后，积累了"目之所及，哪里都是绿的，的确是林海"一句，他说："绿的山，绿的树，绿的一切，简直太美了，如果我们每个人都能保护好身边的环境，让整个地球都变成绿的海洋该多好呀！"这一自主欣赏的过程，不仅使学生自己体味到了语言文字的魅力，而且还可以带着同学一起欣赏、体味、感悟，陶冶了情操，培养了语文素养。

四、自主反馈

即让学生将学到的知识信息有条理地进行巩固、反馈。

作为语文教师，在教学中，应努力引导学生在学习语言文字的同时，感受语文的思想内涵，受到语言文字的熏陶感染。

由于在语文实践活动中学生认识了对联这种文学形式，此后兴致一直很高，因此，在学习《詹天佑》一课后，有的学生提出想用对联来表达对这位为国争光的杰出人士的崇敬，我感到这是一个很好的创意，于是就把学生分成几个小组，让他们结合对课文的理解仿写一副对联。顿时，平静的课堂立刻活跃起来，他们有的思索，有的兴奋地议论……那认真劲儿，真让人感动，原来孩子们的创造欲望竟然如此强烈！出乎意料的是，有的学生还建议："老师，加个横批吧！"最后，学生经过热烈的讨论，写出了很多，如，上联：八达岭，中部凿井高效率，下联：居庸关，两端开凿工期短，横批：智慧超人；再如，上联：清政府自修铁路，灭洋人威风，下联：詹天佑挂帅京张，长国人志气，横批：为国争光；上联：翻山越岭不辞劳苦，下联：为筑京张鞠躬尽瘁，横批：身先士卒……学生在通过自编对联进行自主反馈的过程中，把詹天佑为国争光的精神、严谨的科学态度、艰辛的劳动、杰出的智慧和才能一一展现在我们的面前，这位中国铁路之父的形象，就如同青龙桥车站的那座铜像，清晰可见。反馈是学生结合自己的基础进行的反馈，是自觉的行为、主动的行为，因此，反馈后的效果是良好的。从这一环节中，我们可以看出学生对课文的理解，同时也让我们感受到学生意识中的创新的萌芽。因此，教师应该时时为学生创造这样的机会，让学生展示自己的才能，从而达到一种更高的教育境界。

五、自主应用

即让学生主动地将掌握的知识、信息迁移以指导现时的生活,并在应用中寻求创新。

如教授《顶碗少年》一文后,一位同学说:"我通过联系上下文,理解到'颓丧'的意思是精神不振、情绪低落。课文中是指顶碗少年经历了两次顶碗失败,没有颓丧,而是勇敢拼搏,最后取得成功的事,使他在今后的艺术之路上无论遇到什么困难也不会精神不振、停滞不前的。看到这个词,我就想到了自己以前总是遇到一点困难就退缩,最后什么事情都做不好,形成了自己难以面对挫折的性格。学习了课文后,我一定要向少年学习他面对困难和挫折不颓丧的精神,努力培养自己良好的心理素质。"瞧!多精彩的回答,他不仅理解课文中词语的意思,还把词语迁移到课文以外,灵活自主地运用到了实际生活中。

总之,这样的课堂充满了生机,充满了活力,为学生的自主学习提供了一个自由的天地,为每位学生的发展提供了可能。优秀生通过自主学习能施展拳脚,贪婪地捕捉课文中的信息,并在学习中锻炼自己的才干,创新自己的学习方法,提高学习的能力;学习上有困难的学生,也能在一次次的发现探索中,发现自己的潜能,体验到成功的喜悦,从而激发学习的欲望。而且,这样的教学模式创设了全新的教学氛围,教师是学生的朋友,是学生的学习伙伴,因之这样的学习氛围是和谐的、融洽的。

崇研尚实型课堂设计解读

《设计安装照明电路》教学设计

李新淼

教学基本信息					
主题名称	设计安装照明电路				
学　　科	科学	学　段	小学	年　级	五年级
相关领域	技术与工程				
主要教材	湖南科学技术出版社五年级下册《科学》				
教学设计参与人员					
	姓　名	单　位		联系方式	
设计者	李新淼	通州区教师研修中心实验学校		×××	
指导者	陈　宇	通州区教师研修中心实验学校		×××	
其他参与者						
一、指导思想或理论依据					

　　人类为实现自己的需要，对已有的物质材料和生活环境加以系统性的开发、生产、加工、建造等，这便是工程。工程是运用科学和技术进行设计、解决实际问题和制造产品的活动。一项技术或产品的问世至少需要几个流程：即技术或产品的需求、设计、制作、评估等。

　　本课以建构主义理论中任务驱动教学法展开教学，注重小组合作学习，在合作中逐步完成设计、制作、动手操作技能等能力的提升。

二、教学背景分析

　　通过之前所学，学生已经知道了闭合回路、电路图等概念，能够独立使用剥线钳和各电路元件等材料，能够用语言及电路图来表达自己的想法，有亲自动手安装电路的强烈意愿。

续表

三、教学目标				
1.在"为卧室安装电路"的任务驱动下,能够根据需求进行原理设计,并能够在综合分析施工环境后,再度进行更加具体、更加深入的施工设计。 2.能够做到按图安装电路,可以在最后的作品评估环节,找到作品的改进之处,并在此环节中,学会剥线钳这一工具的使用技能,以及连接两根导线的正确方法。 3.能够在潜移默化中意识到技术工程发展的价值取向。				

四、重点与难点				
教学重点:在"为卧室安装简单照明电路"的任务驱动下,完成电路的设计、安装与评估。 教学难点:在潜移默化中意识到技术工程发展的价值取向。				

五、教学资源准备				
小电珠1个,开关1个,导线2米,卧室模型,胶带,剪刀,剥线钳等。				

六、教学流程				
提出任务→制作→评估→纠错→延伸				

七、教学过程				
教师线环节	教师活动	学生线环节	学生活动	设计意图
【一、策略指导(创设情境)环节】	最近李老师家在装修房子,卧室里还没有安装照明设备,如果老师想请你利用以前学习的电路知识帮帮他,你想怎么做?	【一、主动质疑环节】	我们应该先想想我们都需要做什么。比如,第一步做什么?第二步做什么?……	激趣导入,聚焦问题。
【二、引导探究环节】	说得很好,请同学们讨论一下,如果你是一名工程师,你的工作步骤是什么样的。 说得很有道理,我们先来了解一下卧室环境吧。 出示卧室模型。这是窗户,这里是门。下面请你们小组画一个照明设计图,想一想,根据你们组的设计,都需要哪些材料?	【二、自主探究环节】	讨论工作步骤。 汇报:我们应该先了解卧室环境,再画设计图,然后购买材料、进行安装,最后检查安装是否成功。 学生画设计图,思考需要用到什么材料。	试错。

续表

	谁来说说你们是怎么设计的？都需要用什么材料？ 补充说明：使用剪刀不要扎到自己和同学，注意安全。 请同学们赶快到讲台来领取你需要的材料。然后按照设计图进行"施工"。		利用实物投影机汇报电路图和实验材料。 学生在卧室模型上安装照明电路。	
【三、点拨纠正环节】	哪组愿意到前面来展示一下你们的作品？ 请大家互相评价一下每个作品都有什么优点和不足之处。	【三、合作互解环节】	展示作品。 评价作品，例如灯和开关的位置是否合理。导线是否过长，耷拉着不好看等。	找出问题，明确改进方向。
【四、强化总结环节】	我们在施工时还应该考虑合理性和美观性。 利用PPT介绍真实的电路施工流程：开槽、布管、穿线、封槽。 我们今天在模型上"施工"，不能开槽，但是我们也应该使我们的导线长短合适。如果导线短我们能不能连接后再使用？ 我们应该选择什么样的导线？ 出示剖线钳，示范使用方法。	【四、巩固应用环节】	不能，因为这样后期在使用过程中容易产生接触不良等问题，这样后期维修起来很麻烦。 选择长一些的，可以把多出的部分裁掉。	总结提升，体会工程中的施工原则。

续表

【五、拓展提高环节】	下面请大家改一改自己的作品。注意改完的作品要合理、美观。 今天大家帮李老师设计和安装了卧室照明电路，我们在这个过程中虽然留有遗憾，但也体会了工程师的快乐。为了更方便，我想在床头多加装一个控制灯的开关。应该怎么设计呢？能试着画一个设计图吗？ 课下请对设计不太满意的组再完善一下自己的设计，下节课我们再来安装。	【五、课外延伸环节】	更改作品。展示作品，再次互评。 画设计图，分享设计图。	利用学习的知识，解决新的问题。

八、板书设计

设计安装照明电路

合理美观

九、教学反思

　　对于本课，我力图能够为学生提供一个能够"综合之前所学各方面知识，来解决一个实际任务需求"的机会，帮助他们逐步提升通过"动手做"来解决问题的科学素养，并在此过程中，有机会展现自我创造力和个性，领略"工程之美"。

十、教学评价

　　本课教师利用了"二线五环"的教学模式激发了学生的思维活动。首先，教师利用情境导入教学，引导学生提出在卧室安装照明电路都需要完成哪些工作。第二个环节中学生按照预想进行探究，经历了试错的过程。第三个环节学生在展示交流中认识到不足，从而认识到了工程中的施工原则。第四个环节学生根据施工原则改正作品，对自己作品的认识进一步巩固强化。第五个环节中教师又提出了新的问题，目的是叫学生可以有进一步的提升。这五个环节环环相扣，引导学生从生活实际出发并提出问题，再进行探究和纠正，这既不失科学课的本质，又提升了学生的思维。

续表

十一、创新点或亮点
相比以往类似的教学设计，这种教学安排具有以下两个优点：首先，以"工程与技术"为载体，创设真实情境，为学生提供一个不同的学习空间。第二，挖掘了科学学科的实践活动内容，了解了"工程与技术"的价值取向，搭建了一个能够施展自我创造力的平台。

《精卫填海》教学设计

苗 娜

教学基本信息					
主题名称	精卫填海				
学 科	语文	学 段	小学中年级段	年 级	四年级
相关领域	小学语文教学				
主要教材	（教育部审定2019）义务教育教科书四年级上册《语文》				
教学设计参与人员					
	姓 名	单 位		联系方式	
设计者	苗 娜	北京市通州区教师研修中心实验学校		×××	
一、指导思想或理论依据					

义务教育《语文课程标准》（2011年版）中明确指出："能借助工具书阅读浅易文言文，初步掌握学习语文的基本方法。能主动进行探究性学习，激发想象力和创造潜能，在实践中学习和运用语文。认识中华文化的丰厚博大，汲取民族文化智慧。"我校在"崇研尚实，点亮生命"的办学理念的引领下，构建了崇研尚实型"二线五环"课堂教学模式，即：学生主线包括主动质疑→自主探究→合作互解→巩固训练→课外延伸五个环节；教师主线包括策略指导→引领探究→点拨纠正→强化总结→拓展提高五个环节。本课在指导思想与"二线五环"课堂教学模式的指引下，设计并实施教学。

续表

二、教学背景分析
教学内容分析： 　　《精卫填海》是部编版语文四年级上册教材中第四单元（神话单元）的第二篇课文，同时也是本套教材中继《司马光》和《守株待兔》之后的第三篇文言文。 　　《精卫填海》选自《山海经·北山经》，是中国古代神话中的经典。课文内容简短，语言凝练，全文只有两句话，共35个字，讲述了炎帝小女儿女娃去东海游玩时不幸溺水，化为精卫鸟，衔来西山之木石填塞东海的故事，塑造了坚韧执着的精卫形象。 学情分析： 　　学生是语文学习的主人。本课的教学对象是四年级学生，他们已有几年学习古诗的经历，具备一定的古诗阅读学习能力，掌握了基本的理解古诗的方法，也具有方法迁移运用的意识，但是对文言文接触得较少。本文故事性强，内容较为浅显易懂，但用自己的话将简短的课文内容讲成生动的故事，对于学生来说存在一定的困难，需要采取有效的措施和手段加以导引。

三、教学目标
1. 认识"帝、曰、溺、返"4个生字，读准多音字"少"，会写"帝、曰、溺、返、衔"5个字。 　　2. 能正确、流利地朗读课文。背诵课文。 　　3. 能结合注释，用自己的话讲述精卫填海的故事。 　　4. 能和同学交流精卫给自己留下的印象。

四、重点与难点
教学重点：能结合注释，用自己的话讲述精卫填海的故事。 教学难点：能结合注释，用自己的话讲述精卫填海的故事。

五、教学资源准备
1. 学生预习（自学字词）。 　　2. 教师制作PPT。

六、教学流程

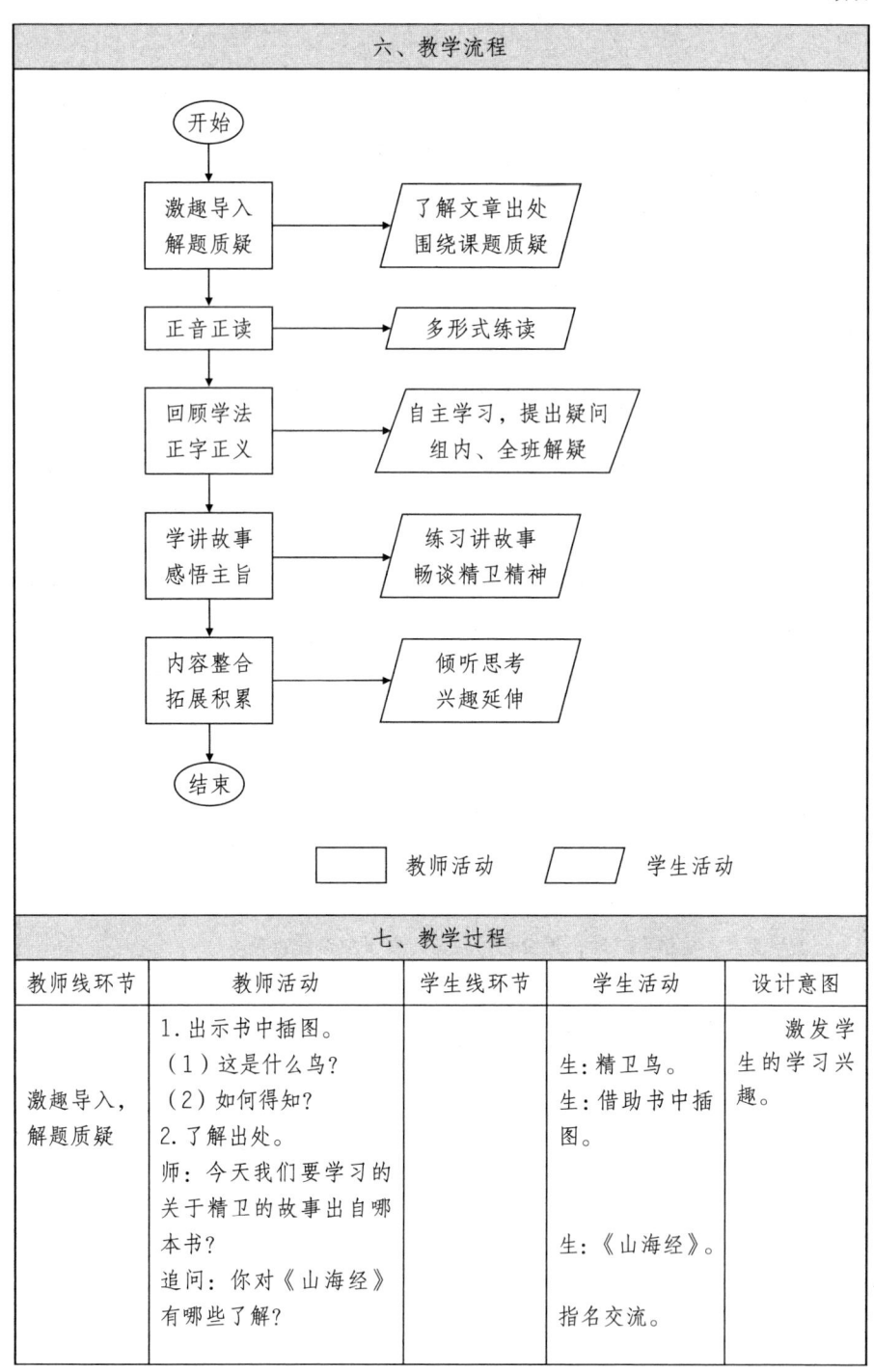

```
开始
  ↓
激趣导入      →    了解文章出处
解题质疑           围绕课题质疑
  ↓
正音正读      →    多形式练读
  ↓
回顾学法      →    自主学习,提出疑问
正字正义           组内、全班解疑
  ↓
学讲故事      →    练习讲故事
感悟主旨           畅谈精卫精神
  ↓
内容整合      →    倾听思考
拓展积累           兴趣延伸
  ↓
结束
```

□ 教师活动   ◇ 学生活动

七、教学过程

教师线环节	教师活动	学生线环节	学生活动	设计意图
激趣导入,解题质疑	1.出示书中插图。 (1)这是什么鸟? (2)如何得知? 2.了解出处。 师:今天我们要学习的关于精卫的故事出自哪本书? 追问:你对《山海经》有哪些了解?		生:精卫鸟。 生:借助书中插图。 生:《山海经》。 指名交流。	激发学生的学习兴趣。

续表

【策略指导环节】	简单介绍《山海经》。出示《山海经》中描述精卫鸟的语句。 3.齐读课题。 4.看到课题,你想知道什么?	【主动质疑环节】	指名读。 学生自读,谈理解。 齐读课题。 生:精卫是谁? 生:她要干什么? 生:她为什么填海? 生:她怎样填海? 生:精卫填海的结果怎么样?	
正音正读	1.一读,读准字音。相机指导"堙"和多音字"少"的读音(出示"少"在字典中的解释,据义定音)。 2.二读,读出韵味。 3.三读,熟读成诵。		自读。 指名读。 组内互读。 自读。 师读,生听,练读。 师生合作读。 男生、女生赛读。 齐读、试背诵。	读通课文,扫清文字障碍。
回顾学法,正字正义	1.回忆理解文言文的方法。		生:借助注释、借助插图、联系上下文、联系生活经验、查工具书。	回顾学法。
【引导探究环节】	2.出示自学提示,进行自主学习: (1)根据已知的学习方法,理解课文的内容,记下不懂的问题。 (2)组内交流,互相解疑。	【自主探究环节】	按要求进行自学 组内交流不懂的问题,相互解答疑惑。	把学习交还给学生,培养学生学习的能力,在思考、讨论过程中获取知识。

续表

	3.集体交流、解疑。指名交流不理解的内容，教师相机指导。	【合作互解环节】	指名说出不理解的内容，其他人解答（学生共同的疑问，由教师解答）。	
【点拨纠正环节】	①出示甲骨文的"曰"字。 　　下面的部分表示口，口字上加一短横，表示嘴里说出来的话，所以"曰"字的本义是"说"，引申为"叫作"。 　　"曰"也是本课的生字。在书写时，需注意什么？ ②"衔"是个会意字。外部是"行"字，内部是"金"字。这两个字表明，"衔"的本义和金属有关，和行走有关。"衔"的本义指的是含在马口里的金属小棒，用来控制马的行走和停止。后来引申为"用嘴含着或叼着"。		倾听，思考。 指名交流书写提示。 倾听。	
【强化总结环节】	4.逐句梳理文意，相机指导精卫填海的起因、经过，体会神话中神奇的想象。	【巩固应用环节】	自己试着说一说。指名说句意。组内互相说一说。	
讲述故事	1.精卫填海是有趣的神话故事。我们如何讲故事呢？		倾听，思考。	

续表

感悟主旨	结合学生回答,教师相机指导。 (1)用自己的话; (2)按照一定的顺序讲。 2.故事要讲得生动才更吸引人。如何把故事讲得更生动? 结合学生回答,教师相机指导。 ①展开想象,例如:当时的环境——海上狂风大作,波涛汹涌;精卫的想法、做法…… ②注意讲故事时的语气、表情、手势等。 3.故事讲到这里,精卫的形象已经走进大家的心中,谁来说一说精卫给你留下了怎样的印象? 4.带着我们的理解,再次背诵课文。		指名发言。 自己试一试。 指名讲故事,其他同学评价。 倾听,思考。 学生回答。 组内互相讲一讲,每组推选一名讲得好的同学讲故事。 评选讲故事最优小组。 倾听,思考。 学生回答:意志坚定、不畏艰难、坚持不懈、坚韧执着…… 齐背课文。	多层面进行方法指导,培养学生的语言表达能力。 在正确理解课文内容的基础上,引导学生感悟人物身上的美好品质。 再次落实背诵目标。
整合学习,拓展积累	1.出示《中国神话传说》中的精卫填海的故事。 和课文对比着看一看,你有什么发现?	【课外延伸环节】	自己读一读,思考。 生1:课文《精卫填海》是文言文,而《中国神话传	课外延伸,同时与本单元语文园地中的相关内容进行有机

续表

			说》中的则是现代文。 生2:《中国神话传说》中的精卫填海的故事描写得更具体、生动。 ……	整合,总结归纳学习方法,激发学生的阅读兴趣。
【拓展提高环节】	2.本单元快乐读书吧中,"炎帝尝百草"的故事也出自这本书,思考:这则神话讲了一个什么样的故事?其中哪些地方令你感到神奇? 师:展开想象,后面可能会发生什么事情? 3.介绍《中国神话传说》。 4.我们的祖先对世界的许多问题都抱有强烈的好奇心,他们尝试着用神话的方式给出解释,并依靠口头讲述使其代代相传。你们知道神话在远古时候的人们心中的地位吗? (1)阅读本单元快乐读书吧中的第一则小贴士; (2)阅读本单元快乐读书吧中的第二则小贴士。 5.中国的神话故事浩如烟		倾听,思考。 指名交流。 倾听。 倾听。 思考,指名回答。 自主阅读,交流。 自主阅读,谈收获:阅读神话故事时,要注意发挥想象去感受神话故事的神奇。	

续表

| | 海，希望同学们运用今天学习到的阅读神话的方法去阅读更多的神话故事，提示：
（1）阅读前做好读书计划；
（2）阅读中做好读书笔记。 | | 倾听。 | |

八、板书设计

精卫填海 { 起因：游于东海，溺而不返

（坚韧执着）经过：衔西山之木石，以堙于东海

九、教学反思

1. 创设情境，有效激趣

我国古代教育家孔子曾说过："知之者不如好之者，好之者不如乐之者。"如果学生对学习产生了兴趣，那么学习效率会显著提高。课堂讲课伊始，我借助多媒体演示，围绕精卫这一人物创设情境，渲染神话神奇的课堂气氛，缩短学生与文本之间的心理距离，同时点燃学生的兴趣之火。

2. 以学定教，层层深入

学习的主体是学生。理解文意前，我首先引导学生回顾学习古诗文的方法，然后提出明确的自主学习要求，让学生在有法可依、有序可循的基础上进行自主学习；随后围绕各自不理解的内容进行组内交流，合作互解。对于小组合作学习解答不了的问题，再在班级中集体交流解决。教师结合学生的交流情况，点拨纠正，相机指导，以学定教，落实学生的主体地位，发挥学生的主观能动性，让学生主动学习。

3. 智慧引领，授之以渔

真正的学习仅仅依靠兴趣是远远不够的，学生需要教师的智慧引领。讲故事看似是一件很简单的事，但学生往往只停留在翻译文意的层面上，而非讲故事。因此，在突破本课"结合注释，用自己的话讲述精卫填海的故事"这一重难点时，我重点关注对学生进行方法的指导，从用自己的话，按照一定的顺序讲故事的基本要求入手，引导学生展开多角度的想象，同时注意讲故事时的语气、表情、手势等，一步步引导学生学会讲故事。

4. 有机整合，拓展激趣

掌握了方法，自然还要加强运用，使之成为一种能力。我将本单元快乐读书吧中的故事及学习小贴士的内容与本课内容进行了适当地整合，引导学生梳理神话故事的阅读方法，同时以课内外两篇《精卫填海》的对比激发学生阅读《中国神话传说》的兴趣，让学生真正在学习中成为求知者、探索者。

续表

十、教学评价

一、教师教学效果评价

1. 通过学生朗读、背诵等方面的熟练程度，来测评教师在诵读指导方面的教学成果。

2. 学生对文意的理解，对人物精神品质的体悟是否准确，表达的流畅、完整程度，以及讲故事时的表现情况，反映出教师在这一环节知识传授和技能培养方面的效果。

二、学生学习效果评价

评价方式	评价内容				
		好	较好	一般	不理想
自评	学习兴趣				
	体验到学习成功的喜悦				
	积极与同伴、老师交流				
	在知识、方法等方面获得收获的程度				
同伴互评	发言的质量				
师评	上课专心听讲的程度				
	参与教学活动的程度				
	课堂练习完成的程度				

十一、创新点或亮点

1. "好钢要用在刀刃上"

本课中，凡是学生能读懂、能理解的内容，教师就不必去讲；凡是学生能解决的问题，教师就不必去指导，还给学生充分进行自学和他学的机会。教师要找出真正需要指导的问题进行讲解，帮助学生答疑解惑。

2. 方法引导，贯穿始终

要想学习的主动性持久保持下去，关键还在于掌握学习方法。不论是古诗文的理解，自主学习的过程，还是如何生动地讲故事，都伴随着学习方法的指导，让学生

续表

的学习有法可依，真正做课堂的主人。

3.有机整合，拓展激趣

本单元快乐读书吧中刊载了炎帝尝百草的故事，以一带一，"神奇"的效果加倍，同时辅以课内外两篇《精卫填海》的对比，大大地激发了学生阅读中国神话故事的兴趣。

I want to be a teacher 教学设计

张 也

教学基本信息					
主题名称	*I want to be a teacher*				
学　科	英语	学　段	中段	年　级	三年级
相关领域	职业话题				
主要教材	北京版小学英语三年级下册				
教学设计参与人员					
	姓　名	单　位		联系方式	
设计者	张　也	通州区教师研修中心实验学校		×××	
指导者						
其他参与者						
一、指导思想或理论依据					

　　《英语课程标准》指出，小学英语教学要遵循英语学习的客观规律，充分考虑儿童身心发展的特点和需求。英语教学要以学生的发展为宗旨，培养学生的学习兴趣，注重学生的体验、参与，倡导学生主动观察、交流合作的学习方式。因此，教师通过创设与学生认知水平相当、生活经验相应的语言实践活动，使学生在活动中感知、理解、操练、运用语言，达到语言能力提升的目标。

　　在英语学科核心素养中，培养学生的思维品质必不可少。用英语进行理解和表达的过程不仅有利于学生培养通用思维能力（如识别、理解、推断），而且有利于学生逐步形成英语使用者独有或擅长的思维方式和思维能力。

续表

二、教学背景分析
（一）教材分析 　　本单元的话题是谈论自己和他人的职业理想，谈论家人的职业，以及谈论实现自己职业理想的途径。本课是北京版小学英语三年级下册第7单元 Lesson 24，内容是 Lingling 和 Mike 在医院门口谈论彼此家人的职业。本课的重点是学生能够在具体情境中与他人交流家人的职业。此话题贴近学生生活，很容易联系真实经历，进行话题讨论。 　　（二）学情分析 　　学生在一、二年级时没有接触过职业话题的学习。并没有很多的知识储备，从一年级起，学生在教材中一共接触到两个有关职业的词，一个是一年级下册中的 cook。还有一个是三年级下册中的 teacher。因此，有关职业的单词量掌握得很少，基本无法用功能句交流职业的话题。但在学习能力方面，经过三年的学习，学生已经具备了较好的自我学习能力和合作意识。可以根据所学内容，对知识进行分析、归纳和总结。同时，这个阶段的学生性格活泼，喜欢唱歌跳舞、做游戏，对新知识充满了渴望。 　　因此，我通过创设真实的教学情境，让学生在轻松的氛围内进行语言知识的学习与掌握。同时，通过一系列有趣的教学活动，让学生的思维始终处在灵动状态，逐渐提升学生的思维品质。

三、教学目标
1.能用"What does...do?"和"He/She is a/an..."询问并回答家人的职业信息。 　　2.能听懂、会说、认读有关职业的单词如 doctor, nurse, policeman, dentist, worker 等，并能在实际情景中运用。 　　3.能体会不同职业的乐趣和意义，正确认识每一份工作，尊重每一位劳动者。

四、重点与难点
重点： 1.能用"What does...do?"和"He/She is a/an..."询问并回答家人的职业信息。 2.能听懂、会说、认读相关的职业单词。 难点： 学生需要借助图片和生活经验理解不同职业的工作特点。

五、教学资源准备
教学课件、教学词卡、绘本、翻页笔、人物头饰

续表

	六、教学流程	
教学环节	教师活动	学生活动
策略指导（创设情境）环节	歌曲导入，激发学生兴趣，创设情境，使学生在真实情境中展开联想。	在教师引导的情境中进行观察、思考。
引导探究环节	播放动画，提出问题。引导学生理解对话。帮助学生掌握生词的读音、意思和用法。训练学生提取关键信息的能力。	观看动画，思考问题。理解对话大意，学习生词，提取关键信息。
点拨纠正环节	引导学生通过跟读课文，训练学生的认读和阅读的能力。	跟读课文，模仿范读的语音语调。
强化总结环节	设置多种朗读形式，帮助学生对课文深入理解和掌握。	以多种形式朗读课文，强化对课文的理解。
拓展提高环节	扩充关于职业的单词量，为语言交流提供词汇支持。	谈论自己知道的职业，观看视频，了解不同职业的工作特点。

	七、教学过程			
教师线环节	教师活动	学生线环节	学生活动	设计意图
【一、策略指导（创设情境）环节】	1. 播放歌曲 Be What You Wanna Be。引出本节课话题"jobs"，并板书主题"jobs"。 Teacher:What did you hear in this song? There are many jobs in this song. Today we are going to talk about jobs. （板书：jobs）	【一、主动质疑环节】	1.Listening to the music. Students: Doctor...singer...	歌曲导入，激发学生学习兴趣，在轻松、快乐的氛围中引出本课的话题"Jobs"。在导入环节，设置真实的情境，让学生通过观察，展开联想，在情境中引导学生对新知识进行建构。

192

续表

| | 2. 出示对话主题图并创设语境：Baobao 生病了，妈妈带他去医院。作为朋友的 Guoguo 和 Mike 来到医院看望他。

Teacher: Who is this boy?
Teacher: Where is he now?
Teacher: Why doesn't he go to school?
Is Baobao happy?
Teacher: Baobao is sick.He goes to the hospital with his Mom.

3. 出示24课主题图，隐去文字，引导学生观察。 | | 2. 学生在教师引导的情境中进行观察，了解对话产生的场景。在真实的语境下进行联想，开展学习。

Students: He is Baobao.
Students: He is at a hospital.
Students: No, he isn't. Maybe he has some problem.

3.Students: They are Lingling and Mike.
预设1
Students:Uncle and Auntie.
预设2
Students:A doctor and a nurse. | 通过隐去文字的主题图，引导学生运用已有知识进行观察，自然地引出医生、护士两个新职业的词汇。并在真实的语境中开展本课教学。 |
| 【二、引导探究环节】 | 一、初听理解对话。
1. 设置宏观问题，播放隐去文字的动画，引导学生通过听力内容提炼出学习的主题。

Teacher: What do they talk about? Let's listen.
Teacher: Both nurse and doctor are jobs. | 【二、自主探究环节】 | 1. 观看动画，通过收听对话，提取关键信息。明确本节课学习的主题。

Students: They talk about doctor and nurse. | 在真实的语境中，引导学生理解对话，通过对课文的整体感知，提升学生的逻辑思维能力。并通过音、意、形 |

续表

		2. 再次完整播放对话。出示打乱顺序的文本句子。播放录音，请学生进行排序。		2. 再次整体感知课文大意。根据录音，为句子排序，建立语言的逻辑关系。	三方面的讲解，帮助学生掌握生词的读音、意思和用法。通过反复听录音，训练学生提取关键信息的能力。
		3. 设置微观问题，引导学生通过看图听音，初步理解对话。 Teacher: Who is a nurse? And who is a doctor? Teacher: Where do they work?		3. 再次听录音，聚焦关键词。初步理解对话大意。 Students: Guoguo's aunt is a nurse and her uncle is a doctor. They work in a hospital.	
		4. 出示主题图，结合图片，在语境中引导学生理解生词 hospital, nurse 和 doctor 的含义。并板书 nurse 和 doctor 这两个有关职业的单词。 Teacher: The doctors and nurses work at the hospital. They take care of our health. (板书: doctor, nurse)		4. 观察图片，感知生词的语音，了解单词的意思。	
		5. 设置微观问题，引导学生提炼本课学习的主要功能句型，并板书关键信息。		5. 收听对话，提取关键信息，凝练课文主要功能句。	

	Teacher: Both Guoguo's uncle and aunt work at the hospital.How about Mike's mom and dad? How does Guoguo ask? And how does Mike answer? (板书功能句：What does your father do? He is a teacher.) Teacher: Mike's father is a teacher.What does his mother do? 6. 出示图片，并在情境中引导学生理解生词 dentist，take care，teeth 的含义。 Teacher: Open your mouth. These are our teeth. When you have any problem with your teeth, you can go to see a dentist. A dentist takes care of our teeth.		Students: Guoguo asks:"What does your father do?" Mike says:"He is a teacher." Students:She is a dentist. 6. 观察图片，感知生词的语音，了解单词的意思。	
【三、点拨纠正环节】	（一）听录音模仿跟读。 1. 播放对话录音，引导学生逐句跟读模仿，相机指导生词读音。 Teacher: Please open your books and turn to page 52. Let's listen and repeat the dialogue. Finger, finger! 2. 重点教学"teeth"中字母组合"th"的发音，并教授牙齿的单、复数形式。 Teacher: There are 32 teeth	【三、合作互解环节】	（一）听录音模仿跟读。 1. 跟随录音，重复句子。朗读过程中注意指读。 2. 观察图片，学习牙齿的单、复数表达形式。	引导学生通过跟读课文，熟悉生词的发音，体会人物的语音语调。并在模仿跟读的过程中提升学生的认读和阅读的能力。

续表

	in our mouth. You should take care of every tooth. Pay attention, one tooth, two teeth, three teeth.		Students: One tooth, two teeth, three teeth.	
【四、强化总结环节】	1.课文部分强化。指导朗读＋展示评价。教师根据板书内容对课文进行复述，并请学生尝试进行复述。 Teacher: Guoguo and Mike are at the hospital. They are talking about jobs. Guoguo's uncle is a doctor and her aunt is a nurse. Mike's mother is a dentist and his father is a teacher.	【四、巩固应用环节】	1.Students 跟读课文，同伴进行角色扮演朗读并展示。 尝试复述。 2.Students 总结归纳。	通过让学生跟读、自读、分角色朗读、复述等多种形式强化对课文的理解和掌握。
【五、拓展提高环节】	1.拓展阅读。出示有关职业的绘本视频 career day。引导学生观看视频，从而学习更多的职业类型。并对视频内容进行提问。 Teacher: In lesson 24, we have learned some jobs from Guoguo and Mike. What other jobs do you know? 2.播放视频，引导学生观察视频中的职业。 Teacher: You really know a lot. Today some uncles and aunties are coming to our class. Let's see what do they do. （相机板书职业名称）	【五、课外延伸环节】	1.学生将听到的人物和相应的职业进行联系，展开联想，谈论自己知道的职业。 Students: I know … 2.观看视频，了解不同职业的工作特点。 Students: They are...	利用多媒体，为学生提供形式丰富的教学资源，使学生了解更多的职业特点，扩充关于职业的单词量。为语言交流提供词汇支持。引导学生从实际生活出发，根据真实情况进行语言的交流。并通过一系列活动，让学生认识到每一种工作都有它的价值，每一位劳动者都

续表

	3.猜测职业。教师出示关于职业特点的描述，引导学生根据关键词猜测职业的名称。 Teacher: Now you know many jobs. How about playing a game? Please read and guess. What does he do? ① He wears a big white hat and makes yummy food for us. He works in a restaurant. (cook) ② He wears red clothes and he always fight with the fire. He saves people's life. He is so brave. (fire fighter) ③ She works at school. She loves students. And she teaches us Chinese, maths, or English. (teacher) 4.出示功能句型 What does your mother/father do? He/She is a/an... 引导学生根据父母的真实工作情况，进行有关职业的交流。 ① Teacher: I am a teacher. Whose father or mother is also a teacher? ② Teacher: So what does your mother do? ③ Teacher: Please make a dialogue.		3.阅读文字信息，提取关键信息，猜测职业的名称。 Students: He/She is a/an... 4.利用功能句，进行交流对话，谈论父母及家人的职业。 预设1: Students1: My mother is a teacher. 预设2: 没有人的家人是教师。 ② Students: She is a/an...	值得我们尊敬。

续表

		③ pair-work，合作学习，进行对话。	
	5.出示family tree，教师向学生介绍自己家庭成员的工作，引导学生结合family tree描述自己家庭成员的不同职业。 Teacher: Everyone has a job and everyone has a family. Look! This is my family tree. This is my mom. She is a dancer. And this is my sister. She is an actress. How about your family? Can you write down their jobs? 6.Summary. Teacher: Today we have learned some jobs. And we can talk about our parents' jobs. Every job is important. We should respect all the working people.	5.学生结合family tree描述自己家庭成员的不同职业，并尝试用书面表达。 Students: This is my... He is a/an... 学生参照范例首先进行组内交流分享，然后进行书写。	

八、板书设计

Unit 7 I want to be a teacher Lesson 24

doctor   nurse
  (jobs)
teacher   ...

-What does your... do?
-He/She is a/an...

(picture: a family tree with different jobs)

续表

九、教学反思

教学特色：

整堂课下来，我觉得以下几个方面做得比较突出：

首先，本课是在话题的引领下，通过课堂活动让学生学以致用。以"认识不同工作的特点"这条主线来贯穿整堂课的始终。

其次，重视激发学生的兴趣，为学生创设了学习的氛围，让学生对学习内容有了更直观和清晰的体验。

并且，我重视合作学习的开展，增强了师生、生生间的互动，加强了学生参与的广度，让每个孩子都参与到学习过程中，更好地掌握和运用语言。

另外，我还加入了绘本学习的视频，来拓宽学生的视野，让课堂与生活接轨，为学生提供更多的语言支持。

教学不足：

这节课的板书结构不够紧凑，没有起到语言支架的作用，应该将板书再完善一下，让学生能够根据板书自己做事情。

十、教学评价

（一）课堂教学评价：

师生评价——在课堂教学过程中，教师通过提出问题检测学生的学习效果，对课文内容以及重点职业单词进行检测，并及时给出反馈。

生生评价——在课堂活动中，学生互相合作学习，对语篇的讨论让学生互相进行交流互动，形成评价。

自我评价——在课堂结束的时候，教师进行总结，学生依据本节课所学，检测自己的所获和掌握程度。

（二）课后教学评价：课后教师布置素养提升手册上的练习题检测学生知识的掌握情况。

十一、创新点或亮点

本单元的主题为"jobs"，因此我设计了一个整体性的实践作业，即让学生根据自己的喜好及能力设计出属于自己的职业绘本。在第一课时，学生需要完成的是对不同职业的认识，因此，以职业的贴纸作为奖励发给学生，帮助他们丰富绘本首页对于职业的介绍。同时，学生需要在第一课时完成对家人职业的介绍。所以，我又结合family tree，让学生在绘本中，以图文结合的形式进行介绍。在第二课时和第三课时中，我将继续奖励学生有关职业的装饰贴画，用来丰富绘本的内容。一个单元的学习结束后，学生将收获具有个人特色的有关职业的绘本。

《诚信签约主题活动课》教学设计

孟德月

教学基本信息						
主题名称	诚信签约主题活动课				
学　科	主题活动	学　段	低年级	年　级	二年级
相关领域	主题活动课				
教学设计参与人员						
	姓　名	单　位		联系方式	
设计者	孟德月	北京市通州区教师研修中心实验学校		×××	

一、指导思想或理论依据

儿童的生活是课程的基础。儿童的品德和社会性源于他们对生活的认识、体验和感悟，儿童的现实生活对其品德的养成和社会性发展具有特殊的价值。教育的内容和形式必须贴近儿童的生活，反映儿童的生活需要。《诚信签约——承诺挂满诚信树》这堂课的教学就充分体现了以儿童的生活为基础，把课堂和生活紧密地结合起来。

二、教学背景分析

教学时，我主要体现了以下几点：

1.游戏表演，贴近生活。"兴趣是最好的老师。"对于二年级的学生来说，做游戏、表演是他们喜欢的活动之一，学生在玩中学习，在学习中玩，效果非常好。

2.调查材料，源于生活。教学以人为本，材料来自学生调查，来自现实生活。课前让学生调查有关诚信的故事，学生在调查、交流中成为学习的主人，既是信息的发布者又是信息的接受者，能更快更近地接受信息。

3.创设情境，体验生活。对于儿童来说，只有他自己的生活才是对他有意义的、真正的生活，只有引导儿童关注和"实践"他自己的生活，才是有意义的教学。在教学中，引导学生重视、关注、观察、感受、体验生活，成为他自己生活的实践者。

4.课后延伸，引导生活。生活是品德教学的重要资源，它本身就是儿童成长的"养

续表

料",课堂教学要把儿童与其真实的社会生活紧密地联系起来,有意识地让儿童回到真实的生活中去,并用"美好生活"的目标去引导和提升自己的真实生活。

三、教学目标

1. 认知目标:通过学习诚信小故事,明白诚信的含义和价值。
2. 情感目标:小组编排小品,通过不同的结局体验生活中的诚信所在。
3. 体验目标:制定自己的诚信条款,回归自我,把诚信落实到生活中去。

四、重点与难点

1. 通过学习诚信小故事,明白诚信的含义和价值。
2. 体验目标:制定自己的诚信条款,回归自我,把诚信落实到生活中去。

五、教学资源准备

1. 教学ppt。
2. 小演员讲故事。
3. 诚信故事视频(一诺千金)。
4. 诚信树叶、诚信树的制作。

六、教学流程

一、导入。
二、新授:
　　齐心协力,勇闯关卡。
　　第一关:听故事,找出诚信。
　　第二关:表演小品,体验诚信。
　　第三关:制定条款,实践诚信。
三、总结。

七、教学过程

教师线环节	教师活动	学生线环节	学生活动	设计意图
【一、策略指导(创设情境)环节】	导入: 　　同学们,前段时间我们举行过社会主义核心价值观的书写比赛,大家书写得都特别的好,现在你们还能一起来背诵核心价值观的内容吗?(学生齐背)。同学们背诵得真好。今天我们就一起来说一说	【一、主动质疑环节】	学生齐背社会主义核心价值观,体会其中诚信的重要性。 　　产生质疑,诚信是不是真的像老师说的那么重要,如果没有诚信生活会是什	学生了解诚信的重要性。 　　产生质疑,诚信在我们的生活中是不是真的非常重要,如果没有诚信行不行?通过

	其中的一个词——诚信。 我们都知道诚实守信是中华民族的优良传统。千百年来，人们讲求诚信。诚信之风朴实憨厚、历史悠久。尤其是在当今社会，我们更不能抛弃诚信。今天，我们就在这里举行一个诚信签约仪式让我们的诚信宣言挂满诚信树。同学们先别急，在正式签订诚信协议之前，老师设定了3道关卡，只有顺利通过了，才能完成今天的签约仪式。你们敢不敢一起来挑战？ 新授： 齐心协力，勇闯关卡。 第一关：听故事，找出诚信	么样的？	这样的质疑更加深入地了解了诚信的重要性。
【二、引导探究环节】	一、听故事。 同学们，你们知道英镑吗？在英国，一个英镑就相当于我们人民币的一元钱，一元钱小不小？一元钱虽小，但是它的意义却不小。下面就请听王思佳同学带来的诚信小故事：《一个英镑》。	【二、自主探究环节】	

	1.故事听完了，你觉得文章中的小男孩儿做得怎么样？ 2.什么叫诚信？ 3.介绍诚信定义。 诚信：诚实守信，诚实就是是怎么样的就该怎么样，守信就是答应过的事情就要做到。 老师这里也有一个关于诚实的小故事，讲的是《一诺千金》。秦朝末年，在楚地有一个叫季布的人，性情耿直，为人侠义，乐于助人。只要是他答应过的事情，无论有多大困难，都设法办到，受到大家的赞扬。楚汉相争时，季布是项羽的部下，曾几次献策，使刘邦的军队吃了败仗。刘邦当了皇帝后，想起这事，就气恨不已，下令通缉季布。这时敬慕季布为人的人，都在暗中帮助他。不久，季布经过化装，到山东一家姓朱的人家当佣工。朱家明知他是季布，仍收留了他。后来，朱家又到洛阳去找刘邦的老朋友汝阴侯夏侯婴说情。刘邦在夏侯婴的劝说下撤消了对季布的通缉令，还封季布做了郎中，不久又改做河东太守。有一个季布		1.认真听故事，回答问题。从大家的回答中，能听出孩子们都觉得小男孩儿的做法是对的。 2.像小男孩儿这样答应别人的事情说到做到的，即使自己生病不能完成也要请别人代为完成，在我们现代社会用一个词来形容那就是"诚信"。 3.认真听故事并思考自己心中关于诚信的标准。	通过讲述关于诚信的故事，引导学生自主探究，发现什么是诚信。同时让学生思考应该如何去做一个诚信的人。

续表

| | 的同乡人曹邱生，专爱结交有权势的官员，借以炫耀和抬高自己，季布一向看不起他。听说季布又做了大官，他就马上去见季布。季布听说曹邱生要来，就虎着脸，准备发落几句话，让他下不了台。谁知曹邱生一进厅堂，不管季布的脸色多么阴沉，话语多么难听，立即对着季布又是打躬，又是作揖，要与季布拉家常叙旧。并吹捧说："我听到楚地到处流传着'得黄金千两，不如得季布一诺'这样的话，您怎么能够有这样的好名声传扬在梁、楚两地的呢？我们既是同乡，我又到处宣扬你的好名声，你为什么不愿见到我呢？"季布听了曹邱生的这番话，心里顿时高兴起来，留下他住了几个月，作为贵客招待。临走时，还送给他一笔厚礼。后来，曹邱生又继续替季布到处宣扬，季布的名声也就越来越大了。

二、找出身边的诚信者。
　　刚才同学们听得都很认真。现在大家一起看老师给你们准备的几幅图片，你们能不能找 | | 学生根据老师出示的图片找和诚信相关的图片并说明原因。 | 通过出示大量图片，帮助学生判断诚信行为。 |

	到图片中的诚信之处体现在哪里呢? 同学们,你们不仅能认真地听故事,还能找出我们身边的诚信事件。你们在这一环节表现得很不错,这一关算你们顺利通过。 第二关:表演小品,体验诚信。 从《一个英镑》的故事中,我们明白了什么是诚信。在《一诺千金》的故事中,我们更加知道了诚信的价值。那在我们的现实生活中,是不是每个人都能做到诚信呢?借东西的经历很多同学都有,但用完了东西以后你是怎样做的呢?老师这里有一段小短文,我们大家来读一读、演一演,怎么样?		学生进行思考。	通过创设和思考生活中最为常见的情景。思考不同做法所带来的不同结果,从而强化诚信的重要性。

【三、点拨纠正环节】	《借尺子》
	  时间:星期三上午的第二节课。
	  地点:二一班教室。
	  人物:明明同桌丁丁。
	  内容:借尺子。
	  旁白:星期三的上午第二节课,二一班教室,发生了这样一件事情。
		【三、巩固应用环节】		

	明明：啊！真糟糕，今天老师让我们做课堂作业，需要尺子，可是我忘带了，怎么办呢？（急得直挠头，左边看看，右边望望，希望能找到解决的办法）。最后，把目光落到了同桌丁丁的身上。 丁丁正在非常认真地写作业，完全没有关注到明明。 明明：丁丁，我的好同桌，我忘带尺子了，你能不能借给我一把？（对丁丁做可怜状。） 丁丁：好吧，我借给你，可是你千万不要给我弄丢了，明天就还给我哦！ 明明：好的，好的，明天一定还。 丁丁从笔袋里拿出一把漂亮的透明尺子递给明明。 明明：（接过尺子）大叫，哇！好漂亮的尺子，我好喜欢啊，谢谢丁丁！ ……			
【四、强化总结环节】	1.短文看完了，同学们，你觉得故事中的明明有可能会怎么做呢？（指名回答） 　　2.现在请你自己准备剧本，以小组为单位	【四、合作互解环节】	1.学生根据自己平时的生活经验做出回答。 　　2.同学们主要觉得有两种可能。一种是按时	

续表

	选取其中一种结局给大家演一演吧！并给大家阐述下你选择这个结局的原因。		归还了，还有一种是没有及时还。 3.各小组按照自己预设的结果各自准备。 4.选取两组同学展示表演。	
【五、拓展提高环节】	第三关：制定条款，实践诚信。 同学们的小品演得真不错，顺利通过了第二关，那么活动的第三关，可是和我们息息相关的，请你想一想自己在班级的学习生活中，有哪一个方面是特别需要遵守诚信的，请把它写在"诚信树叶"上。 同学们，请看你手上的这片诚信树叶，它可以是写给老师的，也可以是写给同学的，还可以是写给你的爸爸妈妈的，只要你想写给谁，就把他的名字写在这条横线上，然后在下面空白的地方写上你对他的承诺就可以了！ 正式签约，完成诚信树。	【五、课外延伸环节】	1.同学们在诚信树叶上签上自己的名字并完成自己的诚信宣言。 2.把自己的诚信树叶贴到诚信之树上，正式完成诚信签约。 学生在今后的生活和学习中要时刻思考诚信原则，兑现今天的诚信宣言。	通过诚信宣言活动，加深学生心里对某一条诚信的宣言的印象。通过制定相关的条款和宣言，约束自己今后的行为。

续表

	总结: 　　同学们,诚信,是做人的根本,拥有诚信,你的世界会无限大,生活会无限好。在今后的学习生活中,希望同学们时时处处做到诚实守信,从小事做起,从自身做起,从身边的一点一滴做起。让诚信成为你们生活的导航灯,成长路上的好伙伴。让这棵诚信之树伴随你们共同成长。			

八、板书设计

诚信签约——承诺挂满诚信树

第一关：听故事，找出诚信。
第二关：表演小品，体验诚信。
第三关：制定条款，实践诚信。

九、教学反思

回顾整个教学活动，感受最深的是课前学生收集资料渠道多，信息丰富；模拟情景表演故事时，每位同学积极准备，充分锻炼了自己。在教学时，我力图调动每位学生的积极性，基本完成了事先设计好的各个环节，学生的创新能力及自主学习的权利在课堂中得到了很好的体现。

十、教学评价

本节课是基于"社会主义核心价值观"的德育课程。我以诚信为题给学生上了一堂思想教育课，整个课堂围绕着诚信二字展开。依托我校"二线五环"的教学理念。我给学生们设计了三个关卡，第一关：听故事，找出诚信。请同学讲事先准备的诚信故事，《一个英镑》《一诺千金》，让学生在故事中理解什么是诚信。第二关：表演小品，体验诚信。从《一个英镑》的故事中，同学们明白了什么是诚信。在《一诺千金》的故事中，更加知道了诚信的价值。那在我们的现实生活中，是不是每个人都能做到诚信呢？借东西的经历很多同学都有，但用完了东西以后你是怎样做的呢？在这里设计一个借尺子的小情景，让学生自己发挥，充分发挥学生的主观能动性，让学生亲自参与进来，用自己真实的感情演绎，以便更加深刻地理解诚信二字。让

续表

我没想到的是，孩子们表演得非常认真，参与度也很高，更有些同学还把这个小小的小品分析出了两个不同的结局，把诚信和不诚信的结果都演绎了出来，这与平时上课偶尔的散漫、不经心形成了鲜明的对比。可见学生喜欢这样的课程，只要有了兴趣，就能从中获得收获。第三关：制定条款，实践诚信。顺利通过了前两关，那么活动的第三关，可是和我们息息相关的，我让同学们想一想自己在班级的学习生活中，有哪一个方面是特别需要遵守诚信的，把它写在"诚信树叶"上。这片"诚信树叶"是让同学自己设计并制作的，它可以是写给老师的，也可以是写给同学的，还可以是写给爸爸妈妈的，写上自己的诚信宣言，把自己的"诚信"宣言挂满诚信树，让诚信在今后的学习、生活中生根发芽。

十一、创新点或亮点

通过这节课的学习同学们深深地知道了什么是诚信。课后，我们把同学们制作的诚信树叶摆成了诚信树的样子贴在了教室的后方，并且在教室的后方建立了一个"诚信角"。学生们可以随时补充或者更换自己的诚信宣言，同时还要看到别人的宣言，做好监督的工作。在"诚信角"建立后，同学们都更加严格要求自己，班级的诚信氛围更加良好。

《画蘑菇》教学设计

李 璟

教学基本信息					
主题名称	第5课《画蘑菇》				
学　科	美术	学　段	低年级	年　级	一年级
相关领域	造型表现领域				
主要教材	人民美术出版社一年级下册				
教学设计参与人员					
	姓　名	单　位		联系方式	
设计者	李　璟	北京市通州区教师研修中心实验学校		×××	
指导者					
其他参与者					
一、指导思想或理论依据					
本课在学习美术新课程标准的基础上，更新教学观念和理念，并运用新的理论来指导自己的日常教学工作，认真备好每一节课，上好每一节课。本节课以"任务驱动法"为主线，采用多种教学方法配合，着重培养和提高学生的识图素养、美术表现和创意实践能力。认真贯彻学校工作重点，在崇研尚实教学理念的引领下，通过"二线五环"框架模式完善美术教学，通过课下搜集、小组探究、任务汇报、师生互动、生生互评的方式，提高学生的参与度，使学生的美术特长得到更好的发展，进一步了解美术的基本知识，培养学生的观察能力和思维创新能力，提高学生的审美能力。					
二、教学背景分析					
本课属于"造型·表现"学习领域，与本册第3课《汽车的联想》、第4课《漂亮的童话城堡》同属造型创意单元。本课侧重引导学生学习如何表现画面的前后遮挡关系，利用蘑菇形象进行联想，通过大胆想象，创造出有趣的事物。本课既注重引导学生体					

续表

验造型活动的乐趣，又注重培养学生敢于创新与表现。因为《美术课程标准》对1-2年级学生的"造型·表现"活动能力要求较低，所以，在教学中要针对学习内容，运用以造型游戏为主的教学方法，使学生在愉悦的课堂氛围中展开学习体验。

三、教学目标

1. 知识与技能

知识：

（1）通过本课的学习，了解蘑菇的种类、外形特点。

（2）学习如何表现画面的前后遮挡关系，能利用蘑菇形象进行联想。

技能：通过对蘑菇的外形展开联想，培养学生的形象思维能力及想象能力。

2. 过程与方法

（1）学生在探究活动中认识到物体前后遮挡的关系，表现出有层次的画面。

（2）通过作品的赏析，启发联想，激发学生的创新意识，激起其学习的兴趣。

3. 情感、态度和价值观

调动学生积极、主动地参与课堂教学，通过体验探究、发现的愉悦，激发学生美术学习的兴趣。

四、重点与难点

一、教学重点

探究、了解蘑菇的外形特点，以蘑菇为原型展开联想。

二、教学难点

利用前后遮挡关系，表现出有层次的画面。

五、教学资源准备

PPT、资料库、笔、纸、蘑菇、讨论问答卷、课前调查问卷

六、教学流程

一、导入新课
↓
二、讲授新知
↓
三、艺术创作
↓
四、评价展示
↓
五、课后拓展

续表

七、教学过程

教师线环节	教师活动	学生线环节	学生活动	设计意图
【一、策略指导（创设情境）环节】	一、导入新课 1.出示谜语： 一顶小伞，落在林中。一旦撑开，再难收拢。 2.教师：谁知道和蘑菇有关的谜语或儿歌？请说给大家听听。 3.谁来跟大家分享一下你都知道哪些蘑菇？ 了解了这么多不同的蘑菇，那我们今天就试着画一画这些可爱的小家伙吧。 出示课题：画蘑菇。	【一、主动质疑环节】	猜谜：蘑菇 拿出自己收集的儿歌，与大家交流。 学生拿着自己带来的蘑菇，为大家讲解不同蘑菇的名称和形状、颜色特点。香菇、平菇、金针菇、杏鲍菇等。	通过谜语导入，创设情境，吸引学生注意。 通过课前调查问卷，了解可食蘑菇的相关知识。
【二、引导探究环节】	二、讲授新知 （一）了解蘑菇造型特点 1.接下来我们了解一下蘑菇的结构——菌盖、菌褶、菌柄。翻阅课本寻找答案。 2.这三个基本结构分别可以用哪些基本类型概括？教师示范。 3.出示一些有特点的颜色不同的蘑菇图片。 4.这些漂亮的蘑	【二、自主探究环节】	学生完成任务单连线游戏，互相检查后画奖章。 学生回答：半圆形、圆柱形、有疏密的线条。 欣赏不同的外形、色彩、斑纹的蘑菇。	加深记忆。 了解毒蘑菇的相关知识。

续表

	菇虽然美丽，但是很危险。我们平时吃的蘑菇大多以白色、褐色为主。			
【三、点拨纠正环节】	（二）前后遮挡 1.提问：蘑菇的生长特点。 2.根据蘑菇喜欢挤在一起的特点，请你看一看，课件里面的蘑菇构图，哪一个是正确的？ 教师总结：物体前后遮挡的时候，要先画前面的蘑菇，然后再画后面的，后面的遇到前面的线条要停下来，线不能交叉哦。教师讲解并示范。 3.分析书中的范例，同学们联想到什么？ 4.说一说自己的创作思路。 5.教师示范。强调前后遮挡的画法和添加创意。	【三、合作互解环节】	学生回答：蘑菇喜欢挤在一起。 学生观看大屏幕，讨论哪张构图更好看。并说明原因。 学生通过任务单尝试画两个前后遮挡的蘑菇。 学生回答：房子。 学生讲述自己的创作思路。 学生观看。	学习前后遮挡关系。 解决教学重难点。 培养学生的形象思维能力。
【四、强化总结环节】	三、艺术创作 艺术实践要求：根据蘑菇进行联想，画一幅有前后遮挡关系的创作画。 教师辅导。	【四、巩固应用环节】	构思、表现。 学生创作。 用"我欣赏……"和"我建议……"的沟	学生创新表现，激发学生兴趣。

213

续表

	四、展示交流 　　组织学生展示自己作品。把蘑菇贴在蘑菇森林里。 　　评出最佳创意奖和最佳构图奖。颁发奖状。		通方式进行自评、互评。 获奖同学谈谈自己的想法创意。	提高评价水平。巩固教学内容。
【五、拓展提高环节】	五、拓展 　　找一找生活中有着蘑菇造型的事物。	【五、课外延伸环节】	蘑菇岩石、蘑菇饰品、蘑菇建筑等。	保持兴趣、课后继续学习。

八、板书设计

画蘑菇
菌盖、菌褶、菌柄
前后遮挡
创意联想

九、教学反思

　　低年级学生造型能力偏弱，多以鼓励为主，构图要饱满，不要因为胆怯，而把构图画得过小。

十、教学评价

　　本节课教学设计比较合理，能结合学生实际情况，以一法为主，采多法配合，组合优化，合理运用多媒体，设计思路清晰，内容完整，引导学生参与自主探究、合作交流，重难点把握准确，教学方式多元，符合学段教学要求。

十一、创新点或亮点

　　抓住学生好奇心强的特点，利用"连连看""拼图游戏"等教学活动，让学生欣赏生活中蘑菇形的事物（蘑菇房、蘑菇灯、蘑菇池），使学生开阔眼界，并在此基础上联想出更有趣的事物。

《司马光》教学设计

田海潮

教学基本信息						
主题名称	《司马光》第一课时					
学　科	语文	学　段	小学	年　级	三年级	
相关领域	主题活动课					
主要教材	三年级上册（部编版）					
教学设计参与人员						
	姓　名	单　位		联系方式		
设计者	田海潮	通州区教师研修中心实验学校		×××		
指导者	张乃清	通州区教师研修中心实验学校				
其他参与者						

一、指导思想或理论依据

　　我校构建了崇研尚实型课堂的"二线五环"模式，强调学生自主生成，激发学生创新思维，让学生学有所获、学有所长。所以本课在设计之初加强了思维训练，走出了纯文训练的误区。传统语文教学强调的只是语言文字的训练，而忽略的却是思维方面的训练，特别是逆向思维和求异思维的训练。而现代语文教学不仅要培养学生语言文字的应用能力，不仅要学会一般的听、说、读、写，更要养成创新思维。本课的教学，沟通课本内外，拓宽学生的学习空间，让学生学会以与众不同的角度去考虑问题，培养学生创新思维、求异思维。

　　我校倡导自主、合作、探究的学习方式。新课程对于生字的教学，倡导"在读书中识字，在识字中读书"，本课的生字教学先让学生读课文，自己发现问题，圈点生字，学生自己确定学习目标，然后学生用已形成的学习方法自学生字，这体现了课程标准倡导的自主探究的学习理念，在学生对新问题的解决做自我尝试之后，进入小组讨论。在这种宽松的学习氛围中，学生相互交流，共同补充、共同提高。学生在学会生字之后，为了强化对所学生字的巩固，把生字带回课文这个具体的语言环境中，赋予生字以生命。

续表

在课堂中教师角色有了巨大的转变。教师要从过去仅作为知识传授者这一核心角色中解放出来，激发学生的学习兴趣，为学生创设良好的自主学习情境，尊重学生的个体差异，鼓励学生自己总结学习方法，吸取其他同学的长处为自己所用。

二、教学背景分析

《司马光》讲的是我国北宋时期司马光小时候砸缸救人的一件事。

司马光，北宋时期杰出的史学家、著名政治家。他所编写的巨著《资治通鉴》，深刻地影响了近千年来众多的帝王和文人学士。因父亲长期任掌管皇家藏书阁的三司副使，司马光有比他人更优越的读书条件，且比一般纨绔子弟更愿动脑。童年的司马光在花园玩耍时，同玩的小朋友落入水缸，他灵机一动想出以石头打破缸救人的办法，其机智的表现随后被画工绘成《小儿击瓮图》在汴梁张贴。因此，对于中国的孩子来说，大多数都是通过"司马光砸缸"这个故事知道了司马光这个人。

《司马光》这篇课文运用了对比的手法，形象地写出了司马光和别的小朋友在遇到意外事件时的不同态度，从而歌颂了司马光遇到紧急情况时的沉着、勇敢、果断救人的优秀品质。本文的主人公司马光是一个和我们的学生年纪相仿的同龄人，讲述的又是同龄人机智救人的故事，因而学生的学习积极性非常高涨，对课文"爱读""乐读"。但是，毕竟我们的孩子生活在城市之中，对于水缸，大家的认识都不是很多，这是一个难点，因而需要老师对水缸的质地及用处做一下讲解。同时，要了解司马光的沉着，从中受到启发，培养学生创新思维的能力，这是教学的一个重点。可以利用课件创设故事的情境，加深学生的体验。

三、教学目标

1. 认识"司、跌"等5个生字，会写"司、庭、登"3个生字，正确、流利、有感情地朗读课文，注意词语间的停顿，背诵课文。
2. 结合注释，联系上下文，理解句子的意思，理解课文内容。
3. 借助注释，用自己的话讲故事。
4. 初步感受文言文的特点。

四、重点与难点

重点：参考注释，理解句子的意思，用自己的话讲一讲这个故事。

难点：结合注释，联系上下文，理解句子的意思，理解课文内容。

五、教学资源准备

PPT课件

六、教学流程

一、导入新课，板书课题

1. 同学们，我知道你们读过很多历史故事，猜猜这是哪个故事？
2. 哪个同学知道司马光姓什么？请你说一说。

续表

二、学习生字、生词，整体感知课文
1. 自由读课文，圈画生字。
2. 跟读课文，分小组认读生字。
3. 熟读课文，读出停顿。
三、探索课文内容
1. 总结理解古文文意的方法。
2. 自己借助方法理解文意，并进行小组交流。
3. 小组代表发言，教师指正。
4. 汇报：指名读字音，如有不对的及时纠正。
四、讨论（读书交流，理清故事内容。）
1. 用自己的话讲故事。
2. 根据图片背诵课文。
3. 书写展示，相互评价，引导学生把不好写的字多写几遍。
五、作业
1. 默写生字。
2. 背诵课文。

七、教学过程

教师线环节	教师活动	学生线环节	学生活动	设计意图
【一、策略指导（创设情境）环节】	1.（出示图片）同学们，我知道你们读过很多历史故事，猜猜这是哪个故事？ （1）曹冲很聪明，想到了不用杀死大象就能称出大象重量的办法。下面这幅图呢？（出示图片）真好！原本喝不到水的乌鸦动脑筋想办法，解决了喝不到水的难题。 （2）你还知道有哪些通过思考机智解决难题的故事呢？ （3）谁读过这个故事，你能讲一讲吗？ （4）故事的主人	【一、主动质疑环节】	观察图片 《曹冲称象》。 《乌鸦喝水》。 学生讲故事。	图片激发学生兴趣。更好地投入到课文中。

	公是谁？——司马光。		《司马光砸缸》。	
	2.伸出你的小手指，和老师一起书写课题。一边书写一边想，司马光姓什么？		司马。	
	我们在一年级学过复姓，你还记得吗？司马也是一种复姓。			
	请同学们和老师一起读课题——《司马光》。			
	3.打开语文书102页，看一看课文，告诉老师你有什么发现？		这是古文、文言文。	
	对，这是篇古文，又叫文言文。是古代的人写出的文章，我们可以从古文当中，了解以前发生的事情。			
	（1）你们先自己小声读一读。		跟读课文。	正确、流利地朗读课文，读出停顿。
	（2）这些是这篇课文的生字，老师想看看你们有没有把它们读对，哪组先来？大家跟读。			
	（3）老师把它们变成短语，哪组来带读？			
	（4）去掉了拼音，哪组愿意来挑战？			
	4.老师把这些生字都带回到文言文中，你还认识吗？			
	（1）你们自己看书朗读一遍。			

	5.朗读文言文，我们经常标画斜线，提示自己适当停顿、读出节奏。（板书）同学们跟着老师读一遍。 （1）你们自己根据停顿读一读。 （2）谁想来试试？ （3）她读得怎么样？还有谁想读一读试一试？ （4）咱们拿起书，齐读《司马光》。 古文会读了，我们还要明白它的意思。 咱们先来看第一句。"群儿戏于庭"，哪个字你不知道意思？哪个字你已经知道意思了？你是如何知道的？ 你们真厉害，自己就总结出了学习文言文的方法，那你用这些方法自学，看看能不能理解这篇课文。【学习策略指导】		自读。 登瓮足跌 弃去持石水迸 戏于庭没水中 儿得活	
【二、引导探究环节】	自己学完了吗？同桌交流交流。 谁来说一说。 （1）问：他说得对不对。那老师想问，瓮和你们说的缸，是一样的东西吗？（展示PPT）	【二、自主探究环节】	自己朗读一遍。	理解课文。读懂句意。

续表

			生:"于"字不知道意思。"庭"我知道。可以看页下注释。还有"群"是一群的意思。	
	为什么是登瓮,而不是登缸?【引导探究】 (2)你们说爬上了那口瓮,与"爬"意思相同的在原文中是什么字? (3)咱们一起来看,"登"字甲骨文的演变。以前的"登"像什么? 甲骨文的"登"画的是双手捧着盛满粮食的器皿登上祭台,祈求来年五谷丰登的意思。 咱们伸出小手指,一起书写,想想写的时候应注意什么。			
	光击瓮破之。 (1)这里有一个字很特别,它在古文中很常见,现代文中不多见,这个"之"是什么意思? (2)想想看,他把什么给击破了?【点拨纠正】 (3)这个"之"的确指代"瓮"。现在,大家把这个"瓮"放在"之"的位置上来读一读。 (4)跟课文中的句子比一比,有什么感觉?为了避免重复,所以要用"之"代替。古文中还有许多"之""乎""者""也",等待着你去发现。		群儿戏于庭。"庭"是"庭院"的意思。 一群小孩在庭院中嬉戏,一个小孩登上一口瓮,跌倒淹没在水中。 学生交流文意。 瓮是口小肚大的容器,缸是口大肚小的容器。	

续表

	你们同桌间再来说一说这篇文章的意思，看看这次是不是说完整了。一个同学说原文，一个同学说意思。【合作互解】		如果是缸，司马光可以去拽他，让他爬上来，从而解救失足落水者。但瓮不好施救。【自主探究】	
【三、点拨纠正环节】	哪一组可以试试讲一讲了？ 你们说得真好，老师也想说一说，你们来说原文好不好？ 一群小孩在快乐地游戏，你该读课文哪一句来对应？ 一个小孩登上了一口瓮，突然！一不小心，他掉进了瓮里，水没过了头顶，他在水中挣扎想要求救。这个场景是多么危急啊！你该读课文哪一句来对应？谁可以读出来？大家学学他。 这是一个多么精彩的故事啊！故事中出现了几个人物，谁能快速找出来，都有哪些人物？ 他们在做什么游戏啊？ 所有的小孩都吓傻了，不知道怎么办了，没有人救他，大家纷纷跑了。	【三、合作互解环节】	登。 甲骨文的"登"画的是双手捧着盛满粮食的器皿登上祭台，祈求来年五谷丰登的形象。 司马光拿着石头去砸瓮，水涌出来了，小孩得救了。 哦，我知道了，他把那个大水缸给击破了，这个"之"就指的是"瓮"。	理解重点字意思。

续表

	他们在跑的时候会说什么？表情是什么样的？ 大家都惊慌失措，只有司马光拿起了石头去砸瓮救他。他当时是怎么想的？ 这说明司马光是怎样的人啊？你快夸夸他。【强化总结】 故事的结果怎么样了？ 老师为大家配上古筝乐曲，看图片，回想当时的场景，让我们一起把它的韵律、紧张的气氛、司马光的冷静机智读出来。		光持石击瓮，破瓮。	
【四、强化总结环节】	1.学习文言文，我们还可以用讲故事的办法进行。现在，请同学们想想他们是怎么玩的，一儿跌落水中后其他孩子是怎么跑的。把这个故事讲给同学们听一听，同桌之间先来互相讲一讲。 请一组同学讲。 2.你们讲得太生动有趣了，还有哪组同学有自己的理解？ 这次你讲，我们说出对应的原文。	【四、巩固应用环节】	两个"瓮"字中间就隔了一个"破"，感觉有些重复。 【巩固训练】 群儿　一儿 可能是捉迷藏。	

续表

	3.你们讲得非常正确！同学们，这是一篇短小的文言文故事，我们要把它记下来，会背诵。现在大家练习一下，我们看谁能背下来。 （1）谁可以背？（出示PPT） （2）谁可以比他背得更流利，背出停顿、节奏感？ 4.今天我们学习了第一篇古文，你觉得它和我们以前读过的《乌鸦喝水》《曹冲称象》的故事哪里一样哪里不一样？【拓展提高】 5.我们知道了要理解一篇古文首先要把字音读准、读出停顿、借助注释联系上下文和生活经验去理解，还可以把不理解的字组成词去理解，更可以用讲故事的方式去加深理解，帮助你背诵。		找家长求救。 找别人求救可能会来不及，不如自己砸破水缸。 镇定。 冷静机智。 你真是个聪明的孩子。 试着加入理解讲故事。 复述原文。 默写部分课文。	
【五、拓展提高环节】	拿出铅笔，填写学习单中默写部分。	【五、课外延伸环节】	都非常聪明机智。 短小精悍，含义丰富。	用自己的话讲讲文言文

续表

八、板书设计
24.司马光 读出停顿 组词扩词 生活经验 讲故事
九、教学反思
《司马光》对于三年级的学生来讲是比较熟悉的小故事，重点在如何通过联系他们的旧知识让他们学会读通文言文的方法，激发学生学习文言文的兴趣。所以引入铺垫的过程不宜过长，这节课在铺垫的时间分配上有些长，导致部分学生在理解课文的重点部分时没有充足的时间，人云亦云回答问题影响了课堂生成。
十、教学评价
本课虽是学生第一次接触古文，但教师放手让学生自己探索理解古文的方法，并加以引导，激发了学生学习古文的浓厚兴趣，为学生今后古文学习、培养语文学科素养做好了铺垫。
十一、创新点或亮点
本节课在学生初识文言文的过程中，引入了"之乎者也"，让学生对文言文有了充分的认识和探索兴趣，难度适中。

《30米快速跑与游戏》教学设计

郭翠翠

教学基本信息					
主题名称	30米快速跑与游戏				
学　科	体育与健康	学　段	水平一	年　级	二年级
相关领域	运动技能				
主要教材	《体育与健康》1至2年级全一册				
教学设计参与人员					
	姓　名	单　位		联系方式	
设计者	郭翠翠	通州区教师研修中心实验学校		×××	
指导者					
其他参与者					
一、指导思想或理论依据					
本课依据新课程标准中落实"健康第一"的宗旨，以课标中所倡导的"激发学生运动兴趣，培养学生体育锻炼的意识和习惯"这一理念为理论依据。本课程的实施，根据二年级小学生的年龄特点和认知规律，并结合我校学生跑步水平的实际情况，参考新课标中学习领域的水平目标，遵循学校"二线五环"的课堂模型，通过游戏这一教学活动方式，使学生在"玩中学，乐中学，练中有收获"。					
二、教学背景分析					
快速跑是学生十分喜欢的运动项目，也是一项十分有益学生健康的运动项目。快速跑，既能发展学生的灵敏度、速度、协调能力和一般耐力等身体素质，同时也可以提高学生的心肺功能。在练习的过程中，学生通过观察模仿练习游戏的学习过程，掌握动作方法，提高运动兴趣。培养学生积极参与的态度，感受协作互助的快乐，学会与他人友好交往，勇于展示自我，树立自信。本节课运用玩中学和学中玩的形					

续表

式，将枯燥的快跑练习寓于生动、活泼的游戏中，力求使学生在愉快的气氛中掌握和提高30米快速跑的技能，使体育课成为学生享受的一门课程。

三、教学目标

1. 根据学生的身心特点，通过游戏等方法重点教会学生自然站立式起跑的方法，发展学生奔跑能力，规范学生跑的正确姿势。

2. 发展学生速度、灵敏度、协调性和一般耐力等身体素质，促进学生内脏器官的发育。

3. 培养学生勇敢顽强、克服困难、与同学友好相处、团结协作等良好品质。

四、重点与难点

1. 重点：从站立式起跑开始，跑出后迅速以最快速度跑动；跑时上体保持正直，稍前倾，头要正，眼看前方，摆臂，后蹬有力，快速冲过终点线，跑完30米。

2. 难点：跑的动作协调，跑得直，快速冲过终点线。

五、教学资源准备

音响 标志桶 皮筋（1米左右）40条

六、教学流程

```
开始部分 ── 课堂常规
         └─ 原地三面转法

准备部分 ── 第一关：我是木头人

基本部分 ── 第二关：发掘快速跑的秘诀 ┐  循环练习法：
         ├─ 第三关：20米搬运粮食    │  （1）反应练习
         ├─ 第四关：30米快速跑比赛  │  （2）原地摆臂练习
         └─ 第五关：俯卧撑猜拳      │  （3）高抬腿练习
                                  └  （4）15米快速跑练习

结束部分 ── 放松操
         └─ 教师总结，下课
```

续表

七、教学过程

教师线环节	教师活动	学生线环节	学生活动	设计意图
开始部分	一、课堂常规 1.体育委员集合整队，并向教师报告人数。 2.师生互相问好。 3.教师宣布本节课的内容，并提出要求。 4.安排见习生，并进行安全教育。 二、原地三面转法			目的：常规教育。 目的：培养学生遵守纪律、团结写作的精神品质。
基本部分 【一、策略指导（创设情境）环节】	拯救汪汪队长大闯关： 第一关：我是木头人。 学生在音乐中做原地半高抬腿、高抬腿、后踢腿等动作，音乐停止后模仿教师动作（教师展示站立式起跑动作）。	【一、主动质疑环节】	引导学生阐述自然站立式起跑的动作要领：异侧手臂在前还是同侧手臂在前？ 利用教具——皮筋练习正确动作。	目的：引出本节课教学重点，用自然站立式起跑，并保持正确姿势。
【二、引导探究环节】	第二关：发掘快速跑的秘诀，并完成练习。 小组长从老师的宝藏盒子里抽取本组的完成的秘诀。 四组进行循环练习：①反应练习；②摆臂练习；③高抬腿练习；④15米快速跑练习。	【二、自主探究环节】	小组长带领本组成员练习，并且依次引导学生讨论并发言。	目的：引导学生提高反应能力。
【三、点拨纠正环节】	第三关：搬运粮食（20米快速跑，持物练习）	【三、合作互解环节】	小组长组织组内成员进行轮流发令、互相交流、提示同伴保	目的：教师观察，对有错误的同学单独指正。

续表

【四、强化总结环节】	第四关：30米快速跑练习	【四、巩固应用环节】	证跑的动作质量。 游戏黑猫白猫： 将全班学生分成两组，一组为黑猫队，一组为白猫队，在教师的口令下做练习，并与老师互动。当听到"天亮了"的时候，白猫队迅速去追黑猫队；当听到"天黑了"的时候，黑猫队迅速去追白猫队。每一队背后两边的长方形为各组队伍的家，到达家中时另一队则停止追赶，追到的同学自动归另一队。	目的：检测学习效果，学生是否运用了正确的跑步姿势，是否跑成了直线。
【五、拓展提高环节】	第五关：课课练。	【五、课外延伸环节】	课课练：俯卧撑猜拳。 方法：第一排和第三排向后转。	
结束部分	放松并练习《你笑起来真好看》。 总结学习效果。			目的：充分放松，防止拉伤。

续表

八、板书设计

本节课为室外体育课，课堂引导内容如下：
（1）在组长带领下完成反应练习：抓手指。次数：左右手练习10次。
（2）在组长带领下完成原地摆臂练习。次数：30次。
（3）在组长带领下完成高抬腿练习。时间：2分钟。
（4）在组长带领下完成15米快速跑练习。次数：3次。

九、教学反思

（1）学生的学习内容丰富，达到了教学目标，学生掌握了本节课重难点。
（2）在教学过程中利用循环练习法，发挥小组长带领作用，实现教学目标中的团结、勇敢的培养要求。
（3）对学习、练习比赛过程中的内容评价不具体，需改进。

十、教学评价

（1）利用教具——皮筋，解决教学重难点。
（2）在游戏中体会站立式起跑动作要领，提升练习兴趣。
（3）学练赛结合，培养学生技能。

十一、创新点或亮点

1.设置关卡，学生的学习兴趣高。
2.使用循环练习法，发挥小组长带领作用，学习氛围强。

《用字母表示数》教学设计

郭 童

教学基本信息					
主题名称	用字母表示数				
学 科	数学	学 段	第二学段	年 级	五年级
相关领域	小学数学教学				
主要教材	教育部 2013 年审定义务教育教科书北京版 38 页				
教学设计参与人员					
	姓 名	单 位		联系方式
设计者	郭童	北京市通州区教师研修中心实验学校		×××
指导者				
其他参与者				
一、指导思想或理论依据					

　　数学课程标准中指出"综合与实践"的实施是以问题为载体，以学生自主参与为主的活动，是教师通过问题引领、学生全程参与、实践过程相对完整的学习活动。学生是数学学习的主人，数学教学活动必须建立在学生的认知发展水平和已有的知识经验基础之上，数学教学应激发学生的学习积极性，向学生提供充分的从事数学活动的机会，帮助他们自主探索和合作。我校在"崇研尚实，点亮生命"的办学理念的引领下，构建了崇研尚实型课堂的"二线五环"模式，即：学生主线包括主动质疑、自主探究、合作互解、巩固应用、课外延伸等五个环节；教师主线包括策略指导、引领探究、点拨纠正、强化总结、拓展提高等五个环节。本课教学是在指导思想与"二线五环"教学模式的指引下设计实施的。

续表

二、教学背景分析
一、专题名称：用字母表示数 1.研究专题背景。 "用字母表示数"是数的重大发展，是学生由算术思维向代数思维的过渡。这之前学生在生活中已经接触到这方面的知识，如打扑克、汽车牌照、考试等级等。 2.研究专题分析。 通过对《用字母表示数》课例的研究，进一步提高教师对算术思维和代数思维的理论认知水平，为更好地建立学生的代数思维做好铺垫。 3.专题解决思路。 结合年龄问题和儿歌数青蛙等活动，我采取"提出问题—研究问题—解决问题"等步骤展开教学，让学生知道用字母表示数的意义和作用。

三、教学目标
一、教学目标： 知识与技能：使学生理解用字母表示数的意义和作用。 过程与方法：经历用字母表示数的理解过程，让学生体验迁移推理的学习方法，在课堂中渗透求未知数的思想。 情感态度与价值观： 1.在学习活动中，使学生获得热爱数学知识的积极情感，沟通算数知识与代数知识之间的联系，培养学生的抽象思维能力。 2.让学生在具体情境中感受用字母表示数的必要性和优越性，在课堂中渗透符号化思想。 3.让学生在解决问题中体会数学与生活的联系，体会代数符号表示的简洁性，从而进一步感受学习数学的价值。

四、重点与难点
教学重点：理解用字母表示数的意义，会用字母表示数和简单的数量关系。 教学难点：用字母表示数量关系，发现并表示出简单的数学规律。

五、教学资源准备
多媒体课件　流程卡片　泡沫板

六、教学流程
创设情境，初步感知 → 引入新课，自主探究 → 小组合作，探究方法／汇报交流，选择最优／小结方法，绘制流程图 → 应用策略练习 → 总结

231

续表

七、教学过程

教师线环节	教师活动	学生线环节	学生活动	设计意图
【一、策略指导（创设情境）环节】	同学们，当你的妈妈又在你的耳边唠叨时，你是否有过这样的回答："妈，你这都说过n遍了！"还有，你跟你的同学炫耀时说过这样的话吗？"这本书我n年前就已经看过了！" 那这里的n表示多少呢？ 是3年吗，是5年吗？ 它是一个不能确定的数。今天这节课我们就来学习用字母表示数。（板书课题：用字母表示数）	【一、主动质疑环节】	认真倾听，回答问题。	结合生活实际场景引入，使学生对这种熟悉的对话产生亲切感，提升学生兴趣。并且让孩子们理解n是一个不确定的数。揭示主题《用字母表示数》。
【二、引导探究环节】	为了更深入地了解咱们同学，我想采访一下咱们同学的年龄。看来咱们同学的年龄基本在10岁左右，那咱们以××同学为例，他今年10岁，郭老师今年26岁。 情境问题组： （1）明年××多少岁？当××11岁时郭老师多少岁？（27） （2）当××15岁时，郭老师多大？（31） （3）当郭老师46岁时，××多大？（30）	【二、自主探究环节】	预设： ①每过一年就加一岁。 ②年龄差不变。 ③不管××多少岁，郭老师总比××大16岁，或者说，××总比郭老师小16岁。	检查学生对所学新知识的理解程度，通过练习题使孩子们巩固用含有字母的式子表示结果和关系。题目要贴合实际情况，这样也更容易让孩子对生活中一些常见的情景与字母产生联系。

续表

	（4）怎么这么快就知道我们的岁数的呢？说说你的想法。 （板书） ××　　　　郭老师 10岁　　　　26岁 11　　　　　27 15　　　　　31 30　　　　　46 小结： 　　在这些数据中，每一组都表示出了××和郭老师的岁数，而且我们还能从中看出××和郭老师的岁数之间的关系。		学生先独立观察、思考，再和同桌合作探究，相互交流。	
【三、点拨纠正环节】	探索用字母和含有字母的式子表示师生之间的年龄关系，体会用字母表示数的意义和优点。 （1）如果这样再写下去，还能不能写？数据就会越来越多，你有没有简单的方法来表示出我们俩任意一年的岁数呢？ （2）为什么用一个字母来表示××的年龄呢？这个是一个字母，我们以前学过那么多的数，怎么不用呀？ （3）这个a可以表示多少岁？可以等于200吗？为什么？	【三、合作互解环节】	预设： 　　用a来表示××的岁数。 　　用具体的数只能表示某一年或者某一时刻的年龄，而用字母就可以表示任意一年的年龄。 　　还能表示郭老师和××之间的岁数关系。	数学知识来源于生活，也应用于生活。我利用学生身边的生活环境巧妙引入课题，这样能激发学生的学习兴趣。能吸引学生的注意力，激发学生的学习激情。

续表

	（4）如果用a来表示××的岁数，那么郭老师的岁数可以怎样表示？ （5）a+16表示郭老师的岁数，从中你还能看出什么？ 我们俩之间的岁数有什么关系？ （6）a+16可以表示多少岁？ 能表示80岁吗？ （7）既然a可以表示3岁、80岁，a+24也可以表示80岁，那能不能说，当××3岁时，我80岁，为什么？ 也就是说在a+16这个式子中，谁可以变化？谁不能变？ 小结： 要表示××和郭老师的年龄，我们可以采取多种方式。可以采用列举的方式、用语言描述的方式，当然也可以用字母和含有字母的式子来表示，你觉得哪种方法更好？为什么？（简单，概括）		表示郭老师总比××大16岁或××总比郭老师小16岁这个关系。 至少可以表示16岁（为什么？）。 郭老师和××之间岁数的相差关系就变了。	
【四、强化总结环节】	借助郭老师和××年龄关系问题，再次感知字母表示数的含义。 （1）如果郭老师的年龄用a表示，那××	【四、巩固应用环节】	认真思考，回答问题。	通过练习，巩固本节课的知识，检查学生的掌握情况。

续表

	的年龄应该怎样表示？ （2）这里的a与前面的a相同吗？ 师：既然两个a表示的含义不相同，今后在同一事件中为了避免混淆我们可以用不同的字母表示不同的含义。 （3）如果用b来表示郭老师的岁数，那××的岁数可以怎样表示？ 小结：通过前面的学习，我们发现，虽然我们之前学过许许多多的数，但是在一定条件下，这些数不够用了，也不能用了，于是我们就用字母和含有字母的式子来表示，这种方法怎么样？（简洁，概括）			
【五、拓展提高环节】	进一步理解用字母表示数的含义。 1.借助数青蛙，理解用字母表示数的含义。 师：今天我给你们带来一首《数青蛙》，咱们一起听听。 放音乐，出示课件。 2.探究用字母表示数的方法。 （1）如果继续往下数，数得完吗？ （2）试着用简单概括的方式把它们之间的规律表示出来。		认真思考，回答问题。	在学生动手分类的过程中渗透分类思想，并培养学生的自学能力。

续表

预设：

1只青蛙	A	X	X	X
1张嘴	B	X	X	X
2只眼睛	C	Y	X+1	2X
4条腿	D	Z	X+3	4X

3.展示学生的探究结果，进一步理解含有字母的式子的含义。

组织研讨：

①他这样表示这几个数量间的关系，你有什么想法？

②"2x""4x"中，x表示什么意思呢？

③"2x""4"表示什么？你还能看出什么？（数量间倍数关系，眼睛的只数，腿的条数）

④你还有什么新的想法来表示它们之间的关系吗？

小结：

通过数青蛙，我们再次明确了含有字母的式子不仅可以表示数量之间的数量关系，还可以表示一个数，这种方法既简洁又概括。

续表

【六、课外延伸环节】	应用知识，解决实际问题，求代数式的值。 （1）1只手有5个手指；2只手有10个手指；n只手有（　）个手指。 （2）我们每76年才见到一次的哈雷彗星，在公元s年出现后，再一次出现将是公元（　）年。 （3）一天早晨的温度是X摄氏度，中午比早晨高8度，中午温度是（　）摄氏度。 （4）王名今天去商店买了1块橡皮和3本笔记本，每块橡皮m元，每本笔记本n元，王名一共要付出（　）元。 （5）四（2）班女生a人，男生b人，平均分成6组，每组（　）人。 （6）一个等腰三角形的一个底角是X°，那么它的一个顶角是（　）°。		学生独立思考，完成练习。投影展示汇报。	丰富学生的课外知识，让学生了解更多的关于字母表示数的知识。
	如图，把一个边长为a的正方形四个角同时截去边长为b的四个小正方形，则剩下部分的面积为_____，周长为_____。		学生独立思考，完成练习。投影展示汇报。	学生了解含有字母的式子也可以在图形中表示周长和面积。数与代数和图形几何结合。

续表

	a / b (图示)			
【七、总结全课环节】	总结全课：那你觉得自己这节课表现得怎么样？如果用a表示非常满意；用b表示比较满意；用c表示有点遗憾。请你对自己今天这堂课的表现的满意程度做个选择，说说满意在哪里，遗憾在哪里，有什么希望。	【八、总结全课环节】	学生说体会。	全课总结，让学生回顾本课所学，并做出评价。

八、板书设计

用字母表示数

简洁　概括

同学的岁数		郭老师的岁数
10	相差16岁	26
11		27
15		31
30		46
…		…
a		a+16
b-16		b

九、教学反思

本课以学生感兴趣的内容为话题，探讨老师与××同学之间的年龄关系，引起学生自主思考，亲近数学，激发起他们对新知识的学习热情，拉近了学生与新知识的距离。学生在草稿本上由××同学的年龄计算老师年龄时，产生了厌烦的心理，自然而然地想到用更简便的方式来表示老师的年龄。在这一过程中，使学生经历了由数到式的认识过程：经历这一过程后，学生感受到数学的简约美，从而加深了学生对字母表示数的优越性的理解。有部分学生没有达到准确的认识，课堂上让学生说得不够充分，总结得比较匆忙，应该加强对学生的指导。

续表

十、教学评价

评价方式：

1. 知识与技能评价（练习卷）。

　　n张桌子（　　）条腿。

2. 过程与方法评价：观察学生是否能够积极参与教学全过程，课上能否认真思考、积极举手，是否能够热情参与组内讨论、操作等活动，并有所发现。

3. 情感态度价值观的评价：通过课上观察，从学生的学习态度、学习习惯、学习的积极性等方面考查。

评价量规：

1. 知识掌握情况评价：能够独立完成练习，并且符合要求。（优）

2. 学生能够积极参与教学全过程，课上认真思考，积极举手，能够热情参与组内讨论、操作等活动，并有所发现。（优）

3. 课上表现活跃，积极性高，愉快地完成学习任务。（优）

十一、创新点或亮点

（一）教学内容设计从生活实际出发，用身边发生的事情激发学生的兴趣，情境环环相扣，让学生真正地感受到生活中处处有数学。导入新课我先以较为简单的周末生活安排为例，渗透有些事情同时做可以节约时间的思想，降低了学生自主研究时的理解难度。进入新课时用给客人沏茶的实例深入研究怎样节约时间并用画流程图的方法表示出来。直到最后一步谈收获，每一步每个环节都是紧密结合学生身边的事情来研究的，而且这些事情涉及面广，不单调重复，充分体现了研究合理安排时间的现实作用。

（二）为学生提供充分的研究过程。通过小组讨论、动手操作、摆一摆、画一画等活动，激发了学生的学习热情和兴趣，让学生成为学习的主人，从而达到相信学生、把学生推上学习的主体地位的目标。

（三）发挥引导作用、促进学生的发展。体现了面向全体学生的基本教学理念，在教学中用不同的方式引导学生思考不同的方法，帮助学生理清思路，提升认识。

《慈母情深》教学设计

张乃清

教学基本信息				
主题名称	慈母情深			
学　科	语文	学　段	小学高年级	年　级	五年级
相关领域	语文			
主要教材	部编版小学语文五年级上册			
教学设计参与人员				
	姓　名	单　位	联系方式	
设计者	张乃清	教师研修中心实验学校	×××	
指导者				
其他参与者				
一、指导思想或理论依据				
语文是感性的，一切语言文字的自然组合所构建的文本皆为作者心中之语，都是通往作者心灵深处的一级级阶梯！语文教学就是要通过朗读对话等途径引领学生一次次地亲吻文本、触摸文本、走进文本，感受文字背后作者的真情流淌、生命的呼吸和律动！课堂教学的过程就是学生心灵自由驰骋的过程，就是学生情感自由涵养的过程，就是学生精神自然丰厚的过程！				
二、教学背景分析				

教材分析：

　　《慈母情深》这篇课文主要讲述了"我"想买一本长篇小说《青年近卫军》，于是去母亲工作的厂里向她要钱，母亲在极端贫困的情况下毫不犹豫地给"我"钱的故事。课文运用电影镜头的表现方式，为读者呈现了一幕幕感人至深的场景和一个个催人泪下的细节。作者通过外貌、神态、动作、环境等描写，刻画了一个贫困、辛劳而又伟大的母亲形象，用简练精准的语言和反复的手法，将感情蕴含在场景和细节中，给人以视觉和心灵上的冲击。因此，教学中既要引导学生关注场景和细节，体会蕴含其中的感情，又要指导学生通过品析、朗读、对比等方式，体会课文的语言风格和陌生化的写法，在言意兼得中落实语文要素。

《慈母情深》的语文要素是"体会作者描写的场景、细节中蕴含的感情""用恰当的语言表达自己的看法和感受"，细细研读这两个语文要素，"体会"与"表达"是两个关键词，这应是我们组织学生参与阅读活动的逻辑主线。如何体会？表达什么？教材中设计了两个练习，"默读课文，边读边想象课文中的场景，说说哪些地方让你感受到了慈母情深"，"读下面的句子，注意反复出现的部分，想想它们的表达效果。课文中还有一些这样的语句，画出来和同学交流"。这两个练习为我们的教学指明了路径和方法，"边读边想象"是体会和阅读这篇课文的方法，场景、细节描写是体会的对象和路径，只要紧紧抓住这一路径和方法进行精心设计和组织，必能促进语文要素的落实和学生语文素养的提升。

学情分析：

五年级的学生已经初步具备了通过默读理解关键词句含义，抓人物的语言、行动、神态、心理描写体会人物情感的能力，对于母爱的情感体验也较丰富，对文本能够结合上下文和生活实际提出自己独特的感受和理解。但是对文章的时代背景了解较少，这会影响他们对人物情感的理解，特别是对于本篇文章中大量运用反复修辞手法所起到的作用，学生还比较陌生，对反复出现的词句所表达的思想情感把握起来有一定的难度。

三、教学目标

1．朗读课文，体会场景、细节描写中的"慈母情深"。
2．通过朗读和感悟，体会反复对塑造人物、表达情感的作用，并练习运用。

四、重点与难点

教学重点：朗读课文，体会场景、细节描写中的"慈母情深"。
教学难点：体会文中反复出现的词语的表达效果并练习运用。

五、教学资源准备

多媒体课件　学生学习单

续表

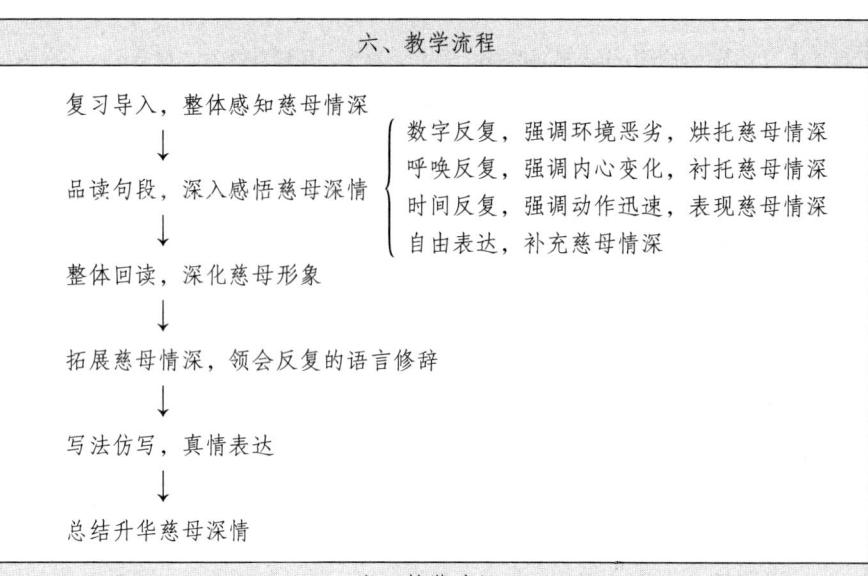

六、教学流程

复习导入，整体感知慈母情深
↓
品读句段，深入感悟慈母深情 ｛ 数字反复，强调环境恶劣，烘托慈母情深
呼唤反复，强调内心变化，衬托慈母情深
时间反复，强调动作迅速，表现慈母情深
自由表达，补充慈母情深
↓
整体回读，深化慈母形象
↓
拓展慈母情深，领会反复的语言修辞
↓
写法仿写，真情表达
↓
总结升华慈母深情

七、教学过程

教师线环节	教师活动	学生线环节	学生活动	设计意图
【一、策略指导（创设情境）环节】	1.读课题。 （1）读了课题"慈母情深"，你有没有想到自己的母亲，脑海中有没有浮现母亲让你感动、让你心酸的场景？ 2.复习生字，回顾课文内容。 教师：先来回忆课文的内容，完成学习单。 组织学生订正学习单。 3.组织学生质疑，对于简单问题让学生相互解疑。 4."慈母情深"深在哪？深几何？我们一起来读课文。感受藏在文字中的慈母深情！	【一、主动质疑环节】	回忆场景： 带着对母亲的敬意，再读课题，学生再次深情朗读课题。 学生动笔完成学习单：家境贫寒的"我"一直想买《青年近卫军》，于是"我"第一次来到母亲为"我们"挣钱的地方，那里空间低矮压抑，四壁潮湿颓败，噪声震耳欲聋。"我"发现母亲的脊背极其瘦弱,工作非常忙碌。当知道"我"想要一元	复习导入，整体感知慈母情深。

续表

			五角钱买书时，母亲用龟裂的手将钱塞给"我"，立刻又陷入了忙碌。"我"鼻子一酸，攥着钱跑了出去。 学生质疑，相互解疑。	
【二、引导探究环节】	默读课文，边读边想象课文中的场景，用"～～"画出能够体现"慈母情深"的语句，简单批注自己的体会。	【二、自主探究环节】	学生默读、标画、批注。	自读自悟，自主感受慈母深情。
【三、点拨纠正环节】	教师结合学生汇报情况，组织学生集体讨论、交流。 预设： （一）空间非常低矮，低矮得使人感到压抑……七八十台破缝纫机发出的噪声震耳欲聋。 1.从这段话中你体会到了什么？ 小结：是的，虽然这句话没有出现母亲，慈母的深情就藏在这场景的描写中。 2.这段话中反复地出现一个词语——"七八十"。如果去掉这个词语好不好？和原句对比朗读，看看这个数字的反复出现起到了	【三、合作互解环节】	学生自主汇报自己感受最深的语段。 朗读体会： 举手回答。 预设：环境十分恶劣，母亲为了家庭和子女强忍着、承受着痛苦。 学生朗读交流感受。预设：作者就是想通过反复出现的"七八十"这个词，告诉读者这个厂	品读句段，深入感悟慈母深情。 数字反复，强调环境恶劣，烘托慈母情深。

243

续表

	什么作用？ 小结：这就是反复的作用——强调了这里环境的恶劣。		房里人多、机器多、灯泡多，从而不断强调条件的恶劣，给读者留下深刻的印象。	
	（二）背直起来了，我的母亲。转过身来了，我的母亲。褐色的口罩上方，一对眼神疲惫的眼睛吃惊地望着我，我的母亲的眼睛…… 1.从这段话中你体会到了什么？ 2.这段话的表达方式很特殊，你们发现了吗？这个句子通常我们会这样写：（出示对比句。） ■我的母亲直起背，转过身来，褐色的口罩上方，一对眼神疲惫的眼睛吃惊地望着我。 ■背直起来了，我的母亲。转过身来了，我的母亲。褐色的口罩上方，一对眼神疲惫的眼睛吃惊地望着我，我的母亲的眼睛……		学生朗读体会。 慈母的深情就藏在对母亲动作、神态的细节刻画中。 朗读讨论两个句子有什么区别。预设：反复和倒装。 讨论作者为什么要用这样的反复和倒装的表达方式。 朗读呈现，读出慢镜头和定格画面。 评价引导：慢镜头往往伴随着定格画面，读出这样的镜头感。	呼唤反复，强调内心变化，衬托慈母情深。
	（三）母亲说完，立刻又坐了下去，立刻又弯曲了背，立刻又将头俯在缝纫机板上了，立刻又陷入手脚并用的		朗读体会。 讨论：如果刚才是慢镜头，这段话是什么镜头。	时间反复，强调动作迅速，表现慈母情深。

	机械忙碌状态……			
	1.组织学生朗读体会语段表达的情感和这样表达的作用。		讨论：反复的作用是在强调母亲工作忙碌。	
	2.组织朗读。			
	师：是啊！四个立刻的出现，让我们感受到了母亲工作的急切和忙碌。		学生接读这句话。	组织学生回环反复朗读此语段，体会其中蕴含的情感。
	师：在我的印象中，母亲像一台永不停歇的缝纫机，在家中忙，工作更忙，每天都是顶着月亮走，披着星星归。有时候我们兄弟姐妹甚至十天半个月见不着母亲的面儿，只是从厨房煮好的饭菜和母亲枕头上残留的头发，才能判断出母亲曾经回过家。可以想象，母亲为了我们，为了挣到这每个月27元钱付出了怎样的辛苦。引读：		学生接读这句话。	
	（1）每天早上，我的母亲一进入工厂就立刻——			
	（2）每天中午，我的母亲吃两口从家里带的生高粱米之后就立刻——			
	（3）当瘦弱的脊背弯曲得过于劳累，我的母亲只是简单伸伸腰，就立刻——		学生齐读这句话。	

| | 3. 口语练习。
出示：
　母亲这样对我说：
（　　　　　）
　看到如此场景，"我"鼻子一酸，内心澎湃汹涌，多想对母亲说："我的母亲啊！您工作太辛苦，太劳累了！曾经您的脊背是那样笔直挺拔的，可如今却如此瘦弱弯曲，歇一歇吧，让身体放松一下吧！母亲这样对我说——"
　"我的母亲啊！我现在才明白，您的视力和听力为什么会一天一天地变差，您竟然在这样恶劣的环境中工作，您歇一歇吧，不能再这样熬自己的身体了。母亲却这样对我说——"
　"我的母亲啊！您工作太辛苦，太劳累了！旁边的阿姨说得对，您这是用汗水和生命在挣钱啊！我怎么忍心花这个钱啊！母亲这样对我说——"
　"母亲就是这样忙碌着，为了一家人无私地奉献着。"
　（四）你还从哪些地方感受到了"慈母情深"。 | | 指名让学生想象表达。

学生想象表达。

学生想象表达。

学生自由表达，交流感受。 | 师生对话，补白人物内心活动。 |

续表

	小结：好的作品就是这样，文章处处为表现中心而服务。场景烘托，细节刻画，慈母的深情就融在这些描写中，慈母的深情就藏在反复的强调中。			自由表达，补充慈母情深。
【四、强化总结环节】	1.出示补充资料：就是这样一位慈母，甘愿用自己的青春作土壤，换得孩子的快乐成长。世上最伟大的父母总是能为孩子计长远。梁晓声能如此描摹场景、塑造角色，正得益于母亲对他读书的支持，后来梁晓声上了大学，再后来他成为了一名作家，一名优秀的编剧。成年后的梁晓声回忆说："15岁那一年，我去到母亲为养活我们而挣钱的那个地方的一幕幕情形，从此以后更经常地浮现在我脑际……" 2.出示插图，激情导语：他一定忘不了含辛茹苦的慈母。 （1）永远忘不了母亲当年工作的恶劣环境—— （2）作者永远不忘了母亲弯曲的脊背—— （3）永远忘不了母亲掏钱的动作—— （4）忘不了充满	【四、巩固应用环节】	指名让学生按要求回忆提取相关段落，有感情地朗读。	整体回读，深化慈母形象。

	无私母爱的话语—— （5）更忘不了深刻在我脑海中的慢镜头—— （6）忘不了刻骨铭心的快镜头——			
【五、拓展提高环节】	1.播放阎维文演唱的歌曲《母亲》，品味歌词。 　　母爱是我们说不完的永恒话题，母爱也是我们唱不尽的永恒歌曲。这是一首广为传唱的歌曲，它的歌词中也同样运用了反复的修辞方法。说说这里反复出现的词语在强调什么？ 2.出示句式，补白： 　　就这样，我有了第一本长篇小说…… 　　成年后的梁晓声，每每回忆起这样的情形，内心一定感慨万千、情不自禁，他喃喃地在内心里对母亲说："……" 　　推荐使用反复的修辞方法。	【五、课外延伸环节】	学生浏览，讨论反复的作用。 预设：母亲为我们做了许多许多事，奉献了很多很多。 学生仿照课文中反复的写法，练习写话。	拓展慈母情深，领会反复的语言表达效果。 仿写，真情表达。
	六、总结 　　梁晓声在创作《母亲》时，说了这样一段话： 　　"父母总是这样，将为难留给自己，将快乐给予自己的孩子们。"		学生朗读语句。	总结升华慈母深情。

续表

| | 世上最伟大的父母总是能为孩子计长远。这"一留一给"就是伟大的母爱，就是……学生齐读课题。

七、作业：
学完了课文，你是不是又不由自主地想到了自己的慈母，回忆起母亲让你感动的场景？试着写一写自己最深刻的场景。 | | 回忆起母亲让你感动的场景。
学生再次齐读课题。 | |

八、板书设计

慈母情深

场景　烘托　　　　　　　　　倒装

　　　　反复　强调

　　细节　刻画

九、教学反思

一、注重以人为本，以读为本

尊重"阅读是学生的个性化行为"。为此，我设计了放手让学生自主阅读的主题课堂，在学生理清作者思路的基础上，让学生默读课文，勾画出感人的语句，体会课文是怎样表现母亲的深情的。然后组织学生交流自己读懂了什么，有哪些感受和体会，还有什么没有解决的问题。让学生在读中再现情境，在读中体会感情。

二、聚焦语文要素，习得语言形式

从读到说，再到写，这是一个从认知到运用能力不断提升的过程，是习得语言的过程。在自读中认识什么是语言的反复表达，在朗读中感受语言反复的表达效果，在说的同时唤醒情感的记忆，在写中训练习得语言反复的技巧，学以致用，从而真正掌握语言反复这一方法。

十、教学评价

"以评促学，以学论教"，把课堂教学的重心从教师完成教学任务转移到正视学生的基础，以及促进学生的发展上来，真正达成课堂教学的有效性。通过"朗读评价表""写话评价表"采取学生自我评价、生生互评、教师评价等多种方式，让学生在参与评价与接收评价中学会发现自我，提升自我，从而完成自我激励与调控。

续表

评价量规

朗读评价表

差 ☆	合格 ☆☆	棒极了 ☆☆☆	同学互评	自评
朗读出现多处错误、不连贯、无感情。	朗读声音洪亮,正确、流利、有一定的感情。	朗读声音洪亮,正确、流利、有感情。		
不能说出自己对文本的理解、感受和体会。	能够通过朗读,结合生活实际,说出自己对文本的理解、感受和体会。	能够通过朗读,结合生活实际,说出自己对文本的理解、感受和体会,感受深刻。		
不参与课堂学习,不参与讨论。	能够参与课堂,能独立思考老师和同学提出的问题,参与讨论。	敢于提出自己的问题,能独立思考并积极发言,参与讨论。		

写话评价表

差 ☆	合格 ☆☆	棒极了 ☆☆☆	同学互评	自评
语句不通顺。	语句基本通顺。	语句通顺连贯,逻辑清晰。		
不能写出带有反复修辞手法的语句。	能够结合人物情感,恰当地运用反复方法写出一两句话。	能够结合人物情感,恰当地运用反复方法写出三句以上的话。		
书写字迹潦草,错别字多。	书写比较工整,错别字较少。	书写工整美观,无错别字。		

十一、创新点或亮点

一、长文短教,聚焦语文要素,习得语言形式

在教学中聚焦字词、句式、语段,通过比较、迁移和唤醒等方法,帮助学生关注语言形式,提高语言鉴赏能力。

续表

二、重点阅读，营造阅读氛围，体会文字情感

针对重点段落，教师通过关联原小说和上下文相关内容，营造了阅读的基调氛围，帮助学生进入课文情境，走入人物内心，体会蕴含在文字中的情感。

三、搭建支架，练习语言表达，深化文章主题

教学中，老师设计了给反复语句换符号、补白母亲心里话、仿照句式写话等形式的练习，让学生体会人物的内心世界，练习语言表达，并深化人文主题。

《知法守法 依法维权》教学设计

李 瑶

教学基本信息					
主题名称	执法守法 依法维权				
学 科	道德与法治	学 段	第三学段 (5-6年级)	年级	六年级
相关领域	法律				
主要教材	书名:道德与法治 出版社:人民教育出版社 出版时间:2019年7月				
教学设计参与人员					
	姓 名	单 位		联系方式	
设计者	李瑶	北京市通州区教师研修中心 实验学校		×××	
实施者	李瑶	北京市通州区教师研修中心 实验学校		×××	
课件制作者	李瑶	北京市通州区教师研修中心 实验学校		×××	
指导思想或理论依据					

本课编写依据是《义务教育品德与社会课程标准(2011年版)》中的规定,其中"我们的国家"部分第13条指出"知道自己是中华人民共和国的公民,初步了解自己拥有的基本权利和义务。知道我国颁布的与少年儿童有关的法律、法规,学习运用法律保护自己,形成初步的民主与法律意识"。此外,《青少年法制教育大纲》中"小学高年级(3-6年级)教学内容与要求"第2条指出"初步了解公民的基本权利和义务,简要认知重要民事权利,了解法律对未成年人的特定保护;初步理解权利行使规则,树立依法维权意识,树立有权利就有义务的观念,建立对校园欺凌行为的认知和防范意识";第3条指出"了解制定规则要遵循一定的程序,进一步树立规则意识,遵守公共生活规则。初步了解合同以及合同的履行,理解诚实守信和

续表

友善的价值与意义";第5条指出"初步认知未成年人能够理解和常见的违法和犯罪行为及其危害和要承担的法律责任";以及第6条"初步了解司法制度,了解法院、检察院、律师的功能与作用"等规定。

教学背景分析(教学内容与学生情况)

教学内容:《知法守法 依法维权》是小学道德与法治六年级上册教材第四单元《法律保护我们健康成长》的第二个主题第一课时。使学生知道在权利受到侵害时,可以运用相应的法律,依法维护自身权利。为学生提供方法上的指导,使学生了解运用法律维权的途径、方法和技巧。同时,本课也引导学生认识预防才是成本最低的维权方式,帮助学生提高自我保护的意识和能力。

学生情况:六年级学生在成长过程中已经接触了许多生活情境,对于如何处理日常生活事务有了一定的经验和想法。但是,在权利受到侵害,或是遇到纠纷时,学生很难运用法律维护自身权利。本课设定的第一个教学目标是培养学生的法治思维,引导学生遇事时要想到运用法律维护权利,并在此基础上寻求相应法律的救济。

教学目标

1.让学生更了解法律,并知道法制教育的重要性,使学生知道在权利受到侵害时,可以运用法律去维护自己的合法权益。

2.加强法制教育宣传,增强学生的自我保护意识,让学生养成学法、懂法、依法办事的好习惯,有效地树立和维护学校的良好学风以及社会的稳定发展。

教学重点

让学生知道法律的重要性,懂得遵守法律,依法维权。

教学难点

强化法制教育宣传,增强学生的自我保护意识,让学生养成学法、懂法、依法办事的好习惯。

媒体与资源

教材多媒体课件道具学习单

教学流程示意图

1.激发兴趣,导入主题。→2.认识法律既维护我们的合法权益,也对违法犯罪行为进行严厉惩处。→3.认识到欺凌是一种违法行为,鼓励学生拒绝欺凌、抵制欺凌。→4.引导学生维权时要避免危险,学会自我保护。

续表

七、教学过程

教师线环节	教师活动	学生线环节	学生活动	设计意图
【一、策略指导（创设情境）环节】	活动一： 结合实例，引导学生说一说自己的看法，讨论和交流： 无限制的广场舞是否超越权利边界？ 运用违法的方式维护自己的休息权是否正确，可能造成什么后果？	【一、主动质疑环节】	学生阅读实例，说说自己的看法。 请部分学生表演相应片段。 学生认识到针对不同的行为，法律根据情节轻重设置了不同的处理方式。	引导学生认识到法律是维护权利的有力手段，当权利受到侵害时，要在法律范围内行使和保护权利。
【二、引导探究环节】	活动二： 出示实例《悔恨的泪水》。 引导学生讨论交流，共同完成下面的表格。 | 程度 | 不良行为 | 处理措施 | | 黄灯 | | | | 红灯 | | | | 褐灯 | | |	【二、自主探究环节】	学生讨论、交流。	引导学生认识法律既维护我们的合法权益，也对违法犯罪行为进行严厉惩处。
【三、点拨纠正环节】	活动三： 出示实例（校园欺凌事件）。 引导学生讨论、交流，对学生进行道德教育。	【三、合作互解环节】	学生开展辩论，掌握正确的维权观念和手段。	引导学生认识到欺凌是一种违法行为，鼓励学生拒绝欺凌、抵制欺凌。
【四、强化总结环节】	活动四：出示实例：《机智自救的梁小惠》。 梁小惠自救的过程和关键点是什么？	【四、巩固应用环节】	学生思考：梁小惠自救的过程和关键点。	引导学生维权时要避免危险，学会自我保护。

续表

【五、拓展提高环节】	采取其他行为可能导致何种结果？ 小结：同学们，通过本节课的学习，我们了解到，当我们的权利受到侵害时，我们要用法律的手段保护自己，在我们的日常生活中遇到过哪些类似的事件？你的做法是怎样的？	【五、课外延伸环节】	如果采取其他自救措施，可能会产生怎样的后果？ 学生回顾自己生活中的事例，说一说自己是怎样做的，通过本节课的学习，有什么处理问题的新方法。	使学生将所学所用应用到自己的生活中，知道当自己的权利受到侵害时，要运用法律的武器保护自己。

教学反思

1.通过活动一，让学生以表演的形式导入新课，激发了学生的学习兴趣，尽可能还原生活中跳广场舞的情境，使学生感受到广场舞给大家带来的困扰，并发现利用违法的方式维护自己的权利不可取，从而通过小组讨论，寻找合法的解决办法。

2.对于校园欺凌行为，部分学生理解不到位，当说出撕毁同学书本等等行为也涉及校园欺凌时，很多同学露出惊讶的表情，证明本节课教学效果是值得肯定的，让学生了解到校园欺凌就在我们身边，杜绝校园欺凌现象的发生要从自身做起。

《十几减九》教学设计

马艳华

教学基本信息					
主题名称	十几减九				
学　科	数学	学　段	第一学段	年　级	一年级
相关领域	数与代数				
主要教材	北京版教材				
教学设计参与人员					
	姓　名	单　位		联系方式	
设计者	马艳华	北京市通州区教师研修中心 实验学校		×××	
指导者					
其他参与者					
一、指导思想或理论依据					

　　《数学课程标准》中对计算做出如下的要求："在数学课程中，应当注重发展学生的运算能力。"培养运算能力有助于学生理解运算的算理，寻求合理、简洁的运算途径解决问题。

　　理解算理、寻求合理简洁的运算途径的要求说明，这个运算能力中的运算不是纯技能性的训练，而是需要通过学生的思考去探索、理解、发现得到的。

　　《数学课程标准》中还指出："数学教学要紧密联系学生的生活实际，从学生的生活经验和已有知识出发，创设生动有趣的情境，引导学生开展观察、操作、猜想、推理、交流等活动，使学生通过数学活动，掌握基本的数学知识与技能、数学思想和方法，并获得广泛的数学活动经验。"所以，今天的运算能力的培养不但要关注计算能力，更要关注学生对算理的理解，关注学生自主探究的创新精神的培养，关注学生思维能力的发展，关注学生数学素养的形成。

续表

二、教学背景分析

教学内容分析：

《十几减九》是北京版教材一年级上册第九单元的内容。本单元的内容是学生学习认数和数的运算的开始，是学习多位数认识和多位数计算的基础，是学生认识计数单位、形成位置思想的重要基础。本节课的教学内容是在学生学习了 10 以内数的加法和减法、11—20 各数的认识和 20 以内进位加法的基础上进行学习的。本单元的内容也是多位数加减法、分数和小数加减法的基础。

对于本节课《十几减九》，教材安排了一个例题。例题是根据学生已有的生活经验和知识储备为出发点，选用"布置房间"这一熟悉的生活情境，让学生从实际问题中引出减法算式，再通过算法多样化，让学生理解算理，掌握算法。

3. 20以内数的退位减法

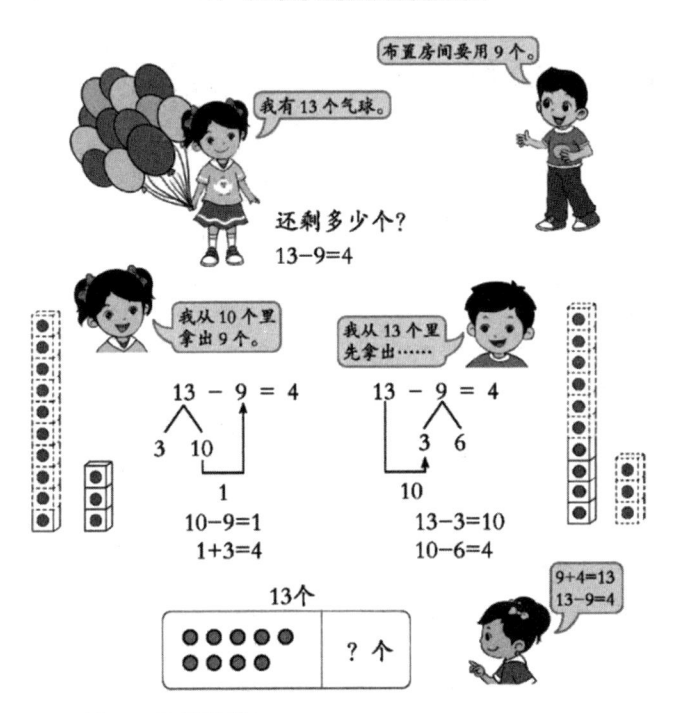

布置房间要用9个。

我有13个气球。

还剩多少个？

$13 - 9 = 4$

我从10个里拿出9个。

我从13个里先拿出……

$13 - 9 = 4$
 ／＼
 3 10

1

$10 - 9 = 1$
$1 + 3 = 4$

$13 - 9 = 4$
 ／＼
 3 6

10

$13 - 3 = 10$
$10 - 6 = 4$

$9 + 4 = 13$
$13 - 9 = 4$

13个

？个

还可以怎样计算？

在教学中，重视鼓励学生选择用自己喜欢或习惯的方法进行计算，给学生留出思考的空间，不强求一致。同时引导学生理解"破十法"，并以"破十法"和用加算减的方法为主要方法计算 20 以内的退位减法。

续表

【与其他版本教材比较】

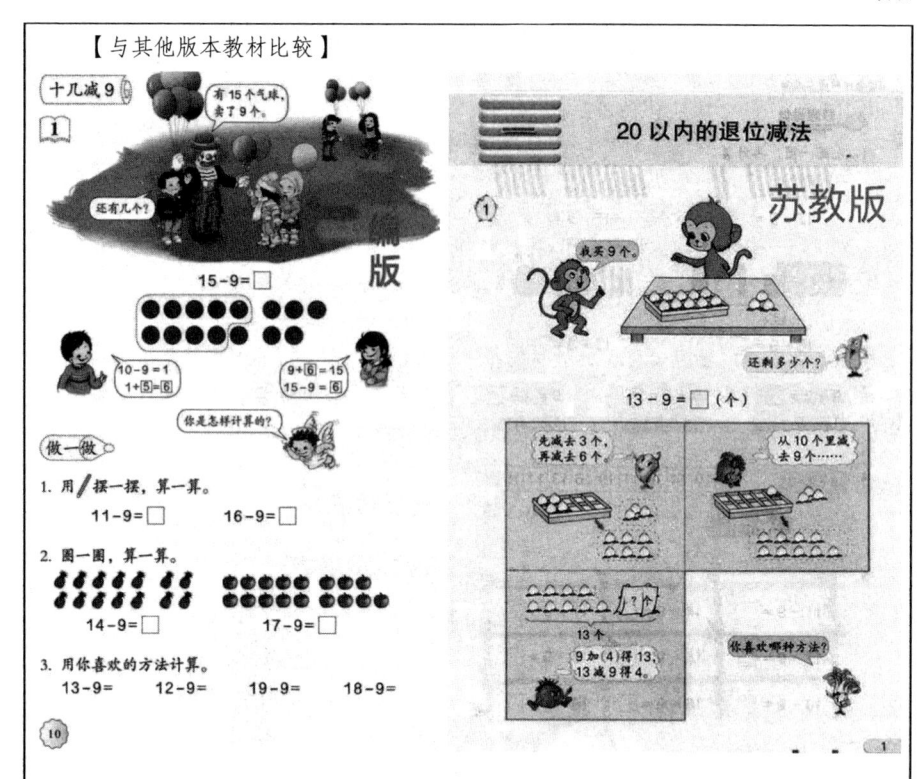

三种教材我们可以对比来看：

相同点：

（1）三套版本教材例题中出示的主题图基本相同：都是以解决生活中学生熟悉的实际问题为情境的引入。

（2）三套版本教材都是鼓励学生选择用自己喜欢或习惯的方法进行计算，引导学生理解以"破十法"和用加算减的方法为主要方法计算20以内的退位减法。

不同点：

部编版教材通过点子图来帮助学生理解算理，点子图呈现的是"破十法"的计算过程；第二种方法就是用加算减。

苏教版教材是通过桃子图帮助学生理解算理，桃子图呈现三种方法：一种是连减的计算方法；另一种是"破十法"；第三种方法就是用加算减。

北京版教材同这两种教材相比较，既有点子图又有方块图，呈现的算法与苏教版教材相同，只是在学生理解算理时出现了思考线，思考线能更加直观地帮助学生理解算理。

学生情况分析：

那么学生的情况又如何呢？他们在学习本内容之前是否已经会计算了呢？如果

会，他们知道这样算的道理吗？进而我又在想，会计算十几减九是不是就一定理解算理了呢？他们能否将十几减九的算理融会贯通呢？

带着这些疑问，我设计了3道调研题目。

（1）计算 12-9= 15-9=

（2）写一写，画一画，说说你是怎样计算的？

11-9=

第一道题中12-9是用较小数减9，15-9是用较大数减9。设计此题的目的是看孩子们能否应用原有知识正确计算，测试了45名学生后发现第一题结果正确的为42人，有3人错误；第二题结果正确的40人，有5人错误。我们列举各种情况依次分析：

1. 完全不会3人。（6.6%）

2. 只做对一题的有2人。（4.4%）

第二题是"写一写，画一画，说说你是怎样计算11-9的"，设计此题的目的是为了看学生能否正确计算十几减9，并能否用语言或者画图解释其中的道理。此题的学生掌握情况分析有以下三种：1.完全不会做或做错；2.答案正确，但算理解释不清（直觉）或借助以往的学习经验做出答案；3.答案正确，并且算理解释较为清楚。

接下来我们逐次分析各种情况：

1. 完全不会做或做错有4人。（6.6%）

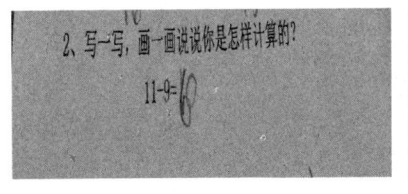

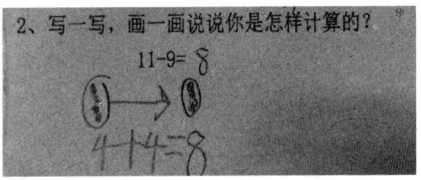

2. 答案正确，但算理解释不清（直觉）或借助以往的学习经验做出答案。

（1）直接口算的3人。（6.8%）

（2）答案正确，但算理解释不清21人。（46.7%）

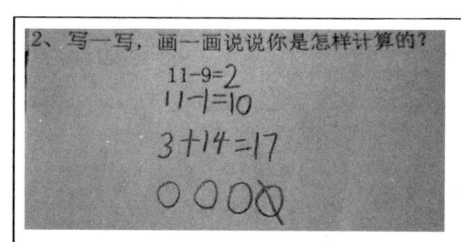

续表

3. 答案正确，并且算理解释较为清楚。

（1）画直观图 15 人。（33.3%）

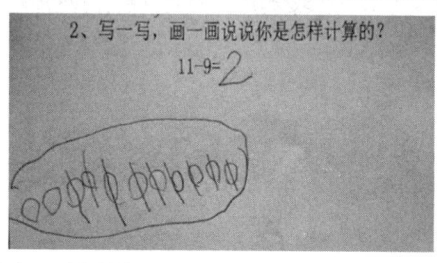

（2）画思考线 4 人。（8.9%）

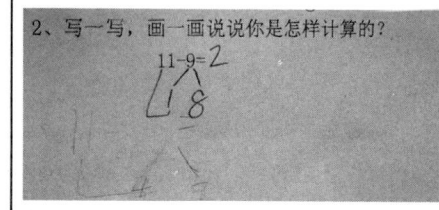

（3）应用分与合计算的 1 人。（2.2%）

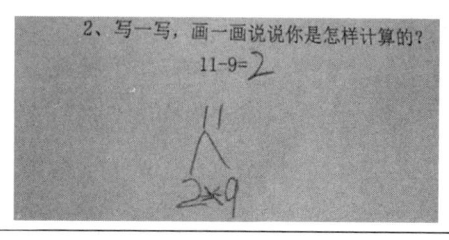

续表

（4）竖式计算2人。（4.4%）

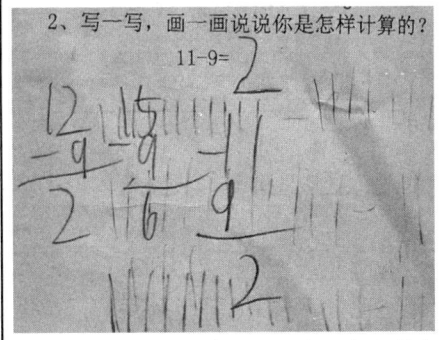

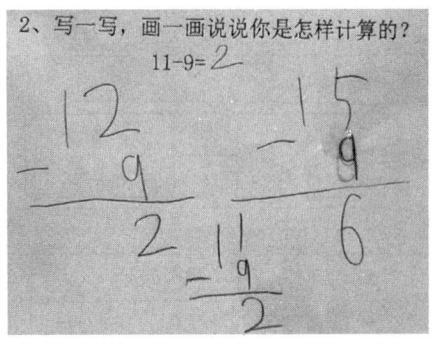

通过前测不难发现：班中大部分学生能够利用已有知识经验正确计算十几减9，但对于算理并不明确，虽然有部分学生利用原来的学习经验能够正确计算出结果，但解释得也不是很清楚。

我的思考：

（1）重点是算理的理解，分析调研学生出错的原因

我想对于计算教学而言，对算理的理解能够极大地促进算法的掌握情况。从学情调研中不难看出，计算出错的学生中部分学生对于没学过或没接触过的知识，不会想办法解答；还有一部分学生虽然能够通过画实物图或数的方法正确计算出结果，但还停留在知识的表面，对于算理的理解有待加深。

（2）分析计算正确的原因，学生对于计算停留在知识的表面认识，我该怎么办？

调研中显示部分学生可以根据原有经验，直接计算出正确的结果，但是对于结果的由来，也就是计算的道理并不清楚。这说明学生对于退位减法的认识还停留在表面现象。因此，我想设计一组数学活动，让学生们在动手中感受算理，在交流、分析中理解算理，引导学生感悟算法背后的算理，发现计算背后的规律，逐步认识到新旧知识之间的联系。为以后的计算教学做铺垫，同时促进学生运算能力的发展。

三、教学目标

1. 通过摆一摆、画一画等教学活动，理解十几减9的算理，掌握算法，并能正确计算。

2. 在十几减9的多种算法的探究过程中重点理解"破十法"和用加算减的算法，并掌握口算方法。让学生体会数学学习的多样性和趣味性。

3. 学生经历十几减9的探究过程，培养学生的动手操作能力和语言表达能力。

四、重点与难点

教学重点：鼓励学生在算法多样化中理解十几减九的算理，掌握算法。

教学难点：在探究过程中，让学生重点理解"破十法"和用加算减的算法，并掌握口算方法。

续表

五、教学资源准备				
课件　学具　小卷				
六、教学流程				
创设情境，提出问题 → 探究新知，理解算理 → 集体探究，组织研讨 → 巩固提升				
七、教学过程				
教师线环节	教师活动	学生线环节	学生活动	设计意图
一、创设情境，提出问题。	为了马上到来的元旦庆祝，二班同学为布置教室忙碌起来。 1.出示图片： （布置房间要用9个。） （我有13个气球。） ①找找图中数学信息。 ②提出数学问题：还剩下几个气球？ ③完整地叙述一遍题，试着分析并列出算式。 13-9= 2.质疑： 13-9=？	一、主动质疑	1.看图找数学信息。 2.提出数学问题。 3.读题分析，列算式。 4.质疑、猜想。	创设生活情境，并激发学生的学习兴趣，调动学生学习的主动性，把学生的需求，作为学习的主要动因。回顾旧知识，为新知识的探索做好铺垫。
探究新知,理解算理。	3.活动要求： ①请你先在图中画一画、圈一圈，再用小棒摆一摆，计算13-9。	自主探究环节。	1.学生自主探究。	通过学生的自主探究，为学生创造探

续表

| | ②计算完和同桌说一说。
③想一想：你还能用其他的方法计算吗？
2. 学生自主探究，教师搜集资源。
预设：
①画图。
QQQQQQQ
QQQQQQ
13-9=
②摆小棒（重点理解"破十法"）。
破十法：
先把1个十，变成10个一（破十），10个一减去9个一，剩下1个一，再与原来的3个一合起来就是4个一。
连减：
先从个位上减3，然后把十位上的1退回去，变成10个一，再减去6，就剩下4了。
重点演示小棒法，学生边演示，老师边板书。
③计数器。 | | 2.同桌间交流。 | 索计算方法的空间，培养学生的自学能力和动手能力，在同桌间的交流中，培养学生的倾听能力和语言表达能力。 |

续表

	④想加做减。 因为 4+9=13，所以 13-9=4。 ⑤思考线。 根据破十法，画出思考线。			
三、集体探究，组织研讨。 【三、点拨纠正环节】	重点研讨画图和小棒法。 方法①画图法。 （1） QQ QQQQQ Q QQ QQQQ Q （2） Q Q Q Q Q Q Q Q Q Q Q Q 方法②小棒法。 连减： 13-3=10 10-6=4 追问： （1）这个方法是怎么计算的？ （2）能结合着思考线说一说吗？	三、交流互解。	1.指名学生说说自己的方法。 2.同学间质疑、研讨。 3.指名学生回答。	通过直观的实物图，让学生在动手中深刻地感受减法的意义，并引导学生通过数的方法来计算。 通过自主学习与小组合作相结合，丰富学生的解题

264

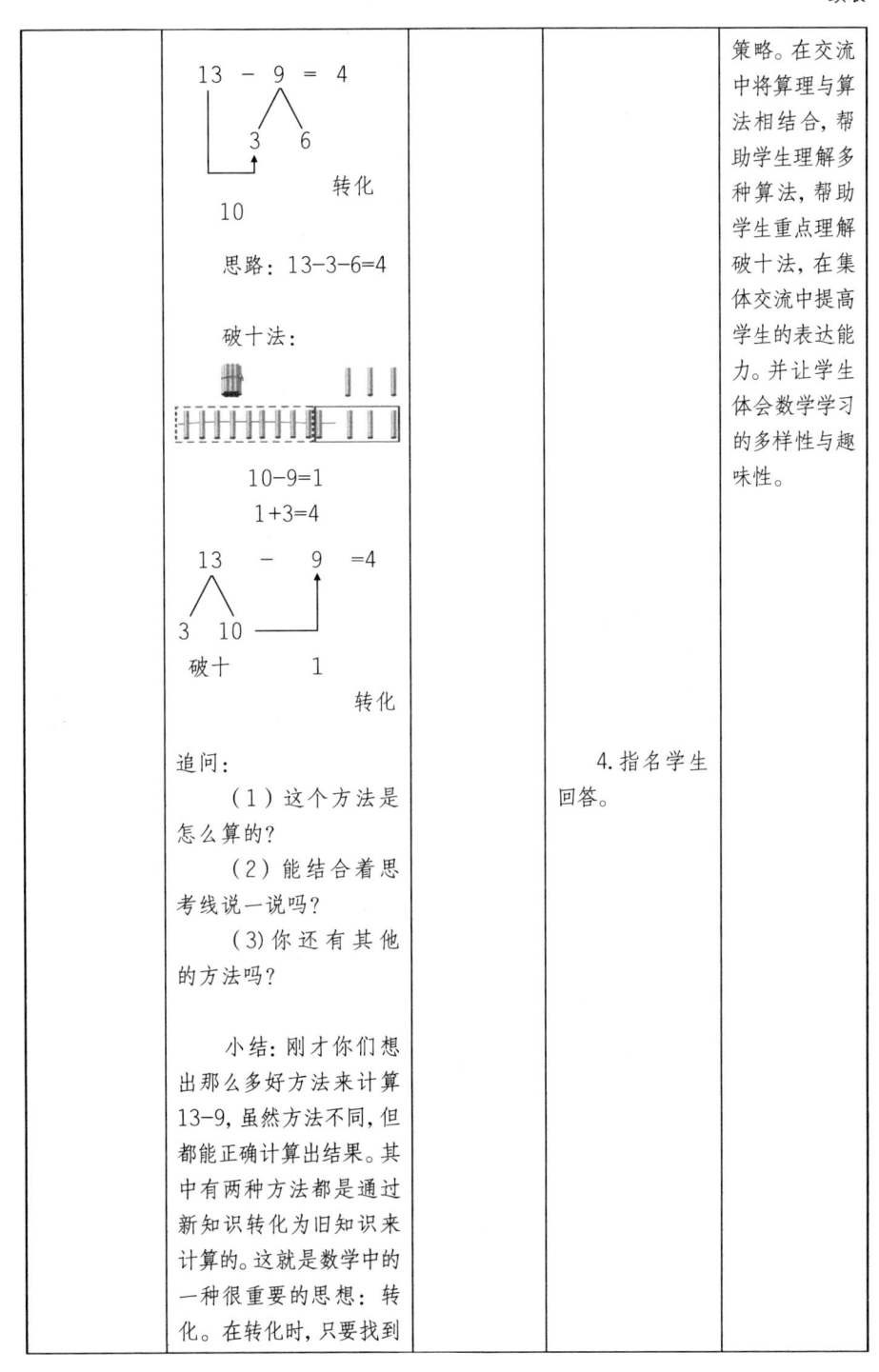

续表

	13 - 9 = 4 　╲　╱ 　3　6 　└─10─┘　转化 思路：13-3-6=4 破十法： 　　10-9=1 　　1+3=4 13 - 9 = 4 ╱╲　　↑ 3　10　1 破十　　转化 追问： （1）这个方法是怎么算的？ （2）能结合着思考线说一说吗？ （3）你还有其他的方法吗？ 小结：刚才你们想出那么多好方法来计算13-9，虽然方法不同，但都能正确计算出结果。其中有两种方法都是通过新知识转化为旧知识来计算。这就是数学中的一种很重要的思想：转化。在转化时，只要找到		4.指名学生回答。	策略。在交流中将算理与算法相结合，帮助学生理解多种算法，帮助学生重点理解破十法，在集体交流中提高学生的表达能力。并让学生体会数学学习的多样性与趣味性。

续表

	10，就会变得好算了。那么，用其他数来减9，你能试着算一算吗？			
四、巩固练习	练习并找规律。 1.划一划，算一算： ☐☐☐☐☐☐☐☐☐☐ ☐ 11-9=	四、巩固应用	1.自己独立练习。 2.指名学生订正。	通过动手操作和思考线的帮助巩固破十法，让学生经历从具体到抽象的学习过程，使学生更好地理解算理并掌握算法。
	2.填一填，算一算： 15-9= 18-9= ∧↑ ∧↑ ☐ 10 ☐ ☐		1.自己独立练习。 2.指名学生订正。	
	3.请你仔细观察这些算式，你发现什么有意思的规律了吗？ 11-9=2 13-9=4 15-9=6 小结：十几减9，几加1。 18-9=9 追问：1是哪来的？		1.观察算式。 2.说说自己的发现。 3.指名学生回答。	通过让学生观察、比较，自己发现规律，理解规律，深化对算理的认识。这样既锻炼了学生的数学思维，又激发了学生的学习兴趣。
	4.应用规律口算： 12-9= 14-9= 16-9= 17-9= 19-9= 问：19-9还用上面的规律吗？（不用）为什么不用？（个位够减）		1.口算。 2.集体讨论，并回答。	熟练掌握计算规律，提高学生的口算速度，激发学生的学习兴趣。并引出退

续表

	小结：个位不够减时，就叫退位减法，要把十位上的1个十，退回到个位变成10个一，再去减大数。刚刚我们发现的规律，也只有在退位减法时，才能用。个位够减的，就是不退位减法。			位减法，区分退位减法与不退位减法。
五、拓展提高	1.连一连： 11-7　19-6　12-6 13-8　15-3　18-7 退位减法　不退位减法 2.拓展提升 （　　）-9<5	五、课外延伸	1.连线。 2.订正，说算理。 1.自己做。 2.指名学生回答。 3.同学质疑，填全答案。	帮助学生理解退位减法，有助于学生在应用的过程中选择方法，进而提升学生的计算能力，奠定运算基础。 综合应用本节课的知识，在解题中让学生了解本题答案不唯一，在找全答案的过程中发散学生思维，让学生体会数学学习的多样性与严谨性。
六、小结	在本节课中，你学会了什么？ 　　你们能用那么多种方法来计算十几减九，老师特佩服你们，你们真棒！以后我们再遇见像"十几减9"这样的退位或不退位的减法题，只要你有一双善		指名学生回答。	

续表

| | 于发现的眼睛,就一定能解决这些问题。 | | | |

八、板书设计

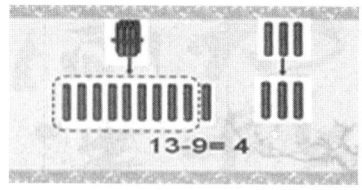

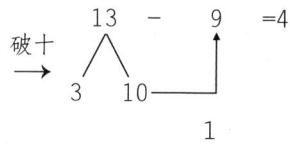

十几减九

（几加1）

13 - 9 = 4

破十 → 3 10

1

13 - 9 = 4

九、教学反思

1.在本节课中,教学过程设计合理,从生活情境导入,通过学生找信息、提问题、列算式,引导学生质疑；再通过组织学生动手操作,集体交流,交流过程中学生之间的互动,帮助学生理解算理,掌握算法。以及学习单的应用,从学习单中暴露的问题入手进行分析,组织教学。学生参与的积极性高,教学效果良好。

2.学生活动中加大对学生关注度,由于班级容量大,最好让学生两人一桌,关注的点就能变少。课堂中,要对学生多进行激励性评价,要多表扬,多鼓励。课堂问题要有效,要带着预设提出问题。一年级学生的课堂要以动制动。

十、教学评价

1. 评价方式采用学生完成课堂练习的情况。

2.学生是否能够积极参与教学全过程,课上积极发言,组内主动交流,认真思考,经历知识的形成过程。

3.通过课上观察,从学生的学习态度、学习习惯、学习的积极性等方面考查。

评价量规：

1.课堂练习能独立完成并完全正确。（优）

2.学生能够积极参与教学的全过程,课上积极举手,组内主动发言,认真思考,经历知识的形成过程。（优）

3.课堂气氛活跃,学习积极性高,愉快地完成学习任务。（优）

十一、创新点或亮点

1.重视学生对算理的理解,发展学生的运算素养

教材告诉我们应该掌握算理,但调研结果告诉我们学生掌握算理有困难,所以,本节课不仅仅定位为会算,更要让学生懂得为什么这么算。通过创设学生熟悉的生活情境,鼓励学生自主探究,小组合作。学生在用多种方法验证的过程中,不仅加

续表

深了对算理的理解，还提高了学生的表达能力，促进了学生运算素养的发展。

2.通过观察、比较，引导学生发现计算中的规律，提高了学生的口算能力，并注重发展了学生的应用意识和创新意识。

课标中的要求是：能熟练地口算20以内的加减法。所以在学生理解算理、掌握算法的基础上，引导学生发现计算中的规律，通过对规律的理解，进一步深化了算理，在应用时提高了学生的口算速度，同时也发展了学生的应用意识和创新意识。

《数学百花园——合理安排时间》教学设计

宋春娜

教学基本信息				
主题名称	数学百花园——合理安排时间			
学　科	数学	学　段	第一学段	年　级	三年级
相关领域	综合与实践			
主要教材	教育部2013年审定义务教育数学三年级下册北京版			
教学设计参与人员				
	姓　名	单　位		联系方式
设计者	宋春娜	通州区教师研修中心实验学校		×××
指导者	黄玉凤	通州区教师研修中心		×××
其他参与者				
一、指导思想或理论依据				
数学课程标准中指出"综合与实践"的实施是以问题为载体，以学生自主参与为主的活动，是教师通过问题引领、学生全程参与、实践过程相对完整的学习活动。学生是数学学习的主人，数学教学活动必须建立在学生的认知发展水平和已有的知识经验基础之上，数学教学应激发学生的学习积极性，向学生提供充分从事数学活动的机会，帮助他们自主探索和合作。				
二、教学背景分析				
教材分析： 　　合理安排时间是北京版教材第6册第十单元"数学百花园"的内容。本节内容通过日常生活中的沏茶问题，让学生尝试从优化的角度在解决问题的多种方案中寻找最优的方案，初步体会运筹思想在实际生活中的应用。运筹思想是比较系统、抽象的数学思想方法，这节课只是让学生通过简单的事例，初步体会运筹思想在解决实际问题中的应用，初步培养学生的应用意识，提高解决实际问题的能力。				

续表

学情分析：

近年来大量现实情况表明，有一部分小学生时间观念不强、时间安排不合理，经常出现上课迟到的现象。经学前调研发现，大约60%的学生有一定的安排时间的意识，但在一定时间内有多件事情要做，并且有些事情可以同时做时，怎样合理地安排时间，学生不知所措。小学阶段是学生学习的黄金时期，又是他们养成良好习惯的关键时期，教会孩子合理、充分地利用时间是教师的一项重要任务。

三、教学目标

教学目标：

1. 能够认识到解决问题的策略具有多样性，能够寻找出解决问题的最优方案。
2. 体验运用所学的知识和方法解决简单问题的过程，会画简单的事件流程图。
3. 感受数学与生活的联系，能够养成合理安排时间的良好习惯。

四、重点与难点

教学重点：认识到解决问题具有多样性，能够找出解决问题的最优方案，并能画简单的事件流程图。

教学难点：寻找解决问题的最优方案，培养学生解决问题的能力。

五、教学资源准备

多媒体课件　流程卡片　泡沫板

六、教学流程

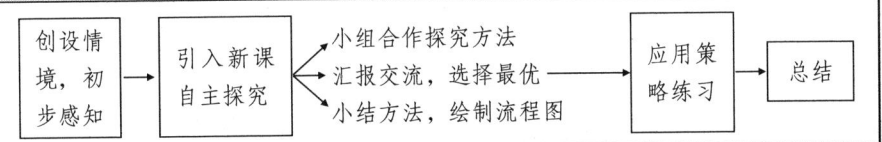

创设情境，初步感知 → 引入新课 自主探究 → 小组合作探究方法 / 汇报交流，选择最优 / 小结方法，绘制流程图 → 应用策略练习 → 总结

七、教学过程

教师线环节	教师活动	学生线环节	学生活动	设计意图
【一、策略指导（创设情境）环节】	【（一）创设情境】谈话 师：同学们，周末的时间你们是怎么安排的？学生谈自己的周末安排。 质疑激发兴趣：你们想知道老师周末是怎么安排的吗？	【一、主动质疑环节】	【学生猜想】 （1）把所有需要的时间加起来一共需要两个半小时，那就是10时半来。	从学生和老师的实际生活引入，激发学生的兴趣。

续表

	1.展示老师周末在家听音乐、收拾房间以及看书的照片。 师：老师周末起床洗漱吃完早饭大约在8时。然后喜欢听1个小时音乐，收拾房间大约1个小时，看书半个小时。这个周末同学要来家里做客，那你们帮我安排一下，我最早什么时间邀请客人来我家呢？ 揭示课题：有些事情在不影响效果的时候可以同时进行，用最少的时间做更多的事情。今天我们就来学习怎样合理安排时间（板书课题："合理安排时间"）		(2)听音乐的同时可以收拾房间，这是一个小时，再加上看书半个小时，一个半小时就够，9时半就可以。	
【二、引导探究环节】	（二）【引导探究】 师：9时半的时候客人如约而至，请你们帮老师招待一下阿姨，为她沏茶吧。要完成这些程序，怎样能尽快喝到茶？ 黑板出示沏茶问题的流程，并出示所用时间的纸片。 洗水壶：1分钟。 烧开水：6分钟。 洗水壶：1分钟。 洗水杯：2分钟。 拿茶叶：1分钟。 接水：1分钟。	【二、自主探究环节】	【自主探究】 小组合作探究： 1.小组交流解决问题，组内先说明自己的想法。 2.小组合作，利用程序纸片拼摆，完成沏茶所用的时间方案设计，每组的方案可以有多种。	揭示课题，了解本节课所要学习的主要内容。

续表

| 【三、点拨纠正环节】 | 1.完成整个沏茶过程需要几个步骤和所用时间是多少？

2.提出没有弄明白的步骤，同学解释（重点解释洗水壶和洗茶壶的区别）。

师：下面我们分组进行研究，看看怎样做能以最短的时间完成沏茶的整个过程。

【点拨纠正】
师：这样做的过程能顺利地烧开水吗？看看问题出在哪里？

（三）展开讨论、理解道理、优化方法
师：为什么可以在8分钟内完成整个过程？时间节约在哪？
学生发表自己的看法：
（1）指导学生注意事情有先后顺序；
（2）有些事情可同时做；
（3）重点理解：在烧开水的6分钟里可以洗茶杯占用2分钟，洗茶壶占用1分钟，拿茶叶占用1分钟。 | 3.汇报：以小组为单位，拿着流程卡片通过实物投影进行汇报。最优组到黑板上一边贴一边解释说明。

【三、合作互解环节】 | 【合作互解】
学生1：拿茶叶1分钟→洗茶壶1分钟→接水1分钟→洗茶杯2分钟→洗水壶1分钟→烧水6分钟。

（学生质疑：这样的程序和过程能不能顺利烧开水？学生找出问题的症结所在是：烧水是要用水壶的，要先清洗水壶再接水，因为不是用茶壶烧水的。） | 小组全体成员进行汇报，培养学生的团结协作的意识。

培养学生发现问题、提出问题、解决问题的能力，鼓励学生质疑问难。 |

续表

			学生2：沏茶所用的6道工序，每个工序必须要做，所以把这些程序按先后顺序完成就可以，把所有的时间加起来共12分钟。拿茶叶1分钟→洗茶壶1分钟→洗水杯2分钟→洗水壶1分钟→接水1分钟→烧水6分钟。	
	教师小结：在按照事情先后顺序的前提下有些事情同时做会节约时间。 提炼方法、学画流程图。 我们可以通过画简单的过程或者线段图的方法把整个过程表示出来，注意哪些事情是同时做的，要表示清楚，你想尝试吗？ 小结：通过帮老师解决沏茶问题，我们知道了一些有关系的事情发生是有先后顺序的，按顺序完成的同时有些事情可以同时做。在做之前我们可以运用今天学习的画图的方法考虑设计出方案。		学生3：洗水壶1分钟→接水1分钟→烧开水6分钟（同时洗茶杯2分钟、洗茶壶1分钟、拿茶叶1分钟）共8分钟。 1.学生自主画图，根据画图情况展示。 2.重点学习同时进行的事件的画图方法。	教给学生用简洁的数学方式表示生活中的实际问题的方法，突出数学本质。
【四、强化总结环节】	试一试： 等候的时间是什么意思？等候时间总和是什么意思？	【四、巩固应用环节】	课件出示，试一试。 1.理解题意。 （1）给三辆车标号：A、B、C。	

274

续表

【五、拓展提高环节】	【拓展提高】家务	【五、课外延伸环节】	（2）设想有几种装车的顺序？（答案：ABC、ACB、BAC、BCA、CAB、CBA）。 2.充分理解题意，试着画图解决。 3.汇报选优。 写出安排的过程和所用的总时间。 画流程图。	用所学知识解决生活中的实际问题，学以致用。
	洗碗 / 收拾客厅 / 拿衣服去洗 / 拖地 / 洗衣机洗衣服 / 晾衣服 3分钟 / 8分钟 / 1分钟 / 10分钟 / 26分钟 / 3分钟 怎样安排用时最少？最少要多长时间？写出安排的过程。			

八、板书设计

合理安排时间

洗水壶 ——→ 接水 ——→ 烧开水（同时）　　洗茶杯2分钟　　有序
1分钟　　　　1分钟　　　6分钟　　　　　　　洗茶壶1分钟
　　　　　　　　　　　　　　　　　　　　　　　拿茶叶1分钟　　合理

共8分钟

续表

九、教学反思

一、教学内容设计从生活实际出发，以学生已有的生活经验为基础，使学生在整节课的学习过程中都能感悟到生活中处处有数学。课上我以自己周末生活中的听音乐、收拾房间、看书等生活情节为情境，请学生帮我安排最早接待客人的时间这一环节，使学生认识到能同时做事情可以节约时间。这个认识正是基于合理安排时间中"同时"这一重要因素之上的。

二、学生通过动手操作探究获得经验，活动充分，实效性强。著名教育家杜威说过："一盎司的经验胜过一吨的理论。"因此，在安排沏茶顺序这一环节时，我给学生充分的时间，让学生以小组合作探究、汇报的形式进行呈现。通过巡视指导，我发现在小组探究中大家积极性很高，小组成员间都发表了自己的想法和建议。每个小组基本都经历了"研究排序→调整顺序→确定流程"这一过程。他们在真真正正的研究、讨论中，寻找解决问题的最优方案。

三、教师的教学点落到实处。课后与会专家对我的评价是：教师的讲解适时、适度、有实效。在引导学生"洗水壶、接水、烧开水"这三个程序必须有序进行时，我向学生提出了"先做什么、再做什么、能不能交换顺序"这些问题，这点至关重要，时机把握也恰到好处。通过学习，学生理解了事情的有些环节就是要严格按照顺序进行，否则是做不成的这个道理，突出了合理安排时间中的"有序"问题。

艺术永远没有完美的，课堂教学亦是如此。在本节课中需要改进的地方主要有两点：

一、展示沏茶的程序环节应该配备图片。由于在黑板上老师展示的是纯文字的程序纸片，这对学生安排顺序方案造成了一定的困难。有的学生由于不明白"洗水壶"和"洗茶壶"这两个程序的区别安排错了顺序。

二、展示交流中多给孩子们表达以及互相交流的机会。课堂上有的学生质疑汇报小组"接水"的位置摆放不正确时，老师代替了孩子发言，打断了学生之间的交流。总之，就是应该最大限度地把课堂还给孩子们。

总之，在这节课中体现了"数学百花园"这个活动课的特点。把学生推到了学习的主体地位。学生面对沏茶、做家务等实际问题时，能主动尝试探索解决问题的方法，选择最佳方案。学生在自主探索、合作交流中体会运筹的数学思想和方法，提升优化意识；学生在自主探索、合作交流中积累从事数学活动的经验，提高解决问题的能力。我想在新课程理念的指引下，只要积极地进行教学反思，不断加强学科本位知识的学习，不断提升专业技能，就能更好地驾驭新教材，使自身的教育教学水平更上一个新台阶！

续表

十、教学评价
评价方式： 1. 知识与技能评价（问卷）。 做家务： 洗碗　　收拾客厅　　拿衣服去洗　　拖地　　洗衣机洗衣服　　晾衣服 3分钟　　8分钟　　　1分钟　　　　10分钟　　26分钟　　　　3分钟 怎样安排用时最少？最少要用多长时间？ 2. 过程与方法评价：观察学生是否能够积极参与教学全过程，课上是否认真思考、积极举手回答问题，能否热情参与组内讨论、操作等活动，并有所发现。 3. 情感态度价值观的评价：通过课上观察，从学生的学习态度、学习习惯、学习的积极性等方面予以评价。 评价量规： 1. 知识掌握情况评价：能够独立完成练习，并且符合要求。（优） 2. 学生能够积极参与教学全过程，课上认真思考，积极举手，能够热情参与组内讨论、操作等活动，并有所发现。（优） 3. 课上表现活跃，积极性高，愉快地完成学习任务。（优）
十一、创新点或亮点
（一）教学内容设计从生活实际出发，用身边发生的事情激发学生的兴趣，情境环环相扣，让学生真正地感受到生活中处处有数学。导入新课我先以较为简单的周末活动安排为例，渗透本课主要思想"有些事情同时做可以节约时间"，降低了学生自主研究时的理解难度。进入新课时用为客人沏茶这一生活中常见常用的例子深入研究怎样节约时间，以及用画流程图的方法表示出来。直到最后一步谈收获，每一步每个环节都是紧密结合学生身边的事情来研究的，而且这些事情涉及面广，不单调重复，充分体现了研究合理安排时间的现实作用。 （二）为学生提供充分的研究过程。通过小组讨论、动手操作、摆一摆、画一画等活动，激发了学生的学习热情和兴趣，让学生成为学习的主人。相信学生，把学生推到了学习的主体地位上。 （三）发挥引导作用、促进学生的发展。体现了面向全体学生的基本教学理念，在教学中用不同的方式引导学生考虑不同的方法，帮助学生理清思路，提升认识。利用学生已有的探索交流的成果，重点引导学生理解烧开水的过程可以完成其他的步骤这一道理，解决了本节课的重点和难点。

《认识时分》教学设计

宋赫男

教学基本信息					
主题名称	认识时分				
学　科	数学	学　段	低学段	年　级	二
相关领域	数与代数				
主要教材	义务教育教科书数学二年级上册				
教学设计参与人员					
	姓　名	单　位		联系方式	
设计者	宋赫男	通州区教师研修中心实验学校		×××	
指导者					
其他参与者					

一、指导思想或理论依据

《课程标准（2011年版）》指出：课程设计要"在呈现作为知识与技能的数学结果的同时，重视学生已有的经验，使学生体验从实际背景中抽象出数学问题、构建数学模型、寻求结果、解决问题的过程"。基于学生原有经验的数学学习既是课程改革的要求，更是对学生数学学习的一种本质追寻。在数学教学中，教师应该从学生已有的经验出发，通过教材对比分析、学情前测优化教学设计，促进学生实现真正的数学理解。

二、教学背景分析

教学内容分析：

《认识时分》是北京市义务教育课程改革教材第四册第十单元的内容。是在会看整几时和几时半的基础上，进一步认识的。本课是第一课时，结合实际问题认识时间单位时、分，掌握时间单位时、分之间的进率，初步体会时、分的实际意义，建立1时、1分的时间观念。本课学习内容是后继续认识秒和计算经过的时间的基础，也是后面学习24时计时法的基础。对于低年级的学生来说，时间是很抽象的概念，

续表

很不容易理解，依据"一些重要的数学概念与数学思想方法应采用逐步渗透、深化、螺旋上升的方法编排"的思想，教材对时间的认识的编排注意结合生活实际，使学生利用自己的生活经验，更好地理解时间概念。

学生情况分析：

学生已经具有认识整几时和几时半的经验，经过一年的时间，现在学生对有关时间的知识有了哪些了解呢？我对24名学生进行了课前测试，测试问题如下：①1时=(　　)分。②1分钟大约写道口算题，大约写(　　)个字。③写出钟面上的时间。其中，第3道题既可以考查学生是否认识时间，还考查了学生是否会写时间。答对第一问的占75%，答对第二问的占21%，看对时间的占79%，写对时间的占50%。可见，认识钟面，学会写时间，理解六十进制及体会1时、1分有多长，对于学生来说是个难点。

三、教学目标

1.在实际情境中，认识钟面以及时间单位时、分，知道1时=60分，初步体会时、分的实际意义，能够正确读写钟面上所表示的时刻。

2.培养学生的观察、分析、比较、动手操作能力，以及探索、创新、合作意识。

3.培养学生的时间观念，养成珍惜时间的良好习惯。

四、重点与难点

教学重点：认识钟面以及时间单位时、分，知道1时=60分，能正确读写钟面上所表示的时刻。

教学难点：能正确读写钟面上接近整时和几时刚过的时刻，初步建立1时、1分的时间观念。

五、教学资源准备

多媒体课件　学具钟　钟面模型

六、教学流程

一、创设情境，激发兴趣

二、合作探索，探究新知

（一）认识钟面。

1.钟面上的3个指针分别是做什么用的？

2.钟面上有12个数。

3.钟面上有60个小格，你是怎么数的？

（二）认识时、分。

1.认识"1时"。

2.认识"1分"。

3.时、分的关系。

4.感受1分。

续表

5.思想教育。

6.感受1时。

（三）读写几时几分。

（1）出示：10时和10时15分。

（2）认识10时半和10时55分。

（3）小结看钟表的方法。

三、总结延伸

七、教学过程

教师线环节	教师活动	学生线环节	学生活动	设计意图
【一、策略指导（创设情境）环节】	一、创设情境，激发兴趣 1.（看表）现在是下午2时整，我们开始上课。 2.谜语引入：小小骏马不停蹄，日日夜夜不休息。蹄声哒哒提醒你，时间一定要珍惜。告诉我们时间。 时间是什么？看得见、摸得到吗？时间的长河没有尽头，我们从中截取其中一段，然后分成相等的12段，从0开始做标记，0-12，再围成圆，这样就形成了一个钟面的雏形。聪明的人类会借助工具——钟表来看到时间。 0在哪里？（与12重合在一起了。）(PPT) 3.观察钟面，完成观察记录。 钟面上的（　）个数，一共有（　）个小格。钟面上最长的针	【一、主动质疑环节】	学生答：钟表。 学生质疑：钟表有什么用途？如何看钟表认识时间？钟面上的3个指针分别是做什么用的？	通过猜谜引出新课，激发学生学习兴趣，而且谜语与时钟相关。

续表

	是（　　）针，最短的是（　　）针，还有一根比较长的针是（　　）针。			
【二、引导探究环节】	二、合作探索，探究新知 （一）认识钟面。 1.钟面上的3个指针分别是做什么用的？ 今天我们先来认识时和分。（钟面上去掉秒针，板书课题：认识时、分） 2.钟面上有12个数。 3.钟面上有60个小格，你是怎么数的？ 鼓励多种不同的数法：5个5个数、10个10个数……（批阅自己的小卷子）。	【二、自主探究环节】	学生先独立观察、思考，再和同桌合作，相互交流。 钟面上的（12）个数，一共有（60）个小格。钟面上最长的针是（分）针，最短的是（时）针。 预设1： 5小格5小格地数，5、10、15……60。 预设2： 先数半圈，5×6=30，一圈是两个30，共60格。	认识钟面有几大格、几小格，是学习读钟面上时间的基础。教师先引导学生发现大格与数的对应关系，再让学生探索1大格包含几小格、若干大格包含几小格、一圈包含几小格。将已有的知识和技能运用于这一新情境中，活动要求由易到难，学生的思维由封闭走向开放。活动中，学生眼、脑、口、手并用，对"钟面上时针怎样走是1小时"形成清晰的认识，为进一步学习时间的知识打下扎实基础。
【三、点拨纠正环节】	（二）认识时、分。 1.认识"1时"。 时针从12走到1是1时，从1走到2是几时？还有时针从几走到几是1时？	【三、合作互解环节】	预设1： 时针从1走到2，走了1大格，是1小时。	

续表

| | | 用一句话说出时针运动的规律,怎么说?(时针从一个数走到下一个数就是1时。)
师:时针从几走到几也是1小时?
指名口答,展示,组织评价。结合学生回答,指导讨论,明确:时针从1走到2,走了1大格,是1小时。
2.认识"1分"。
分针走一小格是1分,从12走到1是几小格,是几分?从12走到3、5、8、11、12呢?你是怎样计算的?
用一句话说出分针运动的规律,怎么说? | 预设2:
时针从1走到2,走了2大格,是2小时。
取出学具钟面,拨一拨,同桌间说一说。
让学生用学具钟从12起,拨一拨分针。
学生可以5个5个地数,也可以用乘法计算。
分针走一小格是1分,从一个数走到下一个数就是5分。 | 将"认识1时"的活动经验迁移到"认识1分"的活动中,顺利突破教学难点。将"认识1分"拓展到"认识几分",这既是对前面"数钟面上有几小格"活动经验的运用,也为后续学习"1时=60分"做铺垫。
学生通过类比推理,能够顺利总结出分针走几小格就是走了几分,找到了知识之间的关联性,发展了 |

续表

	3.时、分的关系。 事实上，时针和分针是在同一钟面上同时、同向运动着。 媒体演示：在钟面上时针和分针运动的情况。 你看到了什么？时针走1时，分针正好走1圈，时针和分针同时开始，同时结束。时针走1时的同时，分针正好走1圈，是60分。 板书：1时＝60分。 4.感受1分。 （1）听1分钟音乐。 （2）你认为1分钟能做什么？ （3）做1分钟事：口算、拍皮球、写字、摸脉搏。 （4）了解1分钟的价值： （图形中的内容）1分钟的时间里，中央电视台播音员能播180个字，银行点钞机能点1500张人民币，彩电生产线生产一台半彩电，激光走1800万千米，等于绕了地球450圈。 5.思想教育。 通过上面的活动，		学生操作手中的学具钟，转动分针，观察时针的转动，感受分针转动1圈，时针走过1大格。	数学推理能力。 　　利用多媒体技术，动态演示钟面上时针与分针的转动情况，并用颜色突出表示，引导学生积极观察、思考与表达，发现时与分的进率关系。再让学生操作学具，重复体验，加深认识。

283

续表

	你有什么感受?学生可能说1分钟很短、1分钟能做很多事等。 　　1分钟很短,但是如果充分利用起来也能做很多事,我们珍惜每一分钟都会有收获。 　　6.感受1时。 　　填空:一节课是(　　)分钟,课间休息是(　　)分钟,再加上(　　)分钟就是1时。			
【四、强化总结环节】	（三）读写几时几分 　　1.学看钟面上的时间。（课件演示） 　　（1）出示:10时和10时15分。 　　讨论:这两个钟面分别是几时,你是怎么看的? 　　课件上拨动分针,使学生理解"十时多"。 　　（2）认识10时半和10时55分。 　　讨论:这两个钟面分别是几时,你是怎么看的? 　　课件上拨动分针,使学生理解"接近整时"的认钟方法。 　　（3）小结看钟表的方法。	【四、巩固应用环节】	应用基础知识,同桌讨论看钟表的方法。 看钟表时,先看时针,时针刚刚走过几,就是几时多,再看分针从12起走了多少个小格就是几分,合起来就是几时几分。	帮助学生及时强化巩固基本知识,层层递进,让每个学生都有收获。

续表

	2.出示教具钟面。 同桌间讨论：你认识这3个钟面显示的时刻吗？你先看的是什么针？ 学生边说教师边板书文字。 3.学写时间。 还可以这样书写钟面上的时刻：板书示范一个。 生活中你在哪里见过这种写法？学生试写剩下的2个钟面显示时刻。 对比11时5分的两种写法：有哪些不同？引导学生正确书写。 独立写出2个钟面上显示的时刻的2种写法。 4.拨钟练习。 （1）拨出1:50，这是什么时间？ （2）在你的钟表上拨一个你喜欢的时刻。 读出你拨的时刻，说说你为什么喜欢这个时刻？ （3）把刚才你拨的时刻写下来。 5.判断。 通过课件出示题目，学生进行判断并说出正确的时间。		同桌讨论。 学生独立书写时间。	
【五、拓展提高环节】	三、总结延伸 现在是几时几分？40分钟很快就过去了，	【五、课外延伸环节】	联系实际，写数学日记。	联系实际举例说明，加深认识。

续表

	1分钟、10分钟或1小时可以做什么事呢？请你以"我的1分钟、1小时"为主题，写一篇数学日记，好吗？			

八、板书设计

认识时分

1 时 =60 分

11 时 5 分　　　　　9 时　　　　　　　7 时 40 分
11：05　　　　　　　9：00　　　　　　7：40

5 时 5 分　　　　　　8 时 50 分
5：05　　　　　　　　8：50

九、教学反思

在认识钟面时，通过课件出示一个放大的钟面，三个指针，最短的针闪动后变成黑色，比较长的针闪动后也变成黑色，又细又长的针闪动后变成红色。指针的颜色尽量符合生活实际。学生观察钟面，一共有多少个数字，每两个数字之间有几个小格，一共有多少小格，思考并填写在观察报告上。订正时钟钟面上的12个数字，随着闪动，然后全屏幕逐步放大12至1，逐格数出这两个数字之间有5小格，每数一小格，相应处的颜色随之变成透明的红色，同时格的外面出现数到的数字，数完后缩小回到原处，再5个5个地数出一共有60个小格，表盘外随着数数随时出现小格数到的数量，直观反映出增加的规律。

认识1时、1分时，采用指针显示运动轨迹的动画效果。时针从12走到1是1时，时针走过的路径在钟面有刻度处呈一条红色。任意点击两个数字之间，都会变成红色，表示这也是1时。分针走一小格是1分，那一小格随着分针的运动变成绿色。走5小格是5分，5小格变成绿色。

认识时、分的关系时，时针、分针同时同向运动，同时结束。时针的运动轨迹呈红色，分针的运动轨迹呈绿色。使学生对"1 时 =60 分"有了具体、生动的了解，初步领悟时分之间的关系。

体验1分钟有多长，建立"1分"的时间观念时，我采用播放1分钟音乐的形式，同时在大屏幕上出示一个放大的表盘，上面分针在一秒一秒地走动，所走过的路程由黄变成透明的红色。当钟面全部由黄变红时，优美的萨克斯曲戛然而止，同时钟面上出现"一分钟结束"的字样。为了让学生更深刻地了解1分钟有多长，屏幕上再次出现放大的钟面，一分钟计时开始，随着秒针的转动，伴有"滴答，滴答"的声音。与此同时，学生各自做口算、摸脉搏、跳绳、拍皮球等事情。一分钟计时结束，活动同时结束，体会一分钟能做多少事，对学生进行珍惜时间的教育。但是拍皮球

续表

的声音对摸脉搏有很强的干扰，可以去掉，其实也不影响学生对1分钟的时间观念的建立。

认识"接近整时"和"几时刚过"是本节课的又一个重点，也是难点。我采用延长时针的方法，让学生清楚地看到是"接近整时"，还是"几时刚过"，能够区别、辨认"接近整时"和"几时刚过"，从而，达到正确认识钟面上的时刻的目的。但是还有部分学生没有达到准确地认识的目标，课堂上让学生说得不够，总结得比较匆忙，应该加强指导。

十、教学评价
1.独立写出5个钟面上的时刻的2种写法。（100分） 2.独立写出4个钟面上的时刻的2种写法。（80分） 3.独立写出3个钟面上的时刻的2种写法。（60分） 4.独立写出2个钟面上的时刻的2种写法。（40分） 5.独立写出1个钟面上的时刻的2种写法。（20分） 6.独立写出0个钟面上的时刻的2种写法。（0分）
十一、创新点或亮点
认识"接近整时"和"几时刚过"是本节课的又一个重点，也是难点。我采用延长时针的方法，让学生清楚地看到是"接近整时"还是"几时刚过"，能够区别、辨认"接近整时"和"几时刚过"。

《神秘的死海》教学设计

万婷婷

教学基本信息				
主题名称	神秘的死海			
学　科	语文	学　段	中	年　级	四年级
相关领域	语文			
主要教材	北京市义务教育课程改革实验教材第七册			
教学设计参与人员				
	姓　名	单　位	联系方式	
设计者	万婷婷	通州区教师研修中心实验学校	×××	
指导者				
其他参与者				

一、指导思想或理论依据

　　崔峦先生曾经提出语文学习要有"四得"——得言、得意、得法、得能。同时，语文课标中也指出语文课程是一门学习语言文字运用的综合性、实践性课程。从文本入手来增加学生的语言积累、领会文章大意、掌握学习方法和提高各方面能力。如：了解文章内容，体会运用表达方式，让学生掌握读法和写法，养成良好的语言习惯。

　　课标中指出，学生是语文学习的主体，语文教学应激发学生的学习兴趣，培养学生自主学习的意识和习惯，为学生创设有利于自主合作、探究学习的环境。

二、教学背景分析

　　《神秘的死海》一课是北京版小学语文第7册第八单元第三篇精读课文，本课是一篇科普类说明文。文中用比较生动形象的语言介绍了死海的地理状况、神奇现象，以及神秘死海至今存在的不解之谜，激发学生的想象力，激励着学生去进行无尽的探索。

　　四年级的学生对一切事物充满好奇心，有较强的求知欲。在言语发展水平方面，已经开始由口头言语向书面言语过渡，能将自己的思维通过语言表达加以展现。由于学

续表

生对于死海的地理位置、基本情况不是很了解，所以在课前安排学生自主查找资料，对死海的情况有一个基本的了解，这有助于学生对课文的理解。

三、教学目标

1. 理解课文内容，进一步了解死海的神奇现象及其产生的原因。
2. 在阅读中，体会数字在表达上的作用，学写一段话。
3. 让学生产生探索死海神奇之谜的兴趣。

四、重点与难点

教学重点：进一步了解死海的神奇现象及其产生的原因，从而产生对死海进行探索的兴趣，体会数字的表达作用。

教学难点：在阅读中，体会数字在表达上的作用，学写一段话。

五、教学资源准备

声音　图片

六、教学流程

一、复习重点词语，回忆死海神奇。
二、深入品读文本，再晓死海神奇。
三、理解神奇之因，掌握文章写法。
四、体会数字说明的好处，总结运用提升。

七、教学过程

教师线环节	教师活动	学生线环节	学生活动	设计意图
【一、策略指导（创设情境）环节】	一、复习重点词语，回忆死海神奇 "今天我们继续学习第31课，齐读课题。" "上节课，我们学习的一些词语，你还记得吗？" 出示词语：难以生存、漂浮、治疗疾病、护肤美容。 仔细读词语，这些词语都是表现什么的词语？	【一、主动质疑环节】	齐读课题。 仔细品读。 都是表现神奇现象的词。 自主完成，也可与同桌合作完成。	复习导入： 回忆死海的神奇。

				续表
【二、引导探究环节】	"你们能把这些词语,用上'之所以……是因为……'连成一段完整的话吗?如果有困难,可以与同桌合作试一试。" "你们简直太会学习了,这就是我们上节课所讲的死海神奇的现象。" 二、深入品读文本,再晓死海神奇 "上节课我们已经归纳在了表格里。" 出示表格: | 神奇的现象 | | 水生植物很难生存 | | 人漂浮在海面上 | | 可以治疗关节炎等慢性疾病 | | 海底黑泥能够护肤美容 | (一)比较神秘"现象",感知死海的"偏爱"。 1.观察这些神秘现象,你有什么发现吗?能找到其中的不同吗? 预设:如果学生说不出,提示学生思考死海对人类和动植物的影响一样吗? "从这句话中,你能体会到死海对人类怎么样?用文中一个词语来形容,那就是——"。	【二、自主探究环节】	分析死海对人类和动植物的不同。 偏爱。	课标中指出:对于中年级学生要通过重点词句帮助其理解文章、体会表情达意上的作用。因此,本层次重点在于通过抓重点词语、想象和自学探究的方式理解死海对于人类的偏爱。

续表

	（二）、品读"偏爱"，感受神奇。 　　过渡：带着这个新发现，我们再来默读课文，边读边想，看看死海是怎样偏爱人类的。 　　"能让什么样的人漂浮起来？" 　　"死海呀，不仅仅能让人们漂浮起来，看看书第4自然段，还能怎样？" 　　课件出示： 　　旅行社的导游们……随波漂浮。 　　1.结合文本，抓重点词，读出体会。 　　"游客们的表现，给了你什么样的感受？" 　　"从哪儿能看出悠闲呢？" 　　课件出示： 　　游客们悠闲……另一只手拿着一本画报在阅读，随波漂浮。 　　"哪些词语能体会出悠闲呢？画一画。" 　　2.结合图片，展开想象，深化认知。 　　"是啊，在死海上阅读是一件多么悠闲的事啊。如果你在死海上，	阅读。 "人能漂浮"的段落 抓"不会游泳的人"和"任何人"。 悠闲。 游客们悠闲地仰卧在海面上，一只手拿着遮阳的彩色伞，另一只手拿着一本画报在阅读，随波漂浮。 抓重点词语"仰卧、一只手、另一只手"。 　　把这种悠闲、轻松的感觉读出来。	

续表

	你会干什么呢？" "多么神奇有趣呀！谁能读出有趣的感觉？"指名读。 试着说一说： 　　旅行社的导游们拍下了一幅幅令人不可思议的照片：有的（　　），有的（　　），还有的（　　）…… "死海能让人类这样悠闲，真是对人类有所偏爱。" 　　3.结合所学，掌握方法，自学体会。 　　通过抓重点词语以及发挥想象，我们感受到了死海对人们的偏爱，还从哪感受到死海对人类的偏爱呢？		展开想象，自由发言。 完成句子练习。 自学5、6自然段，体会死海对人类的偏爱。 　　自学提示： 　　1.默读5、6自然段，画出死海对人类偏爱的词语。 　　2.同桌合作读一读，体会其中的感情。	
【三、点拨纠正环节】	三、理解神奇之因，掌握文章写法 　　（一）比较现象之因，感悟写法之异 　　"产生这些神奇现象的原因是什么呢？原文中是怎么写的？谁来给大家读一读？" 　　课件出示：表格。	【三、合作互解环节】 指名朗读。	通过对有数字文本与没有数字文本的比较，感受数字的准确与具体。初步体会数字说明方法的好处。进而突出了重点，

续表

	"比较一下,你有什么发现?" 预设:如果学生答不出,提示学生思考其中有一个原因的写法与其他的不同,你找到了吗? "有何不同?" (二)运用比较之法,体会数字之妙。 课件出示:死海中水的比重……水的比重超过了人的比重。 读一读,哪句话更好?为什么?加上这些数字有什么好处? (三)了解数字作用,联系实际体会。 "这样用数字来说明事物特点的方法,文中不止一处,你能找到吗?" 课件出示: 这个大湖就是位于……最深处为395千米。 "你们知道80千米是多长吗?联系生活实际想一想。" "那么18千米、390多千米又有多长呢?同桌间讨论说一说。" "你感受到了什么?这些数字又说明了什么呢?"		有数字。 体会数字在这里的作用。 举出生活中的实例:秋游所去的"房山军事体验基地"离我们学校接近80千米。 体会死海的面积大、海水深、海平面低。	同时为下一环节总结深化数字说明方法的好处做铺垫。

续表

【四、强化总结环节】	四、体会数字说明的好处,总结运用提升 （一）总结数字说明的好处。 "这两段都是运用了列数字的说明方法,再读一读,思考:你们能总结出数字说明的好处吗?" 归纳数字说明的好处。 （二）在比较阅读中深化感知。 "刚才我们了解了外国的死海,在我们中国也有这样的死海。" 课件出示: 察尔汗盐湖位于……还出产闻名于世的光卤石,它晶莹透亮,十分可爱。 读一读,同桌合作说一说,这些数字有什么作用?	【四、巩固应用环节】	1.使文章更具体。 2.表达更准确、科学。 再次体会数字在文章中的作用。	语文学习要做到"从读学写""以写促读"。此处读写结合是为了体现比较阅读的好处,又巩固与深化了前文所体会的数字表达方法的作用,既突出了重点,又突破了难点。
【五、拓展提高环节】	（三）运用列数字的方法练笔提升。 "同学们,你们看,数字说明可以具体准确地把要说明的事物展现给我们,你们也可以用这种说明方法来写一写!" 提示写作对象,如:玩具、杯子等等。 总结:"同学们,你们真会学习,会运用数字的说明方法写一段话了。"	【五、课外延伸环节】	完成小练笔,展示汇报。	

续表

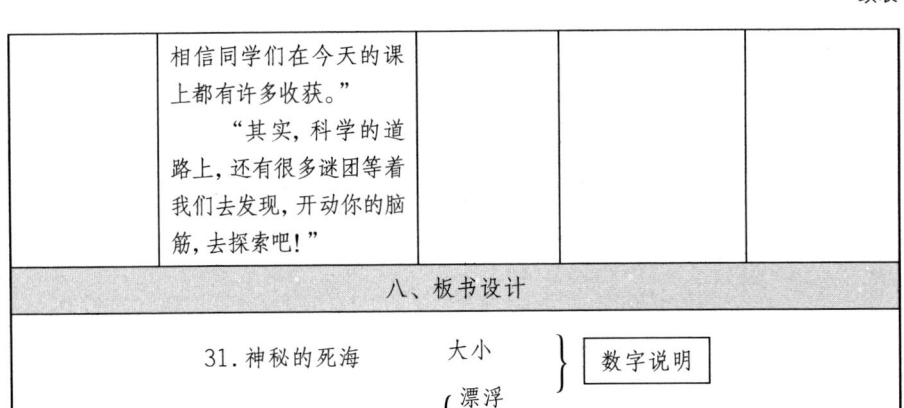

	相信同学们在今天的课上都有许多收获。" "其实,科学的道路上,还有很多谜团等着我们去发现,开动你的脑筋,去探索吧!"		

八、板书设计

```
31.神秘的死海     大小  ┐
                        ├ 数字说明
              ┌ 漂浮  ┘
           偏爱│ 治病
              │ 美容
              └ ……
```

九、教学反思

本课教学设计,满足了学生对一切事物的好奇心,通过逐层深入渗透的教学环节设计,学生将自己的思维通过语言加以展现,在这一过程中,学生也深入体会到数字在表达上的重要作用。

十、教学评价

通过对有数字的文本与没有数字的文本的比较,以及感受数字的准确与具体,能够初步体会数字说明方法的好处,并利用数字的说明方法,学写一段话。

十一、创新点或亮点

一、读写结合点功能多。本设计中,结合了本班学生特点,尝试利用列数字的说明方法,将练习语言、感悟特点相结合,进行小练笔,让学生做到得法、得能。

二、研读文本,着力体现语文学习中的"四得"。

《雪地里的小画家》教学设计

王春意

教学基本信息				
主题名称	《雪地里的小画家》第二课时			
学　科	语文	学　段	小学	年　级	一年级
相关领域	语文教学			
主要教材	部编版小学一年级上册语文教材			
教学设计参与人员				
	姓　名	单　位		联系方式
设计者	王春意	北京市通州区教师研修中心实验学校		×××
指导者				
其他参与者				
一、指导思想或理论依据				
《义务教育语文课程标准（2011年版）》中指出阅读教学的重点是培养学生具有感受、理解、欣赏和评价的能力；阅读教学的过程是学生、教师、文本这三者间对话的过程。所以一年级的阅读教学应把"让学生能朗读课文并感受阅读的兴趣"作为阅读教学的第一要求，采用多种手段让学生通过读书实践向往美好的情境、感受语言的特点和阅读的乐趣。				
二、教学背景分析				
《雪地里的小画家》是部编版一年级上册语文教材第八单元的课文。课文描写了雪地里一群"小画家"画画的场景，是一首富有儿童情趣又融汇了科普知识的儿歌。全文语言浅显易懂，排列整齐又错落有致，气韵生动，充满童趣。首句"下雪啦"重复出现，旨在营造冬日雪景氛围，可以想象当小动物们看到雪后的大地就像一张洁白的画布时，充满兴奋和喜悦的心情。第二、三、四句采用拟人的手法，运用形象				

续表

的比喻，精确而又饶有趣味地描绘了4种小动物的足迹印在雪地里的不同形状。紧接着，以设问结尾，既巧妙融入了青蛙冬眠这一科学知识，又使得全诗拥有了别样的想象空间。

一年级的孩子入学不久，通过语文课堂学习语文知识，并在学习与生活中成为语文知识的实践者，通过日常生活中的听、说、读、写不断增强语言文字运用能力，也不断提升综合素养，达到素质教育的目的。因此教师在设计本课教学时，要注重激趣并引导，创设生动有趣的教学情境，通过朗读呈现小画家们在雪地里画画的场景，让学生学习生字词，结合与小动物有关知识的生活素材进行拓展，让学生在想象中养成乐于观察的习惯。在学习课文时引导学生通过理解进行感悟，在正确、流利的基础上有感情地朗读并背诵课文。

三、教学目标

（1）读准多音字"着"的字音。会写"竹、用"2个字。
（2）正确、流利地朗读课文，背诵课文。感受"小画家"雪地作画的快乐之情。
（3）结合插图，知道小动物脚印的不同形状，了解青蛙冬眠的特点。

四、重点与难点

重点：正确朗读课文，感受"小画家"雪地作画的快乐之情。
难点：感受"小画家"雪地作画的快乐之情。

五、教学资源准备

ppt课件　小动物贴图　动物脚印贴图

六、教学流程

复习导入，引出新课
↓
品文析句，读懂内容
↓
识字写字，培养能力
↓
总结全文，激发阅读兴趣

七、教学过程

教师线环节	教师活动	学生线环节	学生活动	设计意图
【一、策略指导（创设情境）环节】	1.今天，我们继续学习12课，齐读课题。 2.上节课学习的知识你掌握得怎么样呢？快来检验一下吧。	【一、主动质疑环节】	齐读：《雪地里的小画家》。填写学习单。	通过完成学习单，检验应会的字的字音、字形、笔顺掌握情况。

续表

	请同学们完成学习单第一、二、三题。		全班订正。独立修改错处。	通过认读词语,巩固认字效果。
	3.课文中还有一些词语,你能读准吗?（ppt出示词语）		学生按顺序领读词语。	
	4.把这些词语放到课文中,你还能读准它们吗?请同学们打开书104页,自己读一读课文,要求读准字音,不丢字、不加字。		自由读文。	
	5.谁愿意把课文读给大家听?		个别读,其他同学评价。	
【二、引导探究环节】	1.同学们,想象一下:下雪了,大地上白茫茫的一片。我们能在雪地上做什么呢?你们的心情怎么样呢?(出示"下雪啦,下雪啦!")你能带着这样的心情读读这句话吗?	【二、自主探究环节】	个别说。预设:打雪仗、堆雪人…… 预设:开心、兴奋…… 个别读,齐读。	通过想象体会下雪时兴奋的心情,通过不同形式的朗读体会感叹号的用法。
	2.老师这里还有一些词语,请同学们一起读一读(出示词语:小画家、来了、雪地里、一群)。你能把这些词语连成一句话吗?(出示"雪地里来了一群小画家。")请同学们一起读读这句话。		齐读词语。 个别说。预设:雪地里来了一群小画家。 找出代表"一群"的图片。	通过图片演示,将抽象的词语转化为具体形象的动物和人,化文字为图形,让学生更易理解。同时扩展

298

续表

	3.(出示图片)老师这里有两幅图,请你告诉我哪幅图是"一群"? 讲解:"群"指的就是数量多,比如我们可以说羊群、人群(出示图片:羊群、人群)。 4.雪地上的小画家都有谁呢?请你自己读一读课文,用"○"圈出它们的名字。 5.这些小画家都画了什么呢?请你再次读一读课文,用"＿＿"画出小画家画了什么?		预设:一群羊、一群人。 边读边圈画词语。 边读边画词语。	其词汇积累,锻炼其在生活实际中的应用能力。
【三、点拨纠正环节】	1.谁来说说雪地上的小画家都有谁?(随机贴图)。指导学生说出完整话"雪地里的小画家有( )( )( )和( )。" 2.谁来说说小画家们都画了什么呢?随机板书。 3.出示"小鸡画竹叶,小狗画梅花。小鸭画枫叶,小马画月牙"一句话。同学们,怎样读才能让别人听清谁画了什么呢? 4.小画家们是怎么画画的呢?快来读读句子感受一下吧。(出示句子)	【三、合作互解环节】	个别说,预设:小鸡、小狗、小鸭、小马。 个别说。 个别读,小组读,男女生分别读、齐读。 齐读句子,说画画过程。 预设:兴奋、自豪。	以关键问题为引子,让学生进一步和文本接触,通过图片和板书的使用,既直观再现文本内容,也为学生背诵做准备。

续表

	5.小画家们走几步，轻轻松松就画出了一幅画，它们的心情是什么样的呢？你能带着这样的心情读读句子吗？ 6.老师手中拿的就是小画家们画的画，可是顺序被我不小心打乱了，你能帮它们找到主人吗？ 7.能说说你是怎么判断出来的吗？ 讲解：动物们的脚的蹄形不同，踩出的脚印也就不同了。 8.(出示句子)请大家再次通过朗读，读出小画家们当时兴奋、自豪的心情吧。 9.小画家们的好朋友青蛙去哪儿呢？快去文中找找答案吧。 10.(出示课文第六句话)请同学们读一读，让别人听清青蛙去哪里了。 11.它为什么要在洞里睡觉呢？ 12.介绍青蛙冬眠的相关知识，问：你还知道哪些小动物要冬眠吗？		个别读，男女生分别读。 在黑板上将脚印图贴在相应的动物后面。 预设：根据它们的脚印形状的不同。 齐读。 自由读文，个别说。 预设：在洞里睡着了。 个别读，小组读。 预设：冬眠了。 预设：蛇、熊、松鼠……	 介绍青蛙冬眠的知识，扩大学生的课外知识积累。
【四、强化总结环节】	1.因为青蛙要冬眠，所以没能一起参加画画。但雪地里因为有四个小画家，也留下了一幅漂亮的画。我们一起再把这首	【四、巩固应用环节】	全班有感情齐读课文。	

续表

	儿歌读一读。 　　2.画面很美，我们把它背下来吧。（出示课文填空） 　　3.学习生字"竹"。 　　（1）出示"竹"字的演变，组词。 　　（2）谁能说说它的笔顺。 　　（3）观察范字，说说如何把字写美观？ 　　（4）板书范写。 　　（5）指导学生书写。 　　4.学习生字"用"。 　　(1)出示"用"，你有什么好的方法记住它？ 　　（2）引导组词：拔河要"用力"；做练习要"用心"。 　　（3）观察范字，说说如何把字写美观？ 　　（4）板书范写。 　　（5）指导学生书写。		自由背,齐背。 观察,预设：竹子、竹叶、竹林。 书写笔顺。 说结构,说关键笔画。 认真看。 描红写字。 个别评价,自主修改。 预设："月"加"丨"就是"用"。 说词语。 找关键笔画。 认真观察,描红写字。 个别评价,自主修改。	在理解和感悟的基础上进行有感情朗读和背诵的指导。 学写生字,需要落实之前形成的习惯,先观察,再学写笔顺,然后再写字词,一步步让学生把书写的生字词掌握扎实。
【五、拓展提高环节】	雪地里还会来哪些小画家呢？它们又会画出怎样优美的图画呢？请你读读课外书，找一找吧。	【五、课外延伸环节】	认真倾听。	总结全文,激发课外阅读的兴趣。

八、板书设计

12 雪地里的小画家	小鸡图 小狗图 小鸭图 小马图	竹叶 梅花 枫叶 月牙	小鸡脚印图 小狗脚印图 小鸭脚印图 小马脚印图	青蛙图

续表

九、教学反思

一、以读为本，自读自悟

我在课堂上为学生留出充分读的时间，以多种形式的朗读，如：个别读、齐读、男女生赛读等，让学生在读中感悟。例如：在指导朗读第四句的时候，我引导学生想象小画家们走几步就轻轻松松画出了一幅画，它们的心情是什么样的，带着这样的心情读一读。学生不但读出了自己的理解，还培养了口语交际的能力。

二、注重课内与生活实际相结合

教授本节课之前正好赶上北京初雪，因此在指导学生朗读课文第一句话时，我先引导学生回想周末下雪时做了什么，心情如何，再带着这样的心情读句子。学生的朗读都非常到位。

十、教学评价

评价方式：采取教师与学生共同评价的方式，以自主评价为主。

评价量规：根据课堂表现，自主填涂下边表格中的"☆"

坐姿端正	积极发言	读书声音洪亮	书写正确美观
☆☆☆	☆☆☆	☆☆☆	☆☆☆

十一、创新点或亮点

1. 自主学习，培养学生阅读能力

课堂上，以关键问题为引子，让学生进一步和文本接触，通过自主阅读，找到问题答案，并学会圈画内容，而非带着学生逐句分析课文。例如：在理解小画家有谁，它们分别画了什么时，我先将两个问题抛给学生，让学生自己读课文，利用不同符号圈出答案，之后再进行全班交流。在自学的过程中，学生的阅读能力得到了充分的锻炼。

2. 板书简洁形象

低年级的学生是具体形象思维，因此教师的板书要力求直观、形象。这节课的板书，我利用的是贴图板书，突出重点——小画家有谁、分别画了什么，即四种动物和它们的脚印。我以让学生根据课文内容在黑板上进行贴图的形式完成板书，不仅帮助学生梳理了文章内容，还激发了学生学习的兴趣。

《梅花魂》教学设计

张慧子

教学基本信息						
主题名称	梅花魂						
学　科	语文	学　段	高年级	年　级	五年级下
相关领域	小学语文				
主要教材	部编版语文五年级下册				
教学设计参与人员					
	姓　名	单　位		联系方式	
设计者	张慧子	通州区教师研修中心实验学校		×××	
指导者				
其他参与者				
一、指导思想或理论依据					
叶圣陶先生指出，教师之为教，不在于全盘授予，而在于相机诱导，必令学生运其才智，勤苦练习，领悟之源广开，纯熟之功弥深，乃为善教者也。因此，我设计的理念是：让课堂成为多元对话的过程，让课堂成为语文实践体验的过程，让课堂教学成为学生自主探究的过程，让学生在学习过程中体会知识的魅力，体验成功的快乐，实现生命价值的自然生成。求实、求活、求新、求效，是本课设计总的指导思想。					
二、教学背景分析					
《梅花魂》是九年义务教育部编版小学语文五年级下册第一单元的第四课。该单元几篇课文虽然体裁不同，但都表达了作者对童年美好生活的向往之情。《梅花魂》是一篇对学生进行爱国主义教育的好教材。这篇阅读课文生动感人，情真意切。它讲了一位身在异国他乡的华侨老人对梅花的喜爱，反映了他对祖国的深深眷恋，表露了一位老人的中国心。					

续表

全文采用倒叙的写法，首先由梅花想到外祖父，接着回忆几件具体的事情反映外祖父对祖国的眷恋之情。即：常常教外孙女读唐诗宋词；对一幅墨梅图分外珍惜；因不能回国而难过得哭起来；离别前把最宝贵的墨梅图送给外孙女；船快开时，又递给外孙女绣着梅花的手绢。最后又从梅花想到外祖父的爱国心。

三、教学目标	

1. 通过外祖父爱梅花，体会华侨老人眷恋祖国的感情。
2. 懂得梅花的高尚品格，学习这种品格。
3. 了解课文"前后照应、首尾连贯"的特点。
4. 有感情地朗读课文。

四、重点与难点	

教学重点：1. 理解外祖父爱梅花，并在爱梅花中寄托了爱祖国的思想感情。
    2. 了解课文是怎样做到"前后照应、首尾连贯"的。
教学难点：理解外祖父对梅花品格的阐述。

五、教学资源准备	

课件课本音乐图片

六、教学流程		

教学环节	教师活动	学生活动
导入	联系生活实际进行提问："你们看见过梅花吗？你喜欢它吗？你喜欢它的什么？"	参与、思考
引导探究	提出问题："课文围绕梅花写了哪几件事？"	阅读，总结
点拨纠正	1. 详细讲解课文的第二、四件事。 2. 简略讲解第三件事。 3. 让学生自学第一、五件事。	思考，回答问题。 小组合作，共同探究。
强化总结环节	提出问题： 口头概括本文的中心。 文章开头和结尾有什么联系？	重复，牢记。
拓展提高环节	提出问题： 你知道有哪些关于梅花的诗句？ 你可以背一背吗？ 从这些诗句中你能感受到梅花的哪些品质？ 总结。	自由回答，积累

续表

七、教学过程

教师线环节	教师活动	学生线环节	学生活动	设计意图
【一、策略指导（联系生活实际）环节】	1. 出示梅花图。 2. 谈话导入新课：同学们，你们看见过梅花吗？你喜欢它吗？你喜欢它的什么？今天我们要学的就是一个有关梅花的故事。 3. 板书课题。理解"魂"的意思，那么"梅花魂"指的是什么？	【一、主动质疑环节】	自由发言。 齐读课题，猜想。	激发学生学习的兴趣。
【二、引导探究环节】	1. 初读课文，独立思考。 思考："课文围绕梅花写了哪几件事？" （第2自然段）：外祖父常常教小外孙女读唐诗宋词，而且读着读着就流出眼泪。 （第3自然段）：外祖父对一幅墨梅图分外爱惜。 （4-11自然段）：外祖父因不能回国而难过得哭起来。 （12-13自然段）：外祖父在离别前把最宝贵的墨梅图送给外孙女。 （14-15自然段）：船快开时，外祖父又递给外孙女绣着梅花的手绢。 2. 朗读课文。	【二、自主探究环节】	1. 默读课文，独立思考，完成学习单。 2. 逐个朗读。	用问题引导学生产生主动探究的兴趣，对课文整体把握感知。

续表

| 【三、点拨纠正环节】 | 学习第二件事。
1.文中哪件事最能表现外祖父对梅花的喜爱？
2.指名学生朗读。思考：从哪些地方可以看出外祖父对梅花情有独钟？

课件出示句子：
（1）"外祖父家中有不少古玩，我偶尔摆弄，老人也不甚留意。唯独书房里那一幅墨梅图，他分外爱惜，家人碰也碰不得。"

（2）"我不小心在梅图上留下脏手印，外祖父顿时拉下脸来。有生以来，我第一次听到他训斥我妈：'孩子要管教好，这清白的梅花，是沾污得的吗？'训罢，便用保险刀片轻轻刮去污迹，又用细绸子慢慢抹净。"
a.体会"轻轻、慢慢"在句子中所起到的表达效果。
b."清白"是什么意思？"沾污"又是什么意思？
c.爷爷是让妈妈管教好我的行为，还是思想？从何而知？ | 【三、合作互解环节】 | 1.（第二件事：珍爱墨梅图）

（1）从中体会作者用对比的手法来表现老人对梅花图的珍爱。

（2）通过老人的语言、行动来体会他对梅花图的珍爱。

a.小心翼翼。

试着模仿外祖父的动作。

b.洁白无瑕，纯洁的象征；污染。

c.思想：依据是"这清白的梅花，是沾污得的吗？"
试着模仿外 | 让学生通过研读课文和对深层问题的合作探究，从而达到对文本的深层理解。同时，引导、鼓励学生质疑问难，提高学生发现问题、提出问题、解决问题的能力，这也体现了学生学习的主体性。 |

续表

	（过渡）"这清白的梅花为什么不能沾污？"一向宽容慈爱的外祖父为什么这次会大动肝火呢？导入第四件事的学习。	祖父的语气。	
	3.教师范读"临别赠梅图"故事的相关段落。	3.（1）练习朗读。	
	（1）老人深情地说的那段话，其中哪几句话点明了梅花的品格？		
	"这梅花，是中国最有名的花，旁的花，大抵是春暖才开花。她却不一样，愈是寒冷，愈是风欺雪压，花开得愈精神、愈秀气。她是最有品格、有灵魂、有骨气的呢？"		
	（2）由此可见老人爱梅其实爱的是梅花的什么？	（2）梅花的精神。	
	（3）播放歌曲《红梅赞》：冰天雪地，傲然怒放的红梅，优美动听的旋律，深情赞美的歌词。激发学生的情感，使他们对梅花有了更新、更高的认识。	（3）欣赏音乐。	
	（4）说说此时，你对梅花有了什么更新的认识？	（4）说说感想。	
	（5）指名学生读："几千年来，我们中华民族出了许多有气节的人物，他们不管历尽多	（5）小组讨论。	

续表

	少磨难，受到怎样的欺凌，从来都是顶天立地，不肯低头折节。他们就像这梅花一样。" 讨论： a.梅花的秉性像什么？ b.此时作者用了什么修辞手法？ c.由此可见，老人赞梅花，实则赞美的是什么？ （6）再次播放《红梅赞》，同时指出：这首歌是电影《江姐》的主题曲，影片中江姐为了追求革命信仰和崇高理想，面对敌人的酷刑拷打，毫不动摇，大义凛然，最后含笑走上刑场，倒在一片梅花灿烂的地方。歌曲唱的是梅花，实则赞美江姐。声情并茂的导语使学生深深领悟：梅花的精神就是中华民族精神的象征，老人爱梅花，就是因为梅花是祖国的象征。 （7）外祖父保存这幅梅花是为什么？ 现在他把它送给外孙女又是为了什么？ 这就是题目"梅花魂"蕴含的内涵。		a.中华民族的精神、气节。 b.借物喻人。 c.中华民族的精神、气节。 （6）听江姐的故事，感悟梅花精神。 （7）是为了让自己保有梅花的秉性，也就是中国人的气节。 也是为了让外孙女保有这种秉性、这种气节。	

续表

	5.指导学生有感情地朗读此部分内容。 默读第一件事：吟诗落泪。 1.思考讨论： （1）"常常教我读唐诗宋词"说明什么？ （2）"读到一些诗句就落泪"是因为什么？ a.适当解释说明三句诗的出处、意思及其表达的情感？ "独在异乡为异客，每逢佳节倍思亲。"出自唐朝王维的《九月九日忆山东兄弟》。意思是：独自一个人在远方居住，每到过节的时候格外思念故乡的亲人。 "春草明年绿，王孙归不归。"出自王维的《山中送别》，意思是：明年春天绿草如茵的时候，您是否能够回来呢？ "自在飞花轻似梦，无边丝雨细如愁。"出自北宋词人秦观的词《浣溪沙》，大意是：在空中随风飘飞的落花，轻得好像夜里的梦，满天无边无际落着的雨丝，细得好像心里的愁。		5.有感情地朗读课文。 小组合作讨论。 （1）老人时刻不忘自己是中国人，不忘中华民族的文化，也要让自己的子孙不忘自己祖国的文化。 a.让学生理解这些诗都体现了思乡怀亲之情。	

续表

	b.明确老人的思乡之情是使他落泪的原因。		b.因为这些诗句触动了老人的思乡之情。他思念祖国，却身在异邦，不能回去，所以伤感地流泪了。	
	自学第三件、第五件事。 1.小组讨论，汇报。 （1）"听到不能回国，外公竟像小孩子一样，呜呜呜地哭起来了……" （2）"赤道吹来的风撩乱了老人平日梳理得整整齐齐的银发，我觉得外祖父一下子衰老了许多。" （3）"想不到泪眼蒙眬的外祖父也随着上了船。递给我一个手绢，一色雪白的细亚麻布上面绣着血色的梅花。" （4）齐读最后一段，说说这段对全文起到了什么作用？		小组讨论，汇报。 （1）体会老人一直热爱着、思念着祖国，却不能回去，他难过地哭了，充分表现了他对祖国深深的眷恋。 （2）体会到思乡的深情，孤独的痛苦，一下子把他催老了。 （3）体会到老人把自己对祖国的一片眷恋之心让外孙女带回祖国，以了却自己的心愿。 （4）点明中心。	
【四、强化总结环节】	1.口头概括本文的中心。	【四、巩固应用环节】	1.课文讲了身在异国的华侨老人对梅花的喜爱，反映了他对祖国深深的眷恋，表露了一位华侨老人的中国心。	强化学生对文章的理解。

续表

	2.文章开头和结尾有什么联系？ （结合学生的答案做总结） （开头和结尾关系紧密。开头讲由梅花想到外祖父；结尾又从梅花想到外祖父的爱国心。这样前后呼应，首尾连贯，更加突出了身在异国的华侨老人思念祖国的思想感情。）		2.自由回答。	
【五、拓展提高环节】	1.你知道有哪些关于梅花的诗句？你可以背一背吗？ 2.从这些诗句中你能感受到梅花的哪些品质？ 梅花不畏严寒，傲霜斗雪的精神及清雅高	【五、课外延伸环节】	自由回答： 1. 《梅花》 宋·王安石 墙角数枝梅， 凌寒独自开。 遥知不是雪， 为有暗香来。 《雪梅》 [宋]卢梅坡 梅雪争春未肯降， 骚人搁笔费评章。 梅须逊雪三分白， 雪却输梅一段香。 …… 2.坚韧不拔、谦虚、充满无畏和傲骨的品质。	让学生通过相互学习的方式丰富知识积累、陶冶性情，增加自信感。

续表

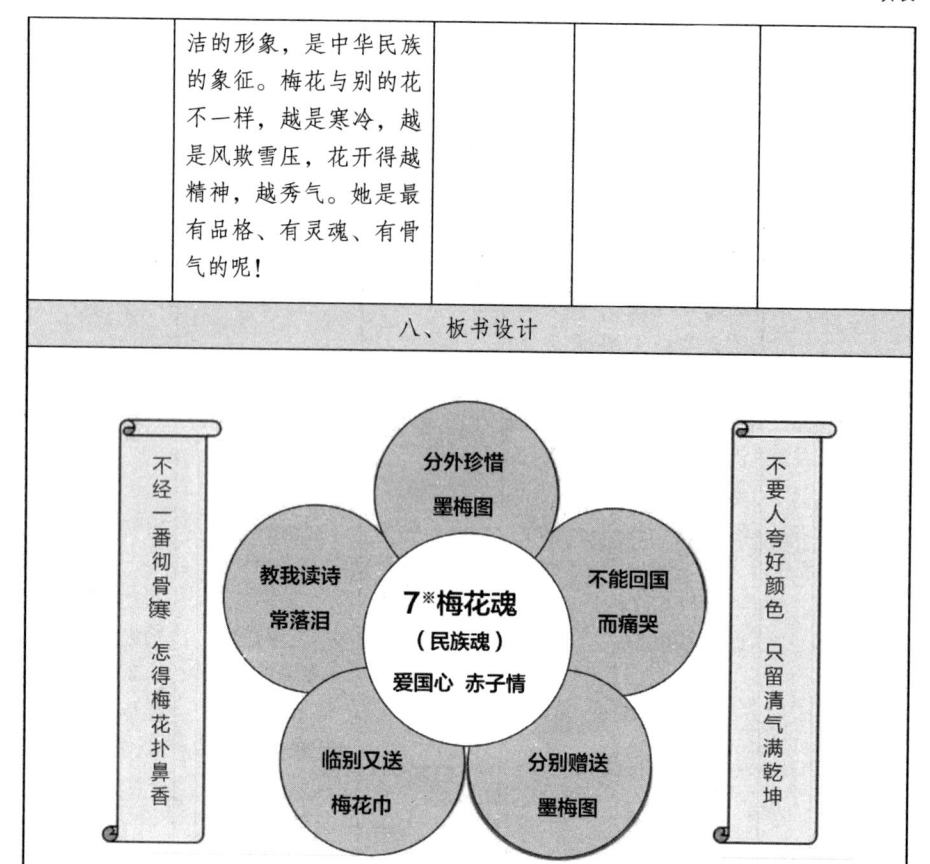

	洁的形象，是中华民族的象征。梅花与别的花不一样，越是寒冷，越是风欺雪压，花开得越精神，越秀气。她是最有品格、有灵魂、有骨气的呢！			

八、板书设计

不经一番彻骨寒　怎得梅花扑鼻香

分外珍惜 墨梅图

教我读诗 常落泪

7*梅花魂（民族魂）爱国心 赤子情

不能回国 而痛哭

临别又送 梅花巾

分别赠送 墨梅图

不要人夸好颜色 只留清气满乾坤

九、教学反思

反思整个教学过程，我自己认为成功之处有以下两个方面：

一、借助阅读，感受文本。

教学中引导学生进行个性化阅读，让学生在阅读中主动用心地感受课文内容，加深阅读理解和情感体验，在阅读中积极思考并有所感悟，受到情感的熏陶，获得思想的启迪，享受审美的乐趣。对学生的阅读交流及时进行评价，在评价中对学生的独特的感受和体验给予肯定和鼓励。通过评价激励学生与同学、与教师、与文本进行更深层次的对话，鼓励学生继续进行多角度的、有创意的阅读，从而循序渐进地培养了学生探究性阅读和创造性阅读的阅读习惯。

通过阅读和交流使学生了解到课文以"梅花"为线索，讲述了作者由梅花想到外祖父，通过吟诗落泪、珍爱梅图、不能回国悲哀落泪、赠送梅图、赠送梅花手绢这五件事，感受到身在异国的老华侨对梅花的喜爱，体会到这位华侨老人对祖国深深的眷恋。

续表

二、借助课件，补充资料。

在教学时，我充分利用多媒体课件，适时地让学生欣赏梅花的图片并朗读感悟与梅花有关的古诗词，引导学生在吟咏古诗词中加深对梅花特点的认识，以及对梅花品性的了解。有了这样的铺垫，学生在学习课文时从梅花的秉性来了解外祖父的思乡情怀就水到渠成，学生从梅花的秉性来了解中华民族许多有气节的人物也就顺理成章了。

但教学永远是有缺憾的，在本课时的教学中，我认为还有不足的地方。存在的不足主要是：

教师参与课堂活动的频率过高，教师参与课堂活动的时间过长，教师参与课堂活动所涉及的内容过多。

在今后的语文教学中，教师必须做到充分尊重学生的个性，把课堂还给学生，还学生以自由的空间。为学生营造民主、平等、宽松、自由的课堂氛围和学习环境，鼓励学生不断提高自己在主动探究中自主学习语文的能力，并自觉得到情感的熏陶。

十、教学评价

通过教学让学生理解课文内容，体会华侨老人眷恋祖国的思想感情，在有感情的朗读中增强学生热爱祖国的思想感情，教育学生学习梅花的高尚品格。课前，布置学生进行预习，独立学习新课内容，熟读课文，利用字典、联系上下文解决字词障碍。课堂上根据课后思考题，采用多种形式反复读课文，让学生通过自学、小组讨论、在文中批注勾画等方法体会思想感情，并从中领会梅花魂的含义。教学中注意抓住词句深入体会课文思想内涵，重点指导学生读好外祖父讲述梅花品格的话语。

十一、创新点或亮点

教学中引导学生进行个性化阅读，让学生在阅读中主动用心地感受课文内容，加深阅读理解和情感体验，在阅读中积极思考并有所感悟，受到情感的熏陶，获得思想的启迪，享受审美的乐趣。对学生的阅读交流及时进行评价，在评价中对学生的独特的感受和体验给予肯定和鼓励。通过评价激励学生与同学、与教师、与文本进行更深层次的对话，鼓励学生继续进行多角度的、有创意的阅读，从而循序渐进地培养了学生探究性阅读和创造性阅读的阅读习惯。在教学时，我充分利用多媒体课件，适时地让学生欣赏梅花的图片并朗读与梅花有关的古诗词，引导学生在吟咏古诗词中加深对梅花特点的认识。